상담자의
집단모래상자놀이치료
실제와 사례

박랑규 · 강우선 · 엄재희 · 장은경 · 이난주 · 임지연 · 신혜민 · 이솔 공저

학지사

머리말

　모래놀이치료는 스위스의 도라 칼프(Dora Kalff)가 융(Jung)의 분석심리학, 영국 마가렛 로웬펠드(Margaret Lowenfeld)의 월드 테크닉 그리고 동양 사상을 합일한 심리치료와 자기경험의 방법을 활용하여 개발했다. 도라 칼프는 동양철학과 종교에 깊은 관심을 가지고 있었으며, 중국의 사상가 주희의 태극도에 관해 이것이 융이 '자기'라고 부르는 인격의 전체를 나타낸 것이라고 보았다. 중국 철학자 '중우완창', 일본 선사 '스즈키 다이세츠' '달라이 라마'와의 만남 그리고 동양철학에 대한 연구는 도라 칼프가 모래놀이를 진행하는 방식에 큰 영향을 주었는데, 그것은 치료 시간에 주의집중을 발달시키는 것, 그리고 내적으로 완전히 그곳에 몰입하는 것이 중요하다는 것을 느끼게 했다. 태극도는 모래놀이치료에서 아동과 성인이 자발적으로 모래 위에 만들어 낸 작품이 중요한 의미가 있다는 것을 확신하게 해 주었다. 그 점에 있어서는 융이 말하는 전체성이 서양과 마찬가지로 동양에서도 비슷한 방식으로 나타난다는 것이다(Kalff, 2012). 마틴 칼프(Martin Kalff)의 모래놀이는 동양 사상과의 만남으로서 문화적 차이를 넘어 경험의 인류 보편인 원형적 기반을 다룰 수 있게 했다.

　모래놀이에서 중요한 것은 표현 기법의 외적이고 형식적인 면을 중요시하지 않는다는 점이다. 이것은 불교의 선 사상과 비슷하다. 모래놀이는 오히려 치료에 있어서는 내담자 스스로 치유하는 힘을 일깨우고 지지하는 공간을 만드는 것에 관심을 가진다. 즉, 자기 스스로를 돌아보게 하는 것에 초점을 둔다. 선에서는 자기 안의 수행으로 깨달음을 얻을 수 있다고 말한다. 또한 모래놀이치료는 성인에게 비언어적으로 자신을 표현할 수 있는 기회를 주고, 무의식적으로 직접적인 통로를 발견하게 하고, 시급한 문제를 긍정적으로 변화시키는 효과가 있다(Kalff, 2012).

우리나라에서 모래놀이치료는 아동을 대상으로 시작되었고, 현재 심리치료상담 분야에서 많이 사용되는 접근 방법이다. 모래상자놀이는 심재경(1986)이 가와이의 책『모래상자놀이(箱庭療法入門)』(1968)를 번역함으로써 국내에 처음 소개되었다. 가와이는 일본상정요법학회 창립자이자 회장이며, 일본에 도라 칼프의 모래놀이치료를 도입한 교수이다. 가와이는 일본에서는 치료의 전체적인 흐름 안에서 모래상정 표현을 이해하는 경향이 강하며, 모래놀이 표현의 상징성을 해석하기보다는 내담자의 자아 성장의 과정과 치료의 전체적인 변화 과정을 중요시했다.

1990년대 초에는 화원모래놀이연구회 중심으로 이부영 교수와 가와이, 야스노부 오카다, 미키 아야 등 일본 모래놀이치료전문가를 초빙하여 연수를 받았다. 2003년에는 한국발달지원학회에서 일본상정요법학회의 창립회원이며 아이치교육대학의 교수인 니시무라를 초청하여 모래놀이치료 연수를 시작했다. 그 후 일본상정요법학회 4대 이사장인 히로나카 마사요시, 테레사 케스트리, 바바라 터너 등을 초청해 국제모래놀이치료학술대회를 개최하여 전문가 연수 프로그램을 진행하며, 모래놀이치료 전문가를 양성했다.

모래놀이연구회를 기반으로 체계적이고 조직화된 연구 협회로서 한국모래놀이연구회는 심리치료사와 예술치료사를 중심으로 임상치료와 연수를 지속적으로 실시해 왔다. 또한 일본 나고야 단케심리상담실과의 국제협력 체결을 통해 모래놀이치료 활성화와 전문성 강화를 도모했다.

2017년부터 2019년까지 연구회의 심리치료사들과 예술치료사들은 일본 단케심리상담실 주최 국제모래놀이치료 워크숍에 참여했다. 니시무라의 직관적 해석과 문화적 다양성, 역사적 접근 등 통합적 견해로 집단모래상자놀이치료 해석과 상담을 통해 내적 성숙과 자기 성장, 전문성을 강화했다. 한국모래놀이연구회는 모래놀이 연구를 통해 개인적 성장과 임상 전문성 강화, 모래놀이치료에 관심 있는 전문가 대상의 역량 강화, 국제학회와의 협력, 외국 기관 지원 등 사업을 실시하고 있다.

성인을 대상으로 하는 사례 중심의 집단모래상자놀이치료를 해석하는 책은 아직 국내에 소개되지 않았다. 그런 점에서 지금 독자가 읽고 있는 이 책은 특별하며 유일하다고 할 수 있다. 일본의 경우 미키 아야가 최초로 본인의 모래상자 제작 체험을 책으로 출판했다. 또한 일본의 정신과 의사로 모래상정요법사인 스즈키 야스히로가 스위스 유학 시 본인이 받은 모래상정요법에 의한 분석 과정을 책으로 출판했다. 히로나카도 스위스 융 연구소에서 본인의 모래상정요법에 의한 분석 체험의 일부를 발표했다. 히로나카는 집단 안에서 모래상정을 만드는 것, 특별히 모래놀이치료사가 자신의 모래상정을 만들고 직접 공개적으로 발표를 하는 것은 아주 흥미로운 일이라고 했다. 이 책의 저자들은 3년 동안 단케심리상담실 주최 국제 집단모래상자놀이치료 해석에 참여한 전문가들이다. 히로나카는 집단모래상자놀이치료를 한 번에 10회기씩, 총 3년에 걸쳐 거듭한 체험이 큰 특징이라고 했다. 저자 모두는 모래놀이치료실에서 실시한 집단모래상자놀이치료에 직접 참석했고, 각자의 모래상자놀이치료에 대한 단케심리상담실 니시무라의 집단 해석을 받았다. 이 책에는 그때 받은 개별 사례들의 내용들을 담았다. 따라서 이 책은 한국에서 본인의 사례를 해석 체험한 것을 보고한 책으로, 아주 특별하다고 했다.

집단모래상자놀이치료는 주로 동질 집단에 적용하며, 참여자들의 개방성 · 협력 · 공감 · 타인 존중을 목적으로 한다. 가와이는 일본에서 모래놀이치료전문가 훈련 과정에서 집단모래상자놀이치료를 실시했으며 이 방법을 추천했다. 모래놀이치료를 알기 위해 먼저 자신의 모래상자를 꾸며 보는 것이 필요하다는 것이다. 히로나카는 집단 안에서 모래상자를 꾸며 보는 것은 집단 구성원이 공동으로 모래상자 꾸밈을 공유함으로써 이미지에 관한 다양한 깨달음이 생기고 서로 도움을 주고받는 것이 가능하다고 했다.

이 책은 이런 특징 외에도 임상적 가치와 의의 그리고 저자들의 자서전적 사례를 공개한다는 점에서 존중받을 충분한 가치가 있다고 말하고 싶다. 공동 저자인 강우선, 장은경, 이난주, 임지연, 신혜민, 이솔 선생님 그리고 니시무라의 제자로서 부가적으로 통역과 에세이 번역, 히로나카의 서신과 추천서 번역 등을 맡은 엄재희 선생님의 노고에 깊은 감사를 드린다. 또한 니시무라의 모든 자료를 요청하는 대로 보내 주신 단케심리상담실의 하세가와 야스코 실장님께 진심으로 감사를 드린다. 그리고 모든 원고를 초벌에서 완결본까지 자세히 읽고 조언을 해 준 윤지영, 박주영 선생님, 행정적 도움을 준 유경아 선생님께 감사드린다. 특히 이 책이 출판되기까지 총 책임을 맡은 임지연 선생님의 노고와 헌신에 깊은 감사를 드린다. 또한 이 책을 출판하도록 도움을 주신 학지사 김진환 사장님의 지원 및 격려와 영업부 소민지, 편집부 황미나, 박선민 선생님의 적극적 협력에 감사를 드린다. 특별히 일본상정요법학회 이사장을 역임한 히로나카 마사요시 교수님께서 이 책의 추천사를 써 주신 것에 깊은 감사를 드린다.

　우리의 모래놀이 세상에 들어오는 모든 독자 여러분이 행복하기를 응원한다.

대표 저자 박랑규

추천사

박 선생 집단에서 상정요법에 관한 책 출판에 즈음하여 나에게 추천사를 의뢰해 왔다. 참으로 영광이라 여기며, 내가 느낀 점 몇 가지를 써 보려 한다.

박 선생 집단과는 대략 17~18년 전에 내가 한국을 몇 번 방문하면서 가깝게 교류한 적이 있다. 그때 서울과 수원의 대학에서 강연과 사례 해석에 관한 코멘트를 했으며, 한국의 대학에서의 상정요법을 향한 열정에 대해 여러 가지로 배우게 되어 매우 충실한 체험을 할 수 있었다. 나의 인상 속에는, 박 선생 집단이 상정요법의 실천과 교육에 임할 때 쏟는 뜨거운 열정과 그 순수함이 매우 강하게 남아 있다. 이 시기에는 한국의 상정요법이 아직 여명기여서 상정요법이 발전해 나가기 위해서는 그와 같은 열정과 순수함이 필요하다고 생각했다.

이번에 출판하는 책에는 박 선생 집단의 열정과 순수함이 지금도 변함없이 또렷하게 빛을 발하고 있고, 더구나 그 후 20년에 가까운 세월 동안 갈고 닦은 연구 결과로 모래상정요법에 대한 진지한 제언들을 잘 정리하고 있다.

그중에서도 집필자 자신들의 상정 체험이 사례로 기록되어 있다는 점이 경외심으로 나를 깊은 생각에 빠져들게 했다. 필시 상정 체험만이 아니라 대부분 심리임상에 관한 책이나 논문에서 사례를 다룰 때는 소위 내담자에 대한 사례를 다루는 것이 통례일 것이다. 내담자가 무엇을 느끼고 무엇을 체험했는가에 대해서는 집필자인 치료자가 치료 과정을 통하여 추측한 것들을 말하게 된다. 물론 그때 상호주관적인 내담자와 치료자 사이의 커뮤니케이션이야말로 심리임상의 진면목이므로 내담자에 관한 사례를 다루는 것은 심리임상의 왕도라고 할 수 있다.

그런데 이 책에서는 내담자의 상정 사례가 아닌 집필자 자신, 즉 모래상정요법사 자신의 상정 체험을 말하고 있다. 이것은 이 책의 흔하지 않은 귀중한 특징이라고 할 수 있다. 흔하지 않고 귀중하다고 하는 것은, 자신의 상정 체험에 대해 이야기하는 것이 자신의 내적인 세계를 밖으로 제공하는 것과 같기 때문에 상당한 각오가 필요한 일이지만, 그만큼 자신의 체험과 그 체험에 관한 자기통찰은 상정요법의 본질을 명확하게 하는 가능성을 내포하고 있음에 틀림이 없기 때문이다.

앞에서 자신의 상정 체험을 이야기하는 것은 흔치 않다고 했지만, 실은 몇 개의 문헌에 상정요법사 자신의 상정 체험이 발표되어 있다. 일본의 상정요법 여명기에 활약한 미키 아야(三木アヤ) 선생의 저서가 그 하나이다. 최근에는 국제모래놀이치료학회(ISST) 회원이며 융 분석가이기도 한 정신과 의사 스즈키 야스히로(鈴木康広) 선생의 저서도 있다. 또 일부이기는 하나, 나도 나 자신의 상정 체험에 대해 쓴 적이 있다.

원래 상정요법사가 자신의 상정을 제작하는 것은 실제로 대단히 중요시되고 있다. 상정요법을 알기 위해서는, 먼저 스스로 상정 제작 체험을 할 필요가 있기 때문이지만, 이것은 상정요법만이 아니라 심리요법에도 동일하게 적용된다고 할 수 있다. 도라 칼프가 창설한 국제모래놀이치료학회에서는 상정요법사의 자신에 대한 연마 방법으로서 퍼스널 프로세스가 가장 중요하다고 한다. 퍼스널 프로세스란 상정요법사가 자신의 상정 작품을 제작하는 체험을 지속적으로 거듭하여 상정을 통해 자기라는 인간을 알게 되고 자신을 성장시키는 지극히 농후한 임상 체험이다. 소위 교육분석·개인분석을 상정요법에 의해 시행하는 것이라고 할 수 있다.

일본에서는 가와이가 상정요법을 소개할 때 상정을 제작하는 집단 체험을 활용하게 했는데, 이로 인해 일본상정요법이 급속하게 보급된 역사가 있다. 오늘날에도 대학·대학원의 실습이나 학회의 자기연마적인 연수 방법으로, 상정 제작의 집단 체험을 자주 사용하고 있다. 이것은 집단 안에서 한 사람 한 사람이 상정을 제작하고, 그 체험을 집단 전체가 공유하는 방법이다. 여기서는 개인의 상정 제작 체험에 멈추지 않고 그 상정 작품을 매개로 하여 집단 구성원 서로가 도움을 주는 커뮤니케이션이 행해져, 그에 따라 상정 작품의 이미지가 확장되고, 동시에 집단 전체에서 그 이미지를 공유하게 되는 의미 있는 체험을 할 수 있다.

실은, 이 책에서 다루고 있는 집필자의 상정 사례도 집단 상정 제작이다. 그것도 그와 같은 상정 제작이 1회기에서 멈추지 않고 10회기 또는 그보다 많은 상정 체험인 것이 커다란 특징이다. 일본에서 시행하고 있는 비교적 대중적인 집단 상정 제작과 국제모래놀이치료학회(ISST)가 중시하는 퍼스널 프로세스의 두 가지 특징을 모두 갖춘 형태라고 생각할 수 있다. 그때 상정 체험이 개인의 체험을 넘어 집단에서 공유되는 것들의 효과와 의미를 알 수 있으며, 그것이 자아혁명의 프로세스로서도 주목받을 수 있는 것이다.

앞에서도 이야기했지만, 치료자가 자신의 상정 체험을 진술한다는 것은, 희귀하지만 금기도 아니며, 각오와 필연성이 요구되는 만큼 더욱 귀중한 것이다. 이 책의 집필자 자신의 상정 체험이, 필연적으로 상정요법이 갖는 성장·치료 메커니즘을 말하고 있다고 본다.

히로나카 마사요시(弘中正美)

(전 산노교육연구소 대표, 전 메이지대학 교수,

전 치바대학 교수, 전 일본상정요법학회 이사장, 현 국제모래놀이치료학회 회원)

〈참고문헌〉

鈴木康広 (2018). 個性化プロセスとユング派教育分析の実際. 猿見書房.

三木アヤ (1977). 自己への道——箱庭療法による内的訓練——. 黎明書房.

弘中正美 (2014). 遊戯療法と箱庭療法をめぐって. 誠信書房.

推薦文 情熱と純粋さの軌跡

　朴先生のグループで箱庭療法に関する本が出版されるにあたって、私に推薦文を書いてもらいたいとの依頼を受けた。誠に光栄と思い、私が感じていることをいくつか書かせて頂きたい。

　朴先生のグループとは、およそ17〜8年前に、私が何度か渡韓して親しく交流させて頂いた。そのとき、京城や水原の大学で講演や事例検討の講師・コメンターをお引き受けし、また韓国の大学における箱庭療法への取り組みについて色々と学ばせて頂いて、とても充実した体験を得ることができた。私の印象の中では、朴先生のグループが箱庭療法の実践と教育に取り組む際に、熱い情熱を傾けるその純粋な姿勢が記憶に強く残っている。この時期、韓国の箱庭療法はまだ黎明期にあって、箱庭療法の発展には、そのような情熱や純粋さこそが必要と思えたのである。

　今回出版された本では、朴先生たちの情熱や純粋さがいまも変わらずに鮮やかな光を放ち、しかもその後の20年に近い日々の研鑽によって、箱庭療法に対する真摯な提言の形を成している。

　中でも、執筆者自身の箱庭体験が事例として書かれていることについては、畏敬の念を込めた深い思いに浸らされる。おそらく、箱庭療法に限らず、心理臨床に関する本や論文で事例を扱う際には、いわゆるクライエントに関する事例を扱うことが通例であろう。クライエントが何を感じ、何を体験したかについては、執筆者で

あるセラピストが治療のプロセスを通じて推測したことが語られるのである。もちろん、そのようクライエントとセラピストの間主観的なコミュニケーションこそが心理臨床の真骨頂であるので、クライエントに関する事例を扱うことは、ある意味心理臨床の王道となる。

　ところで、本書においては、クライエントの箱庭事例ではなく、執筆者すなわち箱庭療法セラピスト自身の箱庭体験が語られているのである。それは、本書の稀有にして貴重な特徴となっていると言えよう。稀有にして貴重というのは、自身の箱庭体験を語ることは、自分の内的世界を外に向かって提出するに等しいので、かなりの覚悟がいることであるが、しかし、そこでの体験とその体験に関する自己洞察は、箱庭療法の本質を明らかにする可能性を秘めているからに他ならない。

　いま、自身の箱庭体験を語ることは希有であると述べたが、しかし、実はいくつかの文献に箱庭療法セラピスト自身の箱庭体験が発表されている。日本の箱庭療法の黎明期に活躍した三木アヤ2）先生の著書がそのひとつである。また、最近では、国際箱庭療法学会（ISST）会員であり、ユング派分析家でもある精神科医の鈴木康広3）先生の著書もそうである。また私1）自身も、一部ではあるが、自分の箱庭体験について書いたことがある。

　もともと、箱庭療法セラピストが箱庭を制作すること自身は、実は重視されていることである。箱庭療法を知るには、まずは自分で箱庭を制作する体験が必要だからであるが、このことは箱庭療法に限らず、心理療法一般においても言えることである。D.カルフ（Kalff）が創設したISSTでは、箱庭療法家の自己研鑽の方法として、パーソナル・プロセスが最も重要と考えられている。パーソナル・プロセスとは、箱庭療法セラピストが自分自身箱庭作品を制作する体験を継続的に積み重ね、箱庭を通じて自分という人間を知り、自分を成長させるきわめて濃厚な臨床体験である。いわゆる教育分析・個人分析を箱庭療法によって行うものと言えよう。

　日本では、河合隼雄が箱庭療法を紹介する際に、箱庭を制作するグループ体験を活用し、これによって日本の箱庭療法は急速に普及した歴史がある。今日でも、大

学・大学院におけるトレーニングや学会における自己研鑽的研修の方法として、箱庭制作のグループ体験はよく用いられている。これは、グループの中で、一人一人が箱庭を制作し、その体験をグループ全体で共有するやり方である。ここでは、個人の箱庭制作体験にとどまらず、その箱庭作品を介してグループ・メンバー同士のサポーティブなコミュニケーションが行われ、それによって箱庭作品のイメージが広がり、かつグループ全体でそのイメージを共有するという意味のある体験を生むことができる。

　実は、本書の中で扱われた執筆者（セラピスト）の箱庭事例も、グループとしての箱庭制作である。しかも、そうした箱庭制作が1回に止まらず、10回あるいはそれを超える体験となっているのが大きな特徴である。日本で行われている比較的ポピュラーなグループ箱庭制作と、ISSTが重視するパーソナル・プロセスの両者の特徴を備えた形態と考えることができる。そこでは、箱庭体験が個人の体験を超えてグループで共有されることの効果や意味が問われることになり、しかも、それが個人の自我変革のプロセスとしても注目されることになるのである。

　既に述べたように、セラピストが自身の箱庭体験を述べることは、希有ではあるが禁忌ではないし、覚悟も必然性も求められこそすれ、むしろ貴重なものである。本書における執筆者自身の箱庭体験の語りが、必然的に箱庭療法が持つ成長・治療機序を語ることになると思われる。

　弘中正美（山王教育研究所前代表、元明治大学・千葉大学教授、日本箱庭療法学前理事長、国際箱庭療法学会会員）

<文献>

鈴木康広(2018). 個性化プロセスとユング派教育分析の実際. 遠見書房.

三木アヤ(1977). 自己への道ーー箱庭療法による内的訓練ーー. 黎明書房.

弘中正美(2014). 遊戯療法と箱庭療法をめぐって. 誠信書房.

차례

들어가기

도라 칼프(Dora Kalff)는 모래놀이를 다음과 같이 설명했다(Turner, 2009).

우리 자신의 깊이에서는 우리가 의식적으로 알지 못하는 것을 안다. 우리는 모래
놀이를 통해 집단 무의식에 접촉할 수 있다. 이것은 우리가 나아가기 위해 필요한 길
을 보여 줄 수 있다. 모래놀이는 개인화 과정을 촉진하고 무의식의 내용을 의식화해
주며, 그것을 우리의 삶과 통합할 수 있다.

융(Jung)은 내담자들이 꿈과 창조적인 형성화 작업에서 체험한 경험을 언급하며
'전체성과 자기(Self)'에 대해 말했다. 이것은 자아의 체험세계를 초월하는 자신 안에
있는 중심과의 만남에 관한 것이다. 그래서 의미를 부여하기도 하고, 치유를 하는
체험이기도 하며, 새로운 에너지의 생성을 돕기도 한다. 또한 융은 절대로 끝나지
않는 자기실현의 과정을 '개성화 과정'이라고 표현하고, 종교적 상징이나 예수, 부
처와 같은 인격체도 이 과정의 목표를 보여 준다고 했다. 전체적이 되는 것의 중요
한 측면은 내게 아직 알려지지 않은, 무의식적인 인격의 부분을 점진적으로 통합하
는 것이다. 모래놀이치료에서 내담자는 치료관계 속에서 모래상자를 매체로 자신
의 내면 세계를 표현하는 과정을 겪는다. 이 과정을 통해 정신의 전체성이 고차원적
으로 발전한다.

모래놀이치료는 아동 및 성인들이 모래놀이를 하면서 융이 말한 무의식으로의 통로를 발견하며 개성화 과정을 체험하도록 돕는다. 이때 놀이는 의식과 무의식 사이의 다리를 만들어서 무의식을 통해 의식을 변화시키고, 새로운 의식을 탄생시키는 초월적 기능을 활성화한다. 초월적 기능은 인간 안의 창조성의 주체인 자기(Self)의 중요한 기능이며, 적극적 명상과 상상을 통해 이 기능이 발휘될 수 있다.

융의 이론적 관점에서 모래놀이치료의 기본적 전제는 주어진 적절한 조건하에서는 정신이 스스로를 치유하려는 자연적 경향성을 지닌다는 것이다. 모래놀이치료의 목적은 내담자의 내적 세계를 반영하는 미니어처와 모래상자를 사용함으로써 정신의 가장 깊은 수준에서 치유 에너지를 활성화하는 것이다. 무의식의 과정은 이러한 자유롭고 창의적인 활동과 놀이 경험을 통해 마치 꿈속의 경험처럼 삼차원적 형태 내에서 시각화된다. 따라서 모래놀이는 자신의 무의식이 드러나고 알려지도록 하는 수단이라고 할 수 있다.

또한 모래놀이는 동양 사상과의 만남으로 인해 문화적 차이를 넘어 경험의 인류 보편인 원형적 기반을 다룰 수 있게 되었다(Kalff, 2012). 선 사상에서 말하는 것과 마찬가지로, 중요한 것은 모래놀이가 기술의 외적이고 형식적인 면을 중요시하지 않는다는 점이다. 그보다는 치료에서 내담자 스스로 치유하는 힘을 일깨우고 지지하는 공간을 만드는 것에 관심을 가진다. 모래놀이는 내담자 스스로가 자신을 돌아보게 한다. 선에서 말하는 깨달음이라는 것은 자기 안의 체험으로 얻을 수 있는 것이다.

모래놀이치료의 기본은 치료자와 내담자의 인간관계에 있다. 도라 칼프는 치료자와 내담자의 관계를 모자일체성의 관계로 설명한다. 이러한 관계가 성립되면 내담자는 자신의 치유능력을 발휘하기 시작하여 전체성의 상징을 표현하기 시작한다. 칼프는 이것에 대해서 다음과 같이 설명했다.

> 내담자는 언어를 수단으로 해서 치료가 진행되는 것이 아니라, 보호된 장면에서의 상징 체험으로 인해 치료가 진행되어 가는 것이다.

따라서 치료관계에서는 자유로운 동시에 보호되는 공간을 만드는 것이 중요하다. 치료 상황에서 자유로운 공간은 치료자가 아동을 완전히 받아들임으로써 내적으로 그 안에서 일어나는 모든 것을 아동 자신처럼 참여할 때 만들 수 있다. 아동은 위기의 상황에서나 행복한 순간에 자신이 혼자가 아니라고 인식하게 되면 자유롭고 보호되었다고 느낀다. 이를 통해 아동은 지적이면서 영적인 인격 발달의 기본이 되는 안정된 내적 심리상태를 만들게 된다.

성인치료에서도 무의식 초기단계 작용 경험으로 아동치료와 같은 발달과정이 발생한다. 그래서 내담자와 치료자의 관계, 즉 모자일체성이 중요하다. 치료자는 모래상자의 모든 시리즈가 진행되는 동안 나타나는 상징을 해석하여 혼자 간직한다. 그렇게 얻어진 모래상자 속에 나타난 문제들을 이해해 가는 과정은 분석가와 아동 사이에 신뢰할 수 있는 분위기를 만드는데, 이것 또한 치유적 영향력을 발휘하는 '모자일체성'이라고 할 수 있다.

마틴 칼프(Martin Kalff) 또한 치료자가 내담자에게 '자유롭고 보호된 공간'을 제공하는 것이 주요 과제라고 했다(Kalff, 2012). 그때 내담자는 암시된 관계 속에서 자신이 있는 그대로 받아들여지고 이해되고 있다는 느낌을 받아야 한다. 동시에 놀이나 자신과의 열린 만남에서 새로운 것을 시도해 볼 수 있는 자유를 느낄 수 있어야 한다.

도라 칼프는 모래놀이 치료자의 태도에 대해 『도덕경(道德經)』의 한 구절을 인용했다(Kalff, 2012).

> 사람이 태어나면 부드러우며 약하고, 그가 죽으면 단단하고 강해진다. …… 약한 것이 강한 것을 이기고, 부드러운 것이 단단한 것을 이긴다는 것은 세상 사람 모두 알고 있으나 아무도 이에 따라 행동하는 것을 이루지 못한다.

'부드러우며 약한 태도'는 바로 치료에 임하는 치료자의 태도이다.

01

니시무라와
모래놀이치료의 시작

나는 일본의 대학원에서 특수교육을 전공하고 귀국한 후 발달장애아동의 가정에 방문하여 부모상담을 했으며, 가정과 사회현장 실습을 병행하며 아동의 자립을 돕는 교육을 했다. 그때는 그 아이들과 나의 아파트에서 며칠씩 함께 생활하기도 했었다. 지금은 텃밭을 가꾸며 조용히 노후를 보내고 있는 60대 독신 여성이다.

　나는 각 사례의 해석자인 '니시무라'에 대해 언급하려고 한다. 니시무라와 내가 처음 만난 것은 1990년 일본의 대학원에서 니시무라의 임상심리 강의를 수강할 때였다. 한 학기 수업을 마친 후, 니시무라로부터 원형탈모증이 있는 초등학생 사례를 맡아 주면 좋겠다는 제의를 받았다. 당시 특수교육(장애아동교육)을 전공하고 있던 나는 심리학과 학생도 아니었고, 전문적인 상담 경험도 없었다. 왜 내게 제의했을까 하는 의문이 들었지만 결국 그 사례를 맡게 되었다.

　내담자는 머리카락은 물론이고 눈썹까지 전신에 털 하나 없는 초등학교 5학년 남자 어린이였다. 내담자와 내가 놀이치료실에 있는 동안 니시무라는 내담자의 어머니와 상담을 했다. 상담을 마친 내담자가 돌아간 후 니시무라는 놀이치료실에 들어와 내담자가 만들어 놓은 모래상자를 살펴보았다. 현장에 함께 있지도 않았던 니시무라는 모래 속에 감춰져 있는 피겨가 무엇인지 정확하게 맞혔다. 그런 일이 여러 번 있었다. 상담은 1년 동안 주 1회씩 이어졌다. 상담을 종료하는 시점이 되었을 때 늘 모자를 눌러쓰고 다니던 내담자의 머리에 머리카락이 자란 것이 보이기 시작했다.

　니시무라와의 만남은 대학원 심리학과 학생들의 '꿈 분석 연구모임'에 함께 참여

---

* 니시무라의 에세이와 글은 2008년 2월과 4월, 8월, 2013년 기록을 참조 번역했으며, 일본 단케심리상담실로부터 2021년에 받은 자료를 사용했다.

하게 되면서 계속 이어지게 되었다.

오래전의 이야기이지만 지금도 기억나는 니시무라의 모습들이 있다. 꿈 분석 연구모임에서 내담자의 꿈 한 장면(하품)을 몇 주 동안 이어서 나누었던 것, 겨울에 연구실에서 니시무라가 연구모임의 대학원생들에게 직접 치즈 퐁듀를 만들어 주었던 것, 여름 밤바다에서 대학원생들과 함께 다양한 폭죽으로 불꽃놀이를 하며 지냈던 것, 눈에 띄는 파란색 스포츠카로 스피드를 즐겼던 것이 생각난다.

일본에서 귀국한 후 한 지인으로부터 연락을 받았다. 그 당시에 모래놀이치료를 하는 상담소는 몇 안 되었는데, 그중 서울에 있는 한 아동상담소에서 연락이 온 것이다. 그곳에서 일본의 모래놀이치료실을 방문하고자 하는데 그 연결을 원했다. 나는 니시무라에게 연락해서 도움을 구했고, 니시무라는 일본에서도 손꼽히는 모래놀이치료실 몇 군데를 소개해 주었을 뿐만 아니라 가와이도 만날 수 있도록 연결해 주겠다고 말했다. 니시무라의 도움으로, 일본에 방문한 상담자들은 가와이를 만나고 돌아왔다.

그 후 니시무라는 가족과 함께 한국 여행을 오게 되었다. 그때 니시무라는 그 아동상담소를 방문했고, 때마침 모래놀이 해석을 받는 자리에 동석하게 되었다. 예정에 없었던 일이었지만 그 자리에 있던 발표자들 모두는 니시무라의 해석을 들었다. 모두 만족했는지 숙소로 돌아오는 길에 한국에서도 세미나를 해 달라는 상담소 측의 요청을 받게 되었다. 그로부터 몇 달 후 니시무라는 한국에 다시 방문하여 교육문화회관에서 첫 세미나를 했고 성황리에 마쳤다. 이후 한국모래놀이연구회 회장을 통해 발달지원학회 및 아이코리아와 20여 년간 가까운 교류가 지속적으로 이어졌다. 이화여자대학교 소강당이나 아이코리아 강의실을 이용한 세미나와 소집단 사례 발표들이 진행되었다.

개인적으로 가장 인상에 남는 세미나는 한국모래놀이연구회 회장의 제안으로 여러 개의 모래상자를 준비하여 참석자 전원이 모래상자를 만들고, 완성 후 그 자리에서 니시무라의 해석을 받은 것이었다. 모래상자를 만들고 많은 사람 앞에서 공개적으로 해석을 듣는 것이 부담스러웠는지 초반에 참가자들은 주저하는 편이었다. 하지만 시간이 지날수록 니시무라의 해석을 함께 들으며 적극적으로 참여했다. 참석자들 모두 만족한 모습이었다.

지방의 한 대학과도 교류가 있었는데, 사례 발표에서 기억에 남는 일이 있었다. 발표자의 1회기 모래상자만 보고 니시무라가 이후에 등장하는 모래상자들이 어떻게 전개될 것인지를 구체적으로 코멘트를 했고, 발표자가 "다음 2회기 이후에 소개할 모래상자들을 지금 다 이야기하셨습니다."라고 언급해 발표 중에 모두가 감탄한 일이었다.

니시무라는 꿈 분석에 좀 더 관심을 갖고 있었지만 모래상자에 대한 해석 또한 남달랐다고 말할 수 있다. 일본을 방문하여 가와이를 만나고 돌아온 아동상담소 상담자들은 그를 대단한 분석가라고 칭했다.

니시무라 역시 모래상자를 보고, 만든 사람의 과거·현재·미래를 보는 통찰력이 있었다. 모래상자를 만든 사람들은 그의 해석을 들으며 스스로 알 수 없었던 자신을 새롭게 돌아보는 경우가 많았다. 마틴 칼프(Kalff, 2012)는 '자아의 체험 세계를 초월하는 자신 안에 있는 중심과의 만남에 관한 것'이라고 표현했다.

심리분석을 하는 전문가들의 경우도 동일하겠지만, 니시무라는 성경·불경·신화 및 각국의 역사와 전래동화와 민담 등 많은 분야의 지식들을 섭렵하고 있었다. 따라서 모래상자와 피겨에 대해서도 심도 있는 해석이 가능했으리라. 대학의 방학 기간에는 지인의 산사에 가서 좌선을 하는 등 불교에 심취하기도 했다. 그런가 하면 오페라에도 일가견이 있어 소리에 대해서도 남다른 분별을 할 수 있었던 것 같다. 오페라 극단 관계자에게 오페라에 대한 평을 보낸 글도 남아 있었다. 자신의 상담실 블로그에 정기적으로 글을 올려 자신의 이야기와 근황을 전하기도 했다. 타인의 집을 방문했을 때에도 그 집의 가구 배치 등 집 전체를 모래상자로 보기도 하고, 사람을 만났을 때나 사례 발표를 할 때 발표자는 물론 참석자 전원의 표정과 태도, 움직임과 분위기를 보고 해석에 반영하는 것 같았다.

그는 상담과 모래상자의 연관성에 대해서도 중점을 두었다. 매회 상담 면접 후반부에 내담자에게 모래상자를 만들게 했는데, 상담자는 그 모래상자를 보고 상담을 통해 내담자에 대해 알 수 없었던 의외의 것들을 알게 되는 경우가 많았기 때문이다. 내담자는 모래상자를 통해 언어로는 표현할 수 없는 유아적인 내용을 표현할 수 있었고, 그것은 통합을 위한 가능성을 발견하게 해 주었다. 내담자는 알면서도 언어로 전달할 수 없는 것들이 있다. 상담자도 그것들을 가시적인 모래상자를 통해 알게 되어 상담에 임하는 준비가 달라지게 된다.

나고야에서 열렸던 '일본 모래놀이치료 30주년 기념 세미나'로 기억한다. 한국에서는 나와 한국모래놀이연구회 회장과 회원이 참석했고, 그때 가와이와 니시무라와 부인 니시무라 요시코와의 만남과 교제가 이루어졌다. 니시무라 요시코는 단케심리상담실에서 모래놀이치료를 오랫동안 하고 있는 임상심리사였다.

서울 모 대학의 어느 교수가 유치원 교사들과 함께 나고야에 방문하여 이틀간 외부 강의실을 빌려 니시무라의 강의를 듣는 일이 있었다. 그때 둘째 날 일정이 끝난 후에 참가자들이 니시무라의 상담실을 보고 싶다고 했다. 일정에 없었던 즉흥적인 요구임에도 니시무라는 망설임 없이 좋다고 하여 수십 명이나 되는 인원이 니시무라의 상담실에 방문하게 되었다. 그때 니시무라는 상담실에 앉을 수 없을 정도로 가득 메운 참석자 모두에게 모래상자를 만들어 보라고 권했고, 이에 견학만 하려 했던 다수의 교사가 그 자리에서 모래상자를 만들어 해석을 받았다. 니시무라는 각자가 만든 모래상자를 하나씩 사진을 찍었고, 종이에 직접 모래상자를 그리며 기록도 했다. 모래상자를 만들기 전에 우리 눈에는 부족함이 없어 보였는데 니시무라의 눈에 모래가 부족해 보였는지 한쪽 구석에 있는 모래주머니에서 모래를 퍼 모래상자에 담아 주기도 했다.

최근 몇 년은 소수 인원이 나고야에 있는 니시무라의 단케심리상담실을 방문하여 준비해 간 사례에 대한 해석을 받았고, 그 자리에서 직접 모래상자를 만들기도 했다. 80세를 넘긴 니시무라는 한국에서 온 손님들에게 해석을 해 주면서 매번 점심 식사도 직접 지어 대접해 주었다.

니시무라와 사례 발표자 사이에 통역을 하는 중간 입장의 내가 항상 느꼈던 점이 있었다. 사례 발표자는 모래상자를 만들고 자신의 모래상자에 대해서 설명을 할 때

기존의 방식대로 설명을 하려고 하는데, 니시무라는 발표자의 설명을 거의 들으려 하지 않았다. 니시무라는 만들어진 모래상자에만 집중했고, 해석을 하면서 자신이 궁금한 점만 발표자에게 질문했다. 1회기 상자에 의미를 많이 두기도 했다. 니시무라는 발표자의 모래상자를 보고 때로는 해석을 하기 위해서 눈을 감고 시간차를 두기도 했는데, 그때는 이미지를 그린다고도 했다.

니시무라는 자녀에게 좋은 어머니상에 대한 설명을 자주 했다. 그는 많이 배워 지식이 많은 어머니보다는 배움은 부족하더라도 자녀를 품어 줄 수 있는 따뜻하고 인자한 어머니에 대해 전하고 싶어 했다. 그는 전문가 집단의 여성 사례를 주로 대하면서 모성성(母性性)을 강조했는데, 현대 사회의 부모와 자녀 간 문제로부터 시작해서 사회적 문제가 되는 이슈들의 근본 원인을 모성성의 부재에서 찾고자 한 것 같았다.

니시무라는 오랫동안 한국과 교류하면서 한국의 모래상자를 일본에 소개했고, 한국과 일본 모래상자의 차이점을 비교 분석하기도 했다.

니시무라는 후두암 진단을 받고 수술을 했으나 목소리를 잃게 되었다. 그런 상태에서도 필담으로 상담을 하는 등 최선을 다했고, 2020년에 세상을 떠났다.

50대의 니시무라는 친절했고 신사와 같은 모습을 하고 있었다. 가끔 그의 고집 센 모습을 볼 수 있었는데, 세월이 지나면서 그의 그런 모습은 점점 부드럽게 변화되어 갔다. 그래서인지 그의 말년의 해석은 해를 거듭할수록 놀라울 정도로 깊이가 있었다.

내가 "심리학만으로는 인간의 마음을 치유하는 데 2%가 부족하다."라고 말을 한 적이 있었는데, 니시무라는 "아니, 더 많이 부족하다."라고 자신의 의견을 표해 주었다. 우리는 이와 같은 이야기로 심도 있는 대화를 이어 갔다. 나와 니시무라는 30여 년간 스승과 제자로 지냈으며, 귀국 후에는 예상하지 못했던 통역 일로 그와의 만남이 꾸준히 이어졌다. 니시무라가 세상을 떠나기 한 달 전쯤에 내가 받은 니시무라의 메일에는 성경을 읽고 있다는 것, 구약성경과 신약성경에 나오는 꿈 이야기를 물었던 것, 창세기 37장에 갑자기 요셉의 이야기가 등장한다는 것 등과 같은 내용이 기록되어 있었다. 오래전에 나는 『성령세례』라는 책을 그에게 전달했는데, 그는 그 책을 읽은 후

"나는 물세례는 알겠는데, 성령세례는 모르겠다."라고 말했던 것도 떠올랐다.

그때 나는 "아볼로라고 하는 어떤 유대인이 에베소에 왔는데 언변이 유창하고 성경에 밝은 자더라. 이 사람이 주의 도를 배웠으며 영(spirit) 안에서 열심을 내었고 주의 일들을 정확하게 말하고 가르치나 요한의 침례만 알고 있더라."(사도행전 18장 24-25절; 말씀보존학회, 2015)라는 성경구절이 생각나 니시무라와 성령세례에 대한 것을 나누기도 했다.

나는 처음부터 전문 통역사나 모래놀이치료 전문가가 아니었다. 우연히 니시무라의 통역 일을 하다가 인연이 되어 모래놀이치료의 소집단에 참여하게 되었는데, 그 시작은 어느 날 갑자기 발달지원학회로부터 소집단 세미나를 하는데 참여해 달라는 연락이었다. 10회기에 걸쳐 모래상자를 만들고 사진을 찍어 발표를 해야 했다. 당시 나는 50대였고 부모님의 상을 치른 지 얼마 되지 않은 상황이라 이 세미나에 참여하고 싶지 않았다. 하지만 거절할 명분도 없었기에 의무감을 갖고 세미나에 참여하게 되었다. 모래상자를 만들기 위해서 피겨들을 놓고 치우기를 반복하며 7회기까지 마무리했다. 당시 나의 집에는 모래상자와 피겨가 준비되어 있는 방이 따로 있었기에 모래상자를 만드는 것은 어렵지 않았다.

내가 성장기였을 때 나의 가족은 조부모, 부모, 오빠와 나, 이렇게 여섯 명이었다. 나보다 다섯 살 많은 오빠는 중학생 때 집을 떠나 외지에서 학교를 다녔고 주말과 방학 때에만 집에 돌아왔다. 아버지는 형제들 중에서 막내였고 큰고모와는 20년 가까운 나이 차이가 있었다. 당연히 조부모는 내 친구들의 조부모보다 훨씬 고령이었다. 할아버지는 내가 중학교 때 돌아가셨다.

할아버지가 돌아가시기 몇 년 전, 내가 열 살 때였는데, 추석에 친척들이 시골 큰아버지 댁에 다 모였을 때의 일이다. 나는 혼자 마당으로 나와, '사람은 어디에서 와서 어디로 가는가' '몇십 년 살면 다 죽는데 왜 사나' '죽음 후에는 어떻게 되는가' 등에 대해서 생각하곤 했다. 고령의 조부모와 함께 살아서 그런 것인지 더 어린 나이였을 때에도 죽음에 대해 궁금해했었다. 나는 사람의 죽음에 대한 근원적인 답을 얻지 못한 채 40여 년을 살았다. 오랜 세월 그 답을 찾고자 하는 것을 멈추거나 잊지 않았다.

대학을 졸업한 후에도 직장, 결혼, 나이에 맞는 통념적인 생활에 관심을 갖지 못했고, 오래전에 시작된 죽음에 대한 질문의 답을 찾는 삶이 이어졌다. 봉사활동을 하면서 맹인 근이영양증, 왜소증 환자를 만나게 되었다. 나는 장애와 질병을 겪고 있는 환자의 부모와 자녀들을 만나 교류를 하다가, 늦은 나이일 수도 있는 30대 중반에 일본 유학을 떠나게 되었다. 학위를 취득하겠다거나 그 외의 어떤 특별한 목적은 없었다. '특수교육'에 대한 배움을 통해 긴 세월 알고자 했던 근원적인 질문일 수 있는 죽음에 대한 해답을 찾고자 유학을 선택한 것이다. 나는 그때부터 발달장애 아동들을 많이 만나게 되었고 그들로부터 많은 것을 배우게 되었다. 내가 만났던 아이들은 보통 사람들과 다른 점이 있었는데, 그것은 가면을 쓰지 않았다는 점이다. 자신을 있는 그대로 보여 주었다. 그들과 함께 있으면 내 머릿속이 단순하고 깨끗하게 정화되는 것 같았다. 하지만 여전히 내가 원했던 죽음에 대한 해답은 찾을 수 없었다.

나는 그렇게 답을 얻지 못한 채 서울에서 40여 년을 살다가, 부모님이 돌아가신 후 서울을 떠나게 되었다. 그동안 하던 일들도 다 그만두기로 결정했다. 나는 물리적·정신(soul)적으로 세상 사람들과 분리되었고, 그때 비로소 나의 자아와 만나게 되었다.

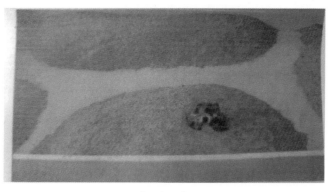

[그림 1-1]

[그림 1-1]은 내가 이사할 곳의 지형을 표현한 것이다. 남쪽과 북쪽, 동쪽과 서쪽 땅은 물로 분리되어 있다. 강물은 동북쪽과 동남쪽에서 흘러와 하나가 되어 서쪽 바다로 나간다. 손이 닿을 듯한 거리임에도 갈 수 없는 곳이 있다. 남에서 북으로 갈 수 없다. 그렇다고 해서 북에서 남으로 올 수 있는 것도 아니다. 가로막힌 강 때문이 아니다. 머리와 심장도 가깝지만 멀다. 남쪽에 터를 잡았다. 홀로 있는 곳, 고즈넉한 곳, 외진 곳, 아무도 없는 곳이다. 그래서 그곳에는 답이 있다. 어머니의 자궁과 같은 시작점이기도 하지만 근원을 알게 되는 종착점이기도 하다. 새 생명 탄생의 출발점이다.

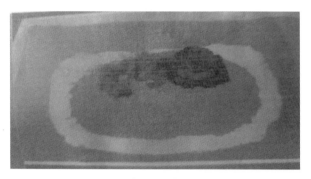

[그림 1-2]

이사해서 터를 잡고 보니 산과 가깝다. 보이는 것이 있다. 땅과 나무와 폭포가 있다. 폭포는 위에서 아래로 흘러 떨어진다. 고개를 들면 하늘이 보인다. 그러나 그 하늘은 하늘이 아니다. 모인 물은 높은 곳에서 낮은 곳으로 흘러내린다. 속에서 나오는 것이 아니니 의식세계이다. 소나무에 가지가 세 개 있다. 무지(無知), 육(肉), 물질세계이다. 가까이 있지만 서로 모른다. 갇혀 있으면서 갇혀 있다는 것을 모른다. 자연을 보며 변화를 기대한다. 여전히 고즈넉한 곳, 외딴곳이다.

[그림 1-3]

나무가 크게 자라 무성해졌다. 나무 옆에 우물이 있다. 우물은 폭포가 아니다. 우물은 정적(靜的)이다. 물은 땅속에서 흘러나온다. 그러나 이 우물은 얕다. 혼의 세계이다. 여전히 분리되어 있다. 자아이다. 이기적이다. 인위적이다.

[그림 1-4]

나무 옆에 샘이 있다. 샘은 우물이 아니다. 끊임없이 흘러나온다. 퍼 올리지 않아도 된다. 자연이다. 스스로 존재한다. 마르지 않는다. 생명을 잉태한다. 외딴곳은 아니다. 세상이면서 세상이 아니다. 연결되어 있으나 아직 광야이다.

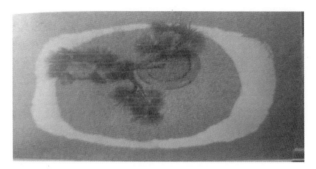

[그림 1-5]

소나무 세 가지 아래에서 샘이 솟는다. 생수를 마신다. 셋이 하나가 된다. 완전하다. 호흡한다. 생명이다. 다른 차원이다. 분리되어 있지만 고립이 아니다. 연결되어 있다. 갈 수 없어도 갈 수 있는 곳이다. 빛이 보인다. 물이 변해 포도주가 된다. 거듭난 생명이다.

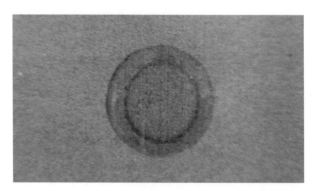

[그림 1-6]

거듭난 샘은 생명수이다. 끊임없이 흘러넘친다. 더 이상 목마르지 않다. 사람을 살린다. 부족함이 없다. 모든 곳에 연결되어 있으니 하나이다. 낮고 낮아진 깊은 곳에서 그렇다. 무소부재이다.

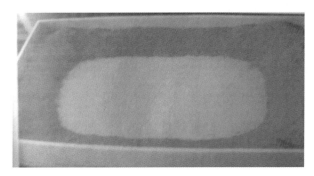

[그림 1-7]

자유, 참 자유의 세계이다. 깊다. 넓다. 높다. 측량할 수 없다. 부족함이 없는 충만이다. 질문이 없다. 바람이 없다. 시작과 끝을 안다. 삶과 죽음과 부활 생명을 가슴으로 안다. 아니, 말로 다 표현할 수 없다. 새 창조이다.

니시무라는 내 모래상자를 보고 "변함이 없다."라는 단 한마디의 말을 했다.

7회기의 모래상자들은 소집단 세미나 참여를 위해 자의가 아닌 타의에 의해 만들어졌다고 할 수는 있지만 그래도 만든 이는 나 자신이다. '변함이 없다.'는 니시무라의 해석은 방향성 측면에서 본다면 맞는 말이다. 그러나 그 시작과 끝은 다르다. 존재 자체가 변했다. 즉, '거듭난 생명(Born again)'이다.

원고를 마무리하다가 뒤늦게 발견한 자료가 있었다. 거기에는 니시무라가 모래상자를 보는 견해가 적혀 있었다.

모래상자는 꿈보다 자아가 관여한다. 꿈에는 의식에 반하는 것이 드러난다면, 모래상자에는 의식에 반하는 것은 표현되지 않는다. 모래상자에는 만든 이의 세계관이 표현된다. 그 세계관은 깊은 곳으로부터 삶의 태도를 지탱한다. 꿈보다 깊은 것이 있다. 때로는 수십 년이나 변하지 않는다. 세계관이 바뀌면 행동이 바뀐다.

모래상자에는 세상을 사는 사람들의 이야기가 있다. 깊고 내밀한 이야기는 사람들을 치유한다. 언뜻 보면 뿔뿔이 흩어져 있는 것 같은 그 속에서 이야기를 이끌어

내는(想像) 작업이다.

　그의 글 중에서 "모래상자에는 만든 이의 세계관이 표현된다. 때로는 수십 년이나 변하지 않는다. 세계관이 바뀌면 행동이 바뀐다."라는 부분은 니시무라가 나의 모래상자에 대해 '변함이 없다.'고 했던 짧은 해석을, 오랜 침묵 후에 이어서 말해 주는 것 같았다. 그의 글을 통해서 다시 한번 확인하게 되었다. 씨앗이 열매가 된 것이며, 육과 혼이 죽고 영으로 사는 삶이 시작된 것이다. 그것은 영원한 생명이다.

　나는 원고를 준비하면서 십수 년 전에 만들었던 흐릿한 모래상자들을 다시 살펴보며 꽤 놀랐다. 모래상자들이 지금의 나를 예언한 듯 그 과정들을 보여 주고 있었기 때문이었다. 지금 나는 오랜 세월 찾고 찾았던 문제(죽음과 삶)의 답을 이제는 더 이상 찾지 않게 되었다.

02

모래상자놀이에 표현된
인생 여정

나는 60대 후반 여성이고, 심리학 박사학위를 받았고, 대학의 발달장애센터 연구원으로 재직했으며, 그 후 장애 아동과 부모를 상담하는 연구원의 원장 역할을 이어왔다. 원장직에서 은퇴한 후에는 특강, 사례감독, 상담과 치료 임상을 하고 있다. 또한 일본 아이치교육대학 니시무라 교수의 연수회에 참석한 치료사들과 함께 '한국 모래놀이연구회'를 조직하여 교류를 이어 나가고 있다. 27년 동안 지속된 모래상자 놀이에 표현된 인생 여정을 기록하고 싶어 이 책 집필에 참여했다.

나는 장애아동임상과 부모 상담을 총 39년 동안 했고 대학 겸임교수로도 재직했다. 1990년대 초부터 지속적으로 자폐·함묵증·정서장애·말더듬·언어장애를 겪고 있는 아동·부모·성인 등을 대상으로 모래놀이치료를 실시했다. 또한 가와이 하야오, 오가다 야스노부, 미키 아야, 니시무라 스에이오, 히로나카 마사요시, 해리엇 프리드먼, 사치코 다케 리스, 바바라 터너, 테레사 캐스트리, 도미니크 지멘시오 등의 모래놀이치료 연수를 통해 다양한 적용 방법을 배웠다. 이런 장기간의 연수와 임상 경험을 통해 모래놀이치료를 집중적으로 연구하고 실시했다.

남편은 공학대학 교수였는데 현재는 은퇴했다. 나는 남편과 둘이서 생활하고 있고, 결혼한 두 아들이 근처에 살고 있다. 은퇴 이후 변화된 삶에 대한 상실감과 코로나로 인한 사회적 제약으로 막막한 기분이 들 때도 있었고 그동안의 과중한 업무로 인해 건강도 약해졌지만, 이제는 회복하기 위해서 뒷산 둘레길 걷기에 힘을 쏟고 있다.

나의 27년 동안의 모래놀이치료 경험을 말하고자 하며, 시기를 셋으로 구분하여 서술하려고 한다. 첫째 시기는 [그림 2-1]~[그림 2-6]에 해당하는 내용으로, 1992년에 시작해서 12년 동안 개인모래놀이치료가 진행되었고, 일본상정요법학회 이사장을 역임한 히로나카 마사요시 교수가 해석을 했다.

둘째 시기는 [그림 2-7]~[그림 2-8]에 해당하는 내용으로, 첫 시기가 지난 3년 후, 미국 모래놀이치료자협회 교육전문위원이자 국제모래놀이치료학회(ISST) 창립회원인 해리엇 프리드먼에게 개인모래놀이치료를 받은 내용이다. 해석은 10년 후 국제모래놀이치료학회에서 그녀를 만남으로써 이루어졌다.

셋째 시기는 [그림 2-9]~[그림 2-30]에 해당하는 내용으로, 10년의 둘째 시기가 지난 후, 한국모래놀이연구회 회원들과 집단모래상자놀이치료를 진행한 내용이다. 해마다 니시무라가 주관한 나고야 단케심리상담실의 국제모래놀이치료워크숍에 참가하여 3년 동안 집단으로 해석을 받았다.

나의 모래놀이치료는 가와이(일본상정요법학회 초대회장)의 『모래상자놀이(箱庭療法入門)』(1968)를 국내에 최초로 번역하여 1983년에 모래상자놀이 책을 소개한, 화원모래놀이연구소 회장과의 만남으로부터 시작했다. 이 시기에 나는 발달장애센터에서 심리치료 연구원으로 일했으며, 남편과 초등학생인 두 아들과 생활했다. 박사학위 과정을 일과 병행했기에 여유가 없었고 늘 부담이 되었으며 바쁘기 일쑤였다. 그나마 두 아들이 직장 근처에 있는 초등학교에 다녀서 시간이 나는 대로 돌볼 수 있어 다행이었다.

이런 상황에서 나는 화원모래놀이연구소에서 첫 모래상자를 만들었다. 이 연구소는 북한산 자락에 위치한 가정집에 꾸며진 모래치료실로 정원과 산이 보이는 곳에 위치했다. 아름답고 고요한 분위기의 연구소는 내가 모래상자를 만드는 데 더 집중할 수 있게 도움을 주었다.

모래가 젖어 있어서 피겨를 세우는 것이 어렵지 않았다. 부드러운 촉감의 모래는 나의 마음을 차분하게 만들어 주었고, 나는 점점 모래 속으로 빠져들었다. 나의 관심사인 가족을 향한 마음이 모래 위에 세워진 집, 부부 그리고 아이들로 자연스럽게 표현되었다.

[그림 2-1]

내가 만든 모래상자를 보면 왼쪽에 빨간 지붕의 집, 빨간 자동차를 놓았고, 아름다운 정원을 만들었다. 이 집에는 부부와 아이 둘만이 살고 있다. 정원에서는 아이 둘이 놀고 있으며, 부부는 야외 테이블에 앉아서 아이들을 지켜보고 있다. 정원의 작은 연못에는 오리들이 놀고 있으며, 오른쪽 나무 아래에는 탑이 있다.

모래상자에 대한 히로나카의 해석은 이러했다.

연못이나 물은 가능성의 장소이다. 물은 넓어지고 강으로 연결된다. 연못이 다른 회기에서는 등장하지 않고 이번 회기에서만 등장한다면 정원 안의 장소로 제한할 수 있으며 큰 의미를 부여할 필요는 없다. 연못은 그 안이 연결되어 있기에 멋있고 행복한 장소인 반면에, 만족할 수는 없는 장소이기도 하다. 무의식의 연못으로부터 새로운 힘을 얻을 수도 있다. 이것은 '자기개성화 과정'이다.

[그림 2-2]

[그림 2-2]의 모래상자는 연구소 치료실에서 만든 모래상자이다. 이 모래상자의 주제는 [그림 2-1]의 모래상자와 동일한 '가족'이다. 바닷가에 많은 사람이 놀러 와서 즐기고 있다. 오른쪽 위에 있는 노란 지붕의 집에는 젊은 부부와 아이가 살고 있다. 부부는 왼쪽 위에 있으며, 아이는 의자에 앉아 있다. 이들은 기타를 치는 사람들의 연주를 듣기 위해서 자리를 잡았다. 오른쪽 위에는 아이들이 놀고 있다. 집 앞에는 총 네 마리의 개가 있는데, 그중 두 마리는 강아지이다. 왼쪽 아래 저 멀리 섬에는 갈매기들이 있고, 바다에는 오리 떼가 있다. 오른쪽 아래 숲속에는 돌하르방과 안내 표지판이 있다.

모래상자에 대한 히로나카의 해석은 이러했다.

가족의 모습을 보니 타인과 즐겁고 튼튼한 관계를 보여 준다. 시선은 물이 있는 바다를 향하고 있었는데, 그 바다는 작게 표현되었다. 여전히 넓은 육지인 가정의 비중이 크다. 바다는 일을 의미하는데, 바깥쪽 일을 멀리하고 싶지는 않은 것 같다. 바다는 멀리 간다는 가능성을 보여 준다. 보이는 장소와 모르는 곳의 의미는 다르다.

섬이 나타났다는 것이 새롭다. 섬과의 거리가 어느 정도 있으나, 섬이 있다는 것 자체가 중요하다. 섬은 외부 세계를 의미하며, 일이 중요하다는 것을 보여 준다. 섬은 언젠가 도달해야 하는 장소이다. 섬은 원형적 공간으로 테메노스, 즉 보호된 공간이다.

[그림 2-3]

[그림 2-3]의 모래상자를 보면 작은 바닷가의 조용한 마을이라는 것을 알 수 있다. 집은 딱 두 채만 있다. 위쪽 가운데에 초가집이 있고, 집 앞에는 강아지 두 마리가 있다. 이 집에는 부부가 살고 있고, 남자는 오리에게 모이를 주고 있으며 여자는 도토리가 많이 떨어져 있는 숲속에 들어가 있다.

오른쪽 위 노란 지붕의 집 옆에는 자동차 두 대가 주차되어 있다. 집 앞에 아기를 안은 엄마가 서 있고 이 집 아이들은 탑 앞에서 놀고 있다. 그림 위 양쪽에 탑이 있다. 오른쪽 아래에 한 소년이 물가에 서서 물고기를 바라보고 있다. 바다와 모래사장에는 보석들이 흩어져 있으며, 거북이와 그 새끼들이 물가에 있고, 가운데에는 오리 가족이 줄지어 집으로 향하고 있다.

모래상자에 대한 히로나카의 해석은 이러했다.

한 남자가 일하러 바닷가에 갔으나 그리 멀리 간 것이 아니다. 두 개의 탑은 남성성을 상징하며, 나 혼자 열심히 해 보겠다는 상승 욕구를 의미한다. 두 개씩 등장하는 피겨 중 하나는 독립, 분리를 의미하는데, 혼돈 과정을 통해서 통합하게 된다. 숫자 2는 대극을 상징하나, 대극을 결합하는 경향을 상징하기도 한다. 남녀가 독립 이후 통합하는 결혼이 그 예라고 할 수 있다.

거북이 두 마리가 등장했다. 거북이는 해석하는 것이 어려운 이상한 동물이다. 동화 『모모』에 나오는 거북 카시오페아는 시간을 통제하는 역할을 한다. 거북이는 만 년을 살고, 학은 천 년을 산다. 거북이는 껍데기 속에 자신을 감추고 산다. 사회적 관계가 위축되어 있다는 것을 의미한다. 고아가 영웅으로 변하기 위해 극복해야 하는 자폐적 경향이다. 동물 그대로의 거북이와 사귀려면 조심해야 하는데, 놀라지 않게 천천히, 조심히 다가가야 한다.

히로나카의 의견을 듣고, 만약 내가 밖의 세상을 생각했다면 어땠을까 생각해 보았다. 한편으로는 가족 생각이 여전하다는 것을 느꼈다. 히로나카는 조바심을 내지 않고 천천히 진행하면 좋지 않았나 생각한다고 했다.

바다는 남성적인 힘을 의미한다고 했는데, 새로운 장면에 남자가 등장했다. 내가 아닌 타인이 등장하는 것으로 보아 아직은 나에게 남성적 힘이 부족하다는 것을 의미하는 것 같다. 앞으로의 전개가 궁금해진다.

[그림 2-4]

[그림 2-4]의 모래상자를 꾸민 시기에 박사학위 과정과 직장을 병행하고 있었다. 두 아들 양육 등 바쁜 일정을 보내고 있었고, 스트레스가 심해 소화기의 문제로 고생하고 있을 때였다. 남편은 다음 해에 외국 대학의 초빙교수로 갈 계획이 있었다. 항상 시간이 없어 남편과의 대화도 부족했고, 아들들을 돌볼 수 있는 시간 여유도 부족했다. 그래서 아이돌보미께 모든 집안일을 맡겨 놓을 수밖에 없었다. 나는 항상 아이들을 생각하고 나름대로 노력했지만 두 아들을 잘 보살피지 못해 미안한 마음이었다. 이때는 나에게 아주 힘든 시기였으나, 하나의 큰 희망이 있었다. 머지않아 휴직하고 외국에 나가 우리 가족 모두 함께 생활할 계획이 있었기 때문이다. 나는 지금의 모든 스트레스를 떨쳐 버리고 아내이자 두 아들의 어머니로서 충실히 지낼 수 있겠다고 희망하며 지내고 있었다.

내가 만든 [그림 2-4]의 모래상자를 보면, 집안 가운데에는 흰색으로 만든 남녀가 앉아 있고 옆에는 강아지 두 마리가 있다. 좀 쓸쓸한 분위기가 느껴진다. 양옆 위쪽에 매우 큰 꽃바구니와 조화 꽃바구니가 있는데 생명력이 없어 보인다. 카드가 펼쳐 놓여 있다. 꽃바구니 앞에는 단풍잎, 도토리, 배추, 무, 당근 등이 모여 있다. 왼쪽 아래에는 상아로 만든 하얀 이집트 신상이 있고, 위쪽에는 나무로 만든 짙은 갈색 상이 든든하게 서 있다. 오른쪽에는 돌하르방 두 개가 서 있다. 나는 건강이 좋지 않아 체력적으로 힘이 들었고, 그때 계절이 추운 겨울이라 심리치료실은 싸늘한 기운이 있었다. 후배가 방문하며 가져온 커다란 꽃바구니와 카드, 그리고 아이들이 그려 준 카드가 나를 위로해 주었다.

그동안 건강이 많이 안 좋아진 상황이었기에 이번 작품은 지금까지 만들었던 다른 작품들과는 분명 달랐다.

모래상자에 대한 히로나카의 해석은 이러했다.

바다가 없으며 우울 상태이다. 꽃은 이미 시들어 생생함이 사라졌고 바구니 안에 갇혀 있다. 네 개의 상이 등장했는데, 돌하르방 두 개와 두 개의 인물상이 중요한 의미를 상징한다. 두 개의 등장만으로는 견디기가 힘들었던 것 같다. 지금과 같은 속도로 계속 살아간다면 앞으로 한 발자국도 더 나가기 어려울 것이다. 그래서 네 개를 세우고 안정감을 얻으려 했던 것 같다. 네 개는 완성을 의미한다.

히로나카는 계속 나타나던 부부와 아이들 피겨가 등장하지 않는 것을 보고 남편과의 관계가 어떤지 질문했다. 나는 남편이 자상하기도 하지만 완고하고 완벽하고 차분한 사람이라고 답변했다. 둘 다 바쁘기도 했지만 솔직히 내면의 이야기를 나눌 수 있는 대화가 적었다.

하지만 남편이 내가 시작한 박사학위 준비를 적극적으로 지지해 주어서 박사과정을 마무리할 수 있었다. 남편이 등록금도 내 주고 논문도 교정해 주는 등 훌륭한 지원자의 역할을 해 주어서 고마웠다.

[그림 2-5]

[그림 2-5]의 모래상자는 [그림 2-4]의 모래상자를 만든 후 7년의 공백 기간 후에 만든 것이다. 그 사이에 많은 일이 있었다. 남편과 중학생인 두 아들과 함께 외국으로 갔고, 가족과 함께 여행도 많이 다니고 여유 있는 생활을 보냈다. 드디어 두 아들을 돌보는 엄마의 역할을 충실히 하게 되니 너무나 행복했고, 잃었던 건강도 되찾을 수 있었다. 이 당시 나는 심리치료에 대한 연수를 받을 수 있었고, 이를 주제로 귀국 후에는 박사학위를 취득하게 되었다. 긴 18년간의 아동심리치료 임상을 경험으로 한 논문을 드디어 완성하게 되었고, 나는 인생의 중간에 쉼표를 찍을 수 있게 되었다. 그해에 장애 아동과 부모를 상담하는 연구원의 원장이 되어 새로운 역할도 맡게 되었다.

이 모래상자는 새로운 직장에 부임을 한 이후에 만든 것이며, 연구원 내에 위치한 전문모래놀이치료실에서 만든 것이다. 아담한 크기의 밝은 장소였는데, 집중해서 모래상자를 만드는 데 좋은 조건을 만들어 주었다.

모래상자의 장소는 반도의 일부를 표현한 것이다. 왕자와 공주가 큰 성 앞에 있으며, 화산은 폭발했는데 그 폭발로 인해 붉은 보석들이 널려 있게 되었다. 바다를 보니 등대가 있었고, 펠리컨도 눈에 띄었다. 펠리컨은 아이를 데리고 왔으며, 인어도 해안 근처로 다가왔다. 나는 먼저 모래로 반도를 만들었고, 그다음 한쪽의 모래를 걷어 내어 바다를 만들었다. 나는 모래를 만지면서 내 마음을 모래에 전달하고자 노력했다. 등대를 맨 마지막에 놓았는데, 어두운 바다를 밝혀 주고 지나는 생물들이 잘 다닐 수 있게 안내해 준다고 생각하니 내 마음도 놓였다.

모래상자에 대한 히로나카의 해석은 이러했다.

활기찬 힘이 느껴졌으며, 반도가 바다 한가운데로 나아가 있는 모양이다. 만약 이 반도가 섬이라면 그 해석은 달라진다. 섬은 언젠가 도달해야 하는, 보호된 공간인 '테메노스' 장소가 된다. 반도는 섬에 가깝게 간 것이지만 섬과는 뚜렷하게 다른 특징이 있다.

왕자와 공주는 새로운 가능성을 상징한다. 특별한 관계가 없는 아이를 데리고 온 것은 새로운 생명이 태어난 것으로 내면의 새로운 가능성을 나타낸다. 화산 또한 갑자기 등장했다. 히로나카는 내가 7년 동안 무엇을 이루었는지, 지금부터는 무엇을 할 것인지, 그리고 앞으로 현실을 어떻게 적용해 나갈 것인지 궁금하다고 했다.

인어는 반인반수의 이상한 동물이다. 인어나 거북이와 같은 동물들과 사귀려면 그 동물들의 본능을 알아야 하며 조심해야 할 수도 있다. 그렇지 않으면 놀라게 되는 일이 발생한다. 사귀는 데 주의를 기울여야 한다.

[그림 2-6]

나는 [그림 2-6]의 모래상자를 만들 시점에 왕자와 공주를 중심으로 하는 축제 모래상자를 주로 만들었다. 이 작품은 왕자와 공주의 결혼을 축하하는 연회의 모습이다. 캠프파이어를 중앙에 두고 백설공주, 신데렐라, 알라딘, 인어공주 두 명, 벨, 올리브와 뽀빠이, 그리고 마녀들까지도 모두 연회를 즐기며 왕자와 공주의 결혼을 축하하고 있다. 먼저 왕자와 공주를 배치했고, 그다음 불을 놓았으며, 그 불을 중심으로 많은 공주를 놓았다. 그다음 마녀들을 놓았는데, 사실 나는 마녀를 놓을 생각을 하지 않았었다. 마녀는 부정적인 이미지이기 때문에 무의식적으로 외면했던 피겨였다.

다 완성을 하고 보니 모든 이들의 축하를 받는 느낌의 모래상자가 완성되었다. 작품을 완성했다는 성취감도 느낄 수 있었다.

모래상자에 대한 히로나카의 해석은 이러했다.

하나의 원이 완성되었는데 그것은 만다라이다. 중심에 왕자와 공주가 있다. 장작불은 앞에 있는 [그림 2-5]의 화산과의 연결 가능성을 보여 준다. 가운데에 불이 있는 것은 억압과 방어가 풀린 것을 의미한다. 불은 에너지이며 강한 힘이고 열정이다. 특히 자신을 새롭게 하는 에너지이기 때문에 '삶의 생명력'을 의미한다고 할 수 있다. 아마도 지금 중요한 것을 획득했을 것이다.

많은 공주가 있다는 것은 여성적일 필요가 있다는 것을 표현한 것이다. 그 공주들 중에서 '백설공주'는 파트너가 바뀐 것을 의미하는데, 그것은 새로운 역할, 즉 새로운 탄생을 의미한다. '마녀'는 원형적으로 부정적 모성이며, 파괴가 있어야 창조가 일어남을 알려 준다. 선과 악의 캐릭터가 다 있는데, 그것은 성장 치유의 에너지로 사용될 수 있다. 모래상자 전반에 축제 형태인 원의 만다라 모양은 완성된 것으로 새로운 시작을 원하는 것이며 어떤 변화를 원한다고 볼 수 있다.

12년 동안 만든 [그림 2-1]~[그림 2-6]의 흐름에 대해 히로나카는 모래상자 해석을 종합했다. [그림 2-1]에는 만다라는 아닌 자기만의 세계 안에 있는 연못이 있다. 그것은 작은 완결로 볼 수 있다. 그 당시에는 만족할 수 없었으나 그 이후 조금씩 변화하여 최종적으로 바다가 열렸다는 것을 알 수 있었다. 그동안 어려운 일들이 많았고 외국에서 지내는 삶도 겪어야 했다. 그 가운데 가장 중요한 것은 '자기 것'이라고 할 수 있는 것을 얻는 것이었다. 어느새 [그림 2-6]이 완성되었다. 이것은 끝이 아니다. 또 다른 시작이 기다리고 있었다.

나는 오랜 세월 뒤돌아보면 힘들고 어려운 삶이었지만 모래놀이치료를 통해 치유를 경험하게 되었고, 나 자신도 성장했다는 것을 느끼게 되었다.

[그림 2-7]~[그림 2-9]는 나의 모래상자 두 번째 시기에 만들었으며, 이때에는 해리엇 프리드먼이 분석을 했다. [그림 2-7]은 [그림 2-6]을 만든 후 3년이 지난 시점에 만들게 되었다. 이 시기에 나와 남편은 외국에 살고 있었고, 두 아들은 각각 외국에서 유학을 했다. 나는 멀리 떨어져 있는 아들들에 대한 그리움이 점점 커졌고, 걱정하는 마음도 많아졌다. 나는 초등학교 시절부터 교육때문에 부모와 떨어져 살았고 그때부터 분리불안을 느꼈었는데, 아들들과 떨어져 있던 이 시기에도 걱정이 많았다.

나는 미국 모래놀이치료자협회 창립 멤버인 해리엇 프리드먼에게 모래놀이치료를 받을 수 있는 기회를 얻게 되었다. LA 융 연구소에서 나는 한국에 여러 번 방문하여 모래놀이치료 워크숍을 진행한 미국 모래놀이치료전문가인 사치코 다케 리스가 주관하는 모래놀이치료분석집단에 참여했고, 그때 진행되었던 모래놀이치료 워크숍에 참여하여 깊이 있는 모래놀이치료를 배우며 그 다양성을 체험하게 되었다.

[그림 2-7]

프리드먼은 개인 주택에 살고 있었고 그곳에서 모래놀이치료실도 함께 운영하고 있었다. 프리드먼의 집 입구에 들어가면 도라 칼프의 집 현관에 들어가는 느낌이 든다. 그 입구로 들어가면 넓은 상담실이 나왔는데, 모래 세상으로 들어가기 직전에 나는 그곳에서 먼저 초기 면접을 봐야 했다. 면접을 통해서 치료의 일정과 비용 등에 대한 안내를 받았다. 모래놀이치료실의 크기는 작은 편이었다. 그 안에 굉장히 다양한 피겨가 있었고, 다양한 문화적 요소가 각각의 피겨 안에 담겨 있었다. 미국이라는 다문화 국가이기 때문에 다양한 피겨가 있는 것은 아닌가 하는 생각이 들었다. 매우 풍요로우면서도 화려한 느낌까지 함께 지닌 피겨들이었다. 나는 한동안 선반 위에 놓여 있는 피겨들을 관찰했고, 그중에서 가족을 의미하는 피겨를 선택했다.

[그림 2-7]의 모래상자에는 내가 살고 있는 집을 표현했다. 우리 가족들은 정원에 모여 있다. 이 정원은 연못이 있는 아늑한 정원이다. 남편과 나는 서로 바라보며 서 있고, 가운데에는 두 아들이 앉아 있다. 부부 피겨는 내 마음을 표현하는 앉아 있는 피겨가 없어서 서 있는 피겨를 놓았고, 두 아들은 소년과 소녀의 피겨를 놓았다. 소녀 피겨는 둘째 아들이 귀엽고 애교가 많아 딸처럼 느껴서 놓았다. 가족들이 둘러앉은 테이블 위에는 과일 네 개가 담긴 그릇이 있다. 정원 뒤쪽에는 관세음보살상, 왼쪽 위에는 폭포, 오른쪽에는 많은 나무와 새들이 있다. 왼쪽 아래의 연못에는 많은 거북이가 육지를 향해 올라가고 있고, 오른쪽 아래에는 정원으로 들어오는 길이 나 있다.

모래상자에 대한 프리드먼의 분석이다.

프리드먼을 10년 전에 만나서 모래놀이치료를 받은 적이 있었고, 다시 국제모래놀이치료학회에서 만나 나의 모래상자에 대한 분석을 드디어 받게 되었다. 네 개의 과일은 많은 에너지이며 적극적이고 능동적인 것을 의미한다. 앉아 있는 두 아이가 중심이며, 서서 아이들을 지켜보고 있는 부모에게는 이완이 필요하다. 어머니는 전사와 같다. 프리드먼은 나에게 '아이들이 화를 내지는 않는지' '형제 사이는 어떤지'를 물었다. 나는 프리드먼에게 두 아들은 부모가 돌보지 못하는 상황에서 서로를 의지하면서 잘 지내고 있다고 답변했다.

모래상자에 많은 나무가 있다는 것은 의식 수준이 더 성장하고 발달하고 있음을 의미한다. 왼쪽 아래에 거북이가 있는데, 그것은 무의식 수준의 원초적 본능인 것이다. 따라서 의식과 무의식 두 영역 간의 균형이 필요하다.

오른쪽이 우세한 것은 일 중심을 의미하며, 위쪽에 나무들이 많다는 것은 해야 할 일이 많다는 것을 의미한다. 아시아 사람들이 주로 표현하는 절과 관세음보살도 있었는데, 종교가 우리의 삶에 도움이 될 수 있다. 오른쪽 아래를 보면 길이 있다. 그 길은 나무로 된 거친 길인데 이것은 내가 너무 엄격해 보이고 긴장을 보이기도 한다고 했다. 단 하나의 길이니 지배적으로 느껴진다.

[그림 2-8]

나는 남편과 큰아들과 함께 서부 해안을 따라 남쪽에서 시작해 북쪽으로 향하는 여행을 했고, 마지막으로 도착한 곳이 샌프란시스코였다. 샌프란시스코의 금문교를 구경하고, 이어서 크루즈 여행도 했다. 크루즈를 타면 시원한 바닷바람을 맞을 수 있어서 마음이 시원해졌다.

나는 내가 경험한 샌프란시스코 여행을 [그림 2-8]의 모래상자로 만들었다. 항구에는 상점들, 여행객들, 자동차들이 있었고, 요트와 크루즈 배는 금문교를 지나고 있다. 금문교의 위쪽과 아래쪽에는 푸른 나무숲이 펼쳐져 있다.

모래상자에 대한 프리드먼의 분석은 이러했다.

이전보다 유연성뿐만 아니라 원초적이면서 창의적인 능력도 많아졌다. 모래상자에 표현한 다리는 의식과 무의식 간의 양쪽을 왔다 갔다 하는 유연성을 보여 주는 것이다. 중년은 한 사람의 인생에서 새로운 인생을 시작하는 시점으로, 경직되는 것이 아니라 이완을 해야 할 때이며 인생도 즐길 줄 알아야 할 때이다. 그런데 나의 중년은 '불균형'의 모습이다. 나무와 자동차가 그런 나의 모습을 말하고 있는데, 나무는 내가 해야 할 일이 많다는 것을 말하며, 자동차 또한 내가 일을 열심히 하고 있다는 것을 보여 주고 있다. 다리와 배가 있다는 것은 왔다 갔다 할 수 있다는 것인데, 그것은 나에게 유연성이 필요하며 유연할 때 창조적인 능력이 나타날 수 있음을 알려 주고 있다.

프리드먼은 혼자 서 있는 남자가 누구인지 나에게 질문했다. 그는 내 남편이다. 프리드먼은 남편이 어떤 사람인지 물었다. 남편은 차분하고 순한 기질이나, 원래 자기중심적이고 성취지향적인 사람이다. 남편은 나와 나이 차이가 있다. 그는 장남으로서 책임감이 컸고, 유교적 환경에서 자라 온 사람이며, 일본에서 유학을 했다. 남편과는 달리 나는 자유롭고 개방적인 가치관을 가지고 있는 사람이다. 이런 차이로 인해서 남편과 나는 어떤 면에서는 갈등이 있었다. 나는 건강이 약해진 상태에서 나의 자아를 억제할 수 없었다. 나의 억눌린 마음을 솔직하게 남편에게 표현했으며 이를 계기로 남편과의 관계가 편해졌다.

프리드먼은 나에게 항상 남편과 대화를 많이 하라고 추천했다. 그녀는 아이들과의 관계에도 관심을 보였다. 프리드먼은 다음과 같은 삶의 지혜를 전달해 주었다.

"모든 일을 그냥 가 버리게 두어라. 나이가 들수록 괴로움이 많아진다. 건강하게 오래 살아라."

[그림 2-8]의 작품 이후 9년이 지났다. 나는 연구원의 치료사들과 모래놀이연구회를 결성하여 3년 동안 집단모래상자놀이치료를 했다. 이 작업은 4~5명이 한 공간에서 각자의 모래상자를 만든 후 개인의 모래상자를 공유하고, 집단으로 코멘트를 하는 형식으로 진행되었다. 약 3개월 동안 주 1회, 총 10회기의 만남이 이루어졌다. 해마다 봄이 되면 단케심리상담실을 방문하여 각각 개별 10회기에 대한 해석상담을 받았다. 이 책에는 총 30회기의 내용 중 일부를 선별하여 [그림 2-9]~[그림 2-30]으로 실었다.

　2020년 니시무라 교수의 영면으로 단케심리상담실 국제모래놀이치료연수는 중단되었다. 항상 나에게 일이 많은 연구원을 그만두고 자기만의 세계를 가져 보라고 권유했는데, 나는 드디어 원장직에서 은퇴를 하게 되었다. 코로나 팬데믹으로 대면이 제한된 상황에서 니시무라 연수회 모임을 중심으로 모래놀이 연못 세상을 만들었고, 집단 단체 메신저에서 모래놀이에 대해 공부를 하며 교류하고 있다.

[그림 2-9]

　[그림 2-9]~[그림 2-30]은 세 번째 시기에 만든 작품들이다. 이 시기에 우리 가족은 남한산성 아래에 있는 신축 아파트로 이사해 모두 같이 생활했다. 나는 여전히 연구원 원장으로 활발한 활동을 하고 있었던 반면에, 남편은 퇴임하고 명예교수가 되었다. 이 시기에 나에게 몇 가지 인생의 중대사가 있었다.

　이사 온 첫해 겨울, 오랫동안 치매를 앓았던 친정아버지께서 92세로 소천하셨다. 나는 아버지께 충분한 사랑을 받았던 딸이었기에 아버지를 보내는 슬픔은 남달리 컸다. 이때 남편의 위로가 큰 도움이 되었다. 다음 해 초에는 둘째 아들이 결혼했고, 그해 가을에는 큰아들이 결혼했다. 나는 그동안 힘들기도 했지만 무사히 지나온 과거를 다시 생각하게 되었다. 두 아들을 혼인시키며 인생의 큰 과업을 이룬 것에 대한 선물로 처음으로 홀가분하게 남편과 함께 여행을 다녀왔다.

　[그림 2-9]의 모래상자를 만들 때 처음으로 상자 가운데에 페가수스를 놓았다.

하늘에서 내려온 페가수스의 기운이 넘쳤고, 그것이 힘과 안정감을 주었다. 이후에도 나의 모래상자에는 페가수스가 여러 번 등장한다. 페가수스를 놓으면 태어나고 살아온 인생과 여정을 시간에 따라 꾸밀 수 있었고, 영적 피겨로 힘이 되어 안정감을 느낄 수 있었다.

모래상자의 왼쪽의 알과 둥지를 보면, 처음에는 알로 태어나 위쪽 새 둥지의 부모로부터 보호를 받고 성장한다. 가운데 위쪽의 남녀는 결혼을 해 페가수스를 탔으며, 마리아와 약사여래인 신께 기도를 하고 극락세계로 간다. 오른쪽 위에는 동네를 지키는 천하대장군과 분홍색 꽃이 활짝 핀 나무가 있다. 바로 아래에는 서로 안고 있는 차가운 대리석 재질의 남녀 조각상이 있다.

모래상자에 대한 니시무라의 해석은 이러했다.

페가수스 위에 달과 별이 얼굴처럼 보이는데, 이것은 내 인생을 보여 주는 것이다. 내 인생은 정리가 잘 되어 안정적이다. 니시무라는 내가 성모 마리아와 약사여래상을 놓으니, 나에게 종교가 무엇인지 질문했다. 나의 친정은 불교 집안이고, 나는 어려서부터 독실한 불교 신자였던 할머니를 따라 절에 다녔다.

상자 가운데 위쪽의 남녀 한 쌍이 결혼해서 지상 밑으로 내려오나 영적 세계로 온다. 일반적으로는 지상에서 영적 세계로 올라간다. 장승은 지하세계인 땅으로 내려온다. 페가수스가 한가운데에서 큰 날개를 펼치고 있다. 니시무라는 내가 대외활동을 하는지 질문했고, 나는 그렇다고 답변을 했다. 니시무라는 연구원 원장, 치료사, 겸임 교수로 내 꿈을 펼치며 살고 있다고 해석했다.

왼쪽 위가 비어 있는 것은 아버지 자리로 보이는데, 걱정하는 모습을 보여 주는 것이다. 아버지가 치매로 요양병원에 입원하셨고 홀로 고생하시니 나는 항상 안타까운 마음이었다. 나는 주말마다 지방에 계신 아버지를 뵈러 갔는데, 혼자 가면서 인간의 생로병사에 대한 많은 생각을 했다.

나는 오른쪽 아래에 있는 하얀색 돌 재질의 남녀 피겨가 마음에 걸린다고 했다. 니시무라는 내가 막내아들이 일찍 결혼을 해 부모로부터 독립한 것을 받아들이기 어려워한다는 해석을 했다.

[그림 2-10]

그해 겨울, 아버지는 영면하셨다. 나는 돌아가신 아버지를 생각하며 [그림 2-10]의 모래상자를 만들었다. 처음에는 인생의 시계를 모래상자 한가운데에 놓았다. 흘러가는 인생을 어느 누구도 막을 수 없고 흘러가는 시간을 자연스러운 것으로 받아들여야 한다고 느꼈다. 아버지를 보내는 슬픔으로 한동안 힘든 시간을 보냈다. 모래상자를 만들면서 나는 피겨이지만 모든 신을 불러 힘을 얻을 수 있었다.

가운데에 아름다운 분홍 시계가 덩그러니 놓여 있고, 그 시계를 중심으로 모두가 둘러서 있다. 그 모습은 웅장하고 무서운 신들의 세계를 표현한 것인데, 그것을 보자니 두렵고 우울한 느낌이 든다. 위쪽 가운데에는 마법사와 마녀, 아래쪽 가운데에는 인디언 추장과 나팔수가 있다. 왼쪽에는 위에서부터 고대 기사, 짙은 갈색의 단단한 목재로 만든 오래된 고고히 앉아 있는 한국 할아버지 양반 조각상, 대비되는 흰색의 서양 할아버지 기사가 나란히 서 있다. 오른쪽 위에는 세 명의 그리스 신이, 아래쪽에는 두 명의 요정이 있다. 아래 가운데에 있는 나팔수가 나팔을 불면 대결을 하려고 준비를 한다.

모래상자에 대한 니시무라의 해석은 이러했다.

니시무라는 나의 느낌이 어떤지를 물었다. 나는 웅장하면서도 무섭고 우울한 신들의 힘의 세계를 느낀다고 답을 했다. 니시무라는 시계가 멈춘 것은 심장이 멈춘 것이며, 시계가 움직이는 리듬은 생명이 있다는 것을 의미한다고 했다. 제우스 신만 보더라도 이번 모래상자는 종교적인 표현이 많이 들어 있음을 알 수 있다. 이런 신들이 있다는 것은 장례식을 준비하는 군대의 모습을 보여 주는 것이다. 특히 죽은 자를 보내는 주체는 남자, 즉 남성적 세계를 의미한다. 이런 장례식의 주인공은 매우 행복한 사람이다. 돌아가신 아버지의 인격이 훌륭하다는 것을 알 수 있다.

니시무라는 아버지가 어떤 분인지 물었다. 아버지는 매우 인격적이고 자상한 분이었으며 법 없이도 살 수 있는, 선하고 순하신 분이셨다. 또한 아주 적극적이고 유머도 많았고 따뜻한 분이셨다. 나는 5남 1녀 중 다섯째이다. 나는 아버지의 사랑을 충분히 받으며 자랐다.

[그림 2-11]

아버지의 49재 마지막 날, 가족들과 지인들이 아버지를 기리기 위해서 절에 모였다. 영산제를 하기 위해 스님들이 긴 시간 제사를 올렸다. 오전 내내 아버지를 보내 드리기 위한 제사를 지내고 나니, 아버지께서는 제사의 의미대로 극락세계에 가셨을 거라는 생각이 들었다. 여전히 시계가 눈에 들어왔는데, [그림 2-10]에서는 가운데에 놓았던 시계를 이번에는 왼쪽 위에 놓았다. [그림 2-10]에서는 가운데에 있는 시계를 중심으로 신들이 모여 있어 무거운 분위기를 보여 주었다면, [그림 2-11]에서는 아름다운 보석 상자를 가운데에 두고 그 주변에서 농악대가 즐겁게 춤을 추고 있는 모습을 보여 주었다.

모래상자는 맑은 날씨였으며, 공원에는 매화꽃이 활짝 피어 있을 뿐만 아니라 많은 꽃이 만발해 있었다. 새장 안에 있는 새들이 지저귀며, 그 옆에 있는 알들은 부화가 될 준비를 하고 있었다. 풍물패는 가운데 보석 상자를 중심으로 흥겹게 춤을 추고 있다. 오른쪽 가운데에 있는 여자들은 풍물을 보면서 이어 춤을 추려고 기다리고 있다. 오른쪽 아래에는 아기 천사가 이 모든 광경을 지켜보고 있다.

모래상자에 대한 니시무라의 해석은 이러했다.

천사가 바라보고 있는 대상은 아버지의 혼이다. 니시무라는 한국에서 제사를 지낼 때 춤을 추는지 물었다. 불교식으로 할 때에는 49재 마지막 날에 영산제로 승무, 바라춤을 통해 혼을 위로하고 보낸다. 니시무라는 아버지는 어떤 분이었는지 질문했다. 아버지께서는 공무원이었고 충직하고 성실한 분이셨다. 불자로서 신앙심이 깊어 절에 열심히 다녔고 불경을 서예로 써서 병풍을 만들어 자녀들과 지인들에게 선물을 하기도 했다. 이런 신앙심은 치매 상태에서도 계속 이어져 항상 불경을 쓰시며 지내셨다. 누가 보기에도 존경스러운 분이셨다.

니시무라는 왼쪽 위의 정지된 시계에 대해서 아버지의 영역으로 심장이 멈춘 것을 의미한다고 설명했다. [그림 2-10]은 아버지의 아름다운 관으로 신들이 모여 장례를 치르는 장면처럼 보였고, [그림 2-11]은 장례를 치른 후의 모습으로 아버지가 꽃들이 만발한 아름다운 극락세계에 있는 것처럼 느껴진다고 했다.

[그림 2-12]

[그림 2-12]의 모래상자에서는 처음에 바다 한가운데에 정성 들여 모래를 쌓아 섬을 만들었다. 섬이 모두 꽃으로 뒤덮이도록 정성스럽게 하나하나 집중해서 꽃들을 꽂았다. 꽃의 양이 부족했지만 화려하고 밝은 느낌을 표현하기에는 충분했다. 꽃이 있으니 새들도 놓지 않을 수 없었다. 다 꾸미고 나니 너무나 아름다운 섬이 완성되었다. 당연히 관광객들이 와야 하지 않은가. 나는 관광객들이 올 수 있도록 오른쪽 위에 과일 파는 배와 아래에 관광하러 두 남자가 탄 배도 섬 주변에 놓았다. 이제는 더 이상 외롭지 않은 섬이다. 외로움이 사라지니 내 마음도 편안해졌다.

섬 꼭대기에는 큰 소나무가 있고, 노란 어미 새가 이 섬을 지켜보고 있으며, 새끼 새 두 마리도 그 근처에서 놀고 있다. 섬 주변에는 물고기들이 돌아다니고 있으며, 아름다운 섬을 구경하러 온 관광객들이 배를 타고 섬으로 들어오고 있다. 관광객들은 배에서 내려 섬으로 연결된 다리를 통해 섬으로 들어갈 수 있다. 관광객들과 함께 과일을 파는 배도 함께 들어오고 있다.

모래상자에 대한 니시무라의 해석은 이러했다.

모래상자가 굉장하다. 이처럼 아름다운 섬은 처음 본다. 자신의 내면을 어떻게 보여 줄 수 있는지 그것을 알려 주고 있는 모래상자이다. 섬에는 남자 둘이 있고, 섬

가운데 위에 소나무가 있다. 소나무 주변에는 원래 꽃이 자라지 않는데, 소나무를 아버지와 동일시한 것 같다. 이 섬은 절해고도인데도 왕래하는 사람들이 많고, 심지어 과일 장사꾼도 들어가는 곳이다. 모래놀이 표현 발달단계로 보면 이전의 동식물 단계에서 큰 산의 남근기 단계 없이 다음 단계인 섬으로 넘어왔다.

[그림 2-13]

어느 봄, 연구원 정원에 벚꽃이 활짝 폈다. 정원 마당에 벚꽃이 눈처럼 한가득 떨어져 있었고, 하늘은 파랗고, 마당은 하얗고, 나무에 핀 꽃들은 화사하게 빛나고 있었다. 구름은 마치 파란 종이 위에 흰색을 칠한 것처럼 뚜렷했다. 나는 매년 꽃이 피는 봄이 될 때마다 산책을 즐겼고, 자연의 아름다움에 대해서 감사하며 한동안 감동의 기분에 휩싸였다. 나는 떨어진 벚꽃이 이대로 사라지는 것이 너무나 안타까워서 한 움큼 주워 가지고 와 모래놀이치료실에 놓았다.

[그림 2-13]의 모래상자에는 축제가 한창인 가운데 왼쪽 위에 나이가 지긋한 노인 부부가 행복한 듯 보였다. 나이가 많지만 즐거운 노년 생활이 이어지기를 바라는 마음이 간절했다.

노인 부부뿐만 아니라 젊은 부부와 피에로들도 모두 즐겁게 춤을 추고 있다. 탈춤과 풍물놀이가 축제를 더 신나게 만들고 있다. 함께 춤을 추지는 못하나 왼쪽 아래에는 아이를 안은 엄마가 봄 축제를 구경하고 있고, 오른쪽 위의 나무 아래에는 함께 축제에 참여하고 싶지만 아이를 업고 있어서 구경만 하는 소녀가 있다.

모래상자에 대한 니시무라의 해석은 이러했다.

이번 모래상자는 부부관계를 표현한 것이다. 부부관계에서는 두 가지 상반된 측면을 확인할 수 있다. 부부가 서로 마주 보면서 탈춤을 추거나, 부부간의 밀착된 관계를 보인다. 두 측면으로 밀착 관계가 잘 형성되었는지 확인할 수 있다. 부부관계에서는 진실된 이야기를 나눌 수도 있고, 어떤 점에서는 서로 가면을 쓰기도 한다. 이런 관계가 형성되지 못한다면 이혼을 하게 될 수 있다. 그래서 나이를 더 먹으면 먹을수록 참는 것이 필요하다. 가면을 썼을지라도 밀착이 이루어진 관계가 유지된다면 그 가면을 벗게 되기도 한다. 니시무라는 모래상자 밖에 무엇이 있을지 궁금하다고 했다.

[그림 2-14]

[그림 2-14]에서는 모래상자 위쪽 가운데에 매화나무를 놓아 중심을 잡게 했다. 활짝 핀 분홍 매화를 놓으니 상자 전체가 밝은 분위기로 바뀌었다. 그다음 오른쪽

위에 의자에 앉은 할아버지를 나무 아래에 있도록 놓았다. 나무 아래에서 쉬고 있는 것인데, 옆에 손주들을 함께 놓으니 즐거운 가족의 모습으로 그 분위기가 바뀌었다. 이어 나무 아래 왼쪽에는 돼지 가족을 두고, 가운데 넓은 마당 곳곳에 닭, 강아지, 고양이 등 여러 가축을 묶어 놓지 않고 자유롭게 놀 수 있도록 풀어 놓았다. 처음에는 밋밋했던 모래상자가 어느새 풍요롭고 아담하고 평화로운 시골 분위기로 바뀌었다. 끝으로 작은 연못도 만들었다. 그 안에는 개구리들이 있었다. 이 작품은 작은 꽃으로 둘러싸인 할아버지의 정원을 만든 것이다.

모래상자에 대한 니시무라의 해석은 이러했다.

니시무라는 내가 이 상자의 피겨 중에서 누구인지를 물었다. 나는 할아버지라고 했다. 나는 여성이지만 남성인 할아버지로 표현을 한 것이다. 니시무라는 성별을 초월한 것이라고 했다. 왼쪽 위는 남편의 영역인데 거기에는 돼지가 있으며, 돼지는 똑똑하고 말이 없는 존재를 의미한다. 음식이 있는데 제물을 바치는 느낌이 든다. 제물을 바침으로 더 의식화되는데, 새로운 단계로 나아가기 위한 제물을 바치는 것이다. 오른쪽 아래에 있는 꽃으로 된 담장은 들어올 수 있게 열려 있으면 좋겠다. 연못에 있는 개구리들은 은퇴 이후의 개업을 의미하는데, 많은 사람이 물을 마시러 오는 것을 예상할 수 있다. 나만의 세계를 보여 주고 있다.

[그림 2-15]

[그림 2-15] 모래상자는 니시무라 단케심리상담실에서 직접 개인 모래상자를 꾸미고 니시무라의 해석을 받았다. 작은 모래놀이치료실에 일본 문화를 반영하는 많은 피겨가 놓여 있었다. 나는 잎이 많은 튼튼한 나무를 골라서 모래상자 위쪽 가운데에 놓았다. 그다음 놓을 피겨를 찾다가 황금색 부처를 발견했다. 나무 아래에 부처상을 놓으니 더 이상 피겨를 놓고 싶지 않았다. 나는 상자를 한참 보면서 계수나무 아래에서 깨달음을 구하는 부처와 이를 방해하는 마귀를 떠올렸고, 일본 요괴 넷을 그 부처 주변에 놓았다.

모래상자에 대한 니시무라의 해석은 이러했다.

부처 대 요괴, 선과 악 이분법으로 표현된 너무나 엄격한 작품이다. 다른 사람들에 대한 수용이 필요하다.

[그림 2-16]

[그림 2-16]~[그림 2-21]은 [그림 2-15]를 만든 이후 1년이 지난 후에 한국모래놀이연구회 회원들이 모래놀이치료실에 모여서 실시한 집단모래상자놀이치료에서 만든 모래상자이다. 니시무라는 자신이 은퇴를 한 후에 고향인 시골집으로 내려갔고, 그곳에서 목단꽃을 보는 것만으로도 건강이 좋아졌다고 했다. 고향집이라는 것

자체가 행복한 감정을 주는데, 고향집 꿈을 꾸거나 모래상자에 고향을 표현할 수 있는 것도 하나의 행복이 될 수 있다.

[그림 2-16]의 모래상자를 마주하니, 왕과 왕비 피겨가 지난여름 남편과 함께 갔던 북유럽 여행의 기억을 불러왔다. 여름에 간 여행이었지만 모래상자를 만드는 시점이 겨울이라 자연스럽게 산타 피겨도 놓게 되었다. 마음이 주변 환경의 영향을 받기 때문에 그런지 모래상자에도 그대로 반영되었다. 위쪽 가운데 칙칙하지만 오래된 호텔을 놓고 가운데에 여행객들을 놓으니 춥고 어두운 북유럽 분위기가 연출되었다.

겨울의 찬 공기에 정신이 번쩍 들었지만 오후에는 햇볕이 있어 따뜻했다. 여객선을 타고 온 여행객들이 각각 조용한 마을을 구경하고 있다. 마을에는 기차를 타는 여행객들이 있고, 오른쪽 위의 학교에는 학생들이 놀고 있으며, 구석에는 큰 산타 모형과 트리가 설치되어 크리스마스 시즌임을 알려 준다. 왼쪽 위에는 다정한 노인 부부가 집 앞에서 즐겁게 관광객을 환영하며 구경하고 있다. 이 마을의 왕과 왕비가 관광객들을 환영한다. 마을 구경을 끝낸 관광객들은 오래된 호텔에 머문다.

모래상자에 대한 니시무라의 해석은 이러했다.

니시무라는 내가 여기에서 어떤 피겨인지 물었다. 나는 왼쪽 위의 노인 부부 중 한 사람이다. 남녀 커플은 보여 주기 위한 것으로 보인다고 했다. 여행지에 도착했다는 것은 먼 곳으로 여행을 갔다는 것을 의미하며, 그 '먼 곳'은 저세상을 의미한다. 니시무라는 내가 죽으면 어디로 갈 것 같은지 물었다. 잘 모르겠다고 답을 했다. 낡은 호텔은 인간의 종착점이자 저세상으로 가는 시작점이 된다. 지금 현실에서 여러 가지 경험을 하고 저세상으로 여행을 가려고 하는 것이다. 호텔 안에 있는 객실들은 무덤을 의미하는데, 한국의 무덤 형태를 말하는 것 같다. '가족 무덤' 또는 '공동 무덤'과 같은 특징이 있는 것 같다. 니시무라는 해석을 마치면서 나에게 여행을 많이 다니라고 권했다.

[그림 2-17]

　[그림 2-17]의 모래상자를 만들기 전해 여름에 남편과 함께 제주도에 갔다. 제주도에는 친구 부부가 살고 있는데, 우리는 다 같이 서귀포 올레길을 산책했다. 해안길을 따라 걸으면서 우리는 시원한 바닷속으로 점점 빠져들어갔다. 혹시 이 바다가 천국일까 하는 생각도 들었다. 멀리 혹은 가까이 보이는 섬들이 어우러져 있었고 마치 그림처럼 보였다. 올레길을 걷다 보니 그중 한 작은 섬 앞에 다다르게 되었다. 그 섬의 이름은 서건도인데, 물이 빠지면 걸어서 갈 수 있는 제주판 모세의 기적이 펼쳐지는 섬이다.

　모래상자를 마주하자 곧 나는 바다 한가운데에 섬을 만들었고, 섬과 바다를 꾸미는 데 열중했다. 섬에는 바위들이 많이 있었고, 나무와 꽃뿐만 아니라 온갖 새들이 그 바위 주변에 살고 있다. 바다에는 다양한 해양 생물이 살고 있다. 섬에 물이 빠지면 많은 사람이 걸어서 그 섬으로 걸어가 구경을 하는 신비로운 섬에 가고 싶다. 모래상자 전체에 섬과 바다에 여러 생물 피겨로 가득 채워져 완성된 느낌이었다. 피겨로 가득한 모래상자를 다시 보면서 끝으로 오른쪽 아래에 해녀를 바닷가에 놓았다. 젊은 해녀들이 물질을 하다가 잠시 물 밖으로 나와 쉬고 있는 것이다. 그랬더니 갑자기 분위기가 바뀌었고, 내 기분도 활기차게 되었다.

모래상자에 대한 니시무라의 해석은 이러했다.

모래상자를 만들다 보면 갈 길이 명료해진다. 제주도는 좋은 느낌의 섬이다. 제주도의 따뜻한 느낌이 천국을 의미한다. 천국에 갈 때에는 많은 경험이 필요한데, 그중에서도 '여행'의 경험이 가장 중요하다.

니시무라는 10년 전의 자신의 꿈을 이야기했다. 집 뒷산에서 100m 정도 떨어진 곳에 신전이 있었고, 그곳에 남자들의 신사가 있었다. 신사의 건물들은 건축 중이며, 뒷산 중턱에는 물을 마시는 곳이 있었다. 니시무라는 함께 올라간 동료들이 다 모이자 다시 내려왔다고 자신의 꿈을 설명했다. 그러면서 몇 년 동안 마지막 열차를 못 타는 꿈이나 공항 버스를 놓치는 꿈을 꾸었다고 했다. 이 꿈의 결론은 결국 여행의 시작을 못했다는 것이다. 은하철도를 타고 가다가 내리기도 하는 꿈도 꾸었다. 은하철도를 타면 자기 존재가 작아지게 된다. 내가 작아질수록 다른 세계는 더 잘 보이게 된다. 자기가 크면 자기만 보이지만 상대적으로 다른 것이 보이지 않게 된다. 그리고 모래상자에서 수영복을 입은 여자는 나를 의미한다. 수영복을 입었다는 것은 젊다는 것을 표현한 것이다. 내가 비록 지금 젊지는 않지만 기운은 젊다는 것을 의미한다. 화가가 그림으로 자신의 젊음을 표현하듯이, 모래상자 속에서 나는 젊은 존재로 유지되고 있다.

[그림 2-18]

[그림 2-18]에서는 자주 놓았던 매화나무를 오른쪽 위에 놓았고, 그 주변에 꽃이 활짝 핀 화분을 놓았고, 할아버지 건너편에 활짝 핀 꽃들을 놓았다. 할아버지를 왼쪽 가운데에 놓았다. 마지막으로 연못을 만들었는데, [그림 2-14]에서는 오른쪽 아래에 작은 연못을 만들었지만 여기에서는 가운데에 커다란 연못으로 만들었다.

꽃이 활짝 핀 봄날 낮이다. 풍요롭고 평화롭고 한가한 정원에 할아버지가 있는데, 혼자 안락의자에 앉아 망중한을 즐기고 있다. 착해 보이는 개가 할아버지 옆에서 할아버지를 지키고 있는 것 같다. 손주들이 그네를 타고 있고, 테이블에는 맛있는 과일과 차가 놓여 있다. 정원에는 긴 의자도 있고, 닭이 돌아다니고 있으며, 나비와 새들이 자유롭게 날아다니고 있다. 꽃이 활짝 피어 있고, 연못에는 오리와 물고기, 개구리, 거북이 등이 있다.

모래상자에 대한 니시무라의 해석은 이러했다.

니시무라는 빈 의자에 누가 앉게 될지 물었다. 빈 의자에는 내 친구가 앉을 것이다. 그러면 남편은 어디에 있는 누구인지 물었다. 남편은 할아버지 옆에 있는 '개'이다. 이번 모래상자는 나이가 든 부부관계를 의미한다고 했다. 니시무라는 여행이 필요하다고 했는데, 함께하는 여행뿐만 아니라 혼자 하는 여행도 좋다고 했다. 남편과 아내가 서로 솔직한 이야기를 나눌 때 안정감이 있게 되며, 치매 또한 늦출 수 있다. 모래상자를 보면 부부의 노후가 어떻게 될지 알 수 있다. 니시무라는 부부의 관계에 대해서 안심이 되는 중요한 말을 했다. "한쪽이 먼저 가게 될 때 남은 자를 도와줄 테니 두려워 마라."라고 했다.

[그림 2-19]

[그림 2-19]의 모래상자에서 나는 아프리카 세렝게티 공원을 만들었다. 영국 방송 와일드에서 세렝게티 공원의 '동물 대이동'을 즐겨 보았는데, 사자들이 초식 동물들을 공격해 잡아먹는 장면이 자주 나왔다. 그 장면이 기억나 세렝게티 공원을 만들게 된 것 같다. 아주 곱고 부드러운 모래를 펼쳐서 바닥에 고르게 깔았다. 모래를 직접 만져 평면을 평평하게 고르면서 내 마음이 편안해지고 차분해졌다. 하지만 맹수들이 사람들 가까이에 있어 불안한 마음도 함께 들었다. 나는 불안한 마음을 없애기 위해서 공원 관리인을 옆에 두었다. 관광객들의 안전이 보장되는 모습으로 변화되었다.

남녀 동물 연구자와 사진 촬영 탐험가가 동물들을 관찰하고 있다. 관리인이 차를 태우고 다녀 이들도 맹수로부터 보호하고 있다. 동물들을 보니 사자, 표범, 기린, 얼룩말, 원숭이 등 공격적인 동물과 온순한 동물이 섞여 있다. 사자가 어슬렁거리면서 어느 순간에 나머지 동물들을 공격할지 모르니 두려움과 불안한 마음이 들었다.

모래상자에 대한 니시무라의 해석은 이러했다.

초원 동물을 연구하는 남녀가 있다. 초원은 동물들이 자유롭게 어울려 사는 곳이며, 무의식적으로 동물적인 본능이 작용하는 곳이다. 초원을 표현한 것은 나이가 들수록 몸이 자유로운지를 연구하는 것이다. 무엇보다 몸 건강이 중요한데, 현재 나의 건강 상태가 어떤지를 살펴보기 위한 표현이 무의식적으로 나타난 것이라고 했다. 그것은 분명 내가 너무 많은 일을 하고 있는 것이며 무의식의 경고 신호라고 볼 수 있다. 결단이 필요한 순간이다. 지금부터 노후를 잘 설계하는 것이 필요하다. 그래야 은퇴 이후에 더 많은 일을 하게 될 수도 있다. 이제 본격적으로 독립을 해서 나 자신의 일을 해야 하며, 내 일의 독립은 나의 건강이 회복될 수 있도록 해 주며, 그래서 더 많은 일을 할 수 있게 해 준다. 나는 나의 건강에 대한 이야기를 들었기에 걱정이 되었지만, 니시무라는 모래 지면이 평평했다는 것을 말하면서 그것은 건강에 큰 문제가 있는 것이 아니라고 했다. 그냥 건강에 대한 마음의 표현이 나타난 것뿐이라고 했다. 나는 사자의 존재에 대해서도 물었다. 어떤 특별한 의미가 있을지 궁금했는데, 긍정적 에너지의 표현이라고 했다.

[그림 2-20]

나는 [그림 2-20]의 모래상자를 꾸미면서 처음에 페가수스를 가운데에 놓았는데, 알 수 없는 힘이 느껴졌고 나에게 무언가 새롭게 할 수 있다는 욕구가 솟아오르는 것을 느꼈다. 활짝 핀 매화꽃과 새장을 균형이 이루어지도록 양옆 위쪽에 두었다.

그다음 피겨장에서 동화와 관련된 아이들 피겨를 선택해 나머지 공간에 놓았고, 할머니 피겨도 함께 놓았다. 아이들만 놓으면 위험할 것 같아 할머니도 놓았는데 확실히 안심이 되고 만족스러웠다.

오른쪽 위에 분홍 매화꽃이 활짝 피었다. 봄이라는 계절이 느껴진다. 이곳은 마을의 마당인데, 페가수스가 마당 한가운데로 날아와 앉아 있는 모습이다. 동네 아이들이 모두 나와 페가수스를 구경하고 있으며, 일부는 북을 치면서 기뻐하며 환영하고 있다. 할머니는 페가수스에게 먹을 것을 주려고 한다.

모래상자에 대한 니시무라의 해석은 이러했다.

페가수스가 마을에 왔다. 드디어 독립할 시기가 되었다는 것을 의미한다. 마을은 종결을 의미하면서 완성도 의미한다.

니시무라는 내가 어디에 있는지 물었다. 나는 동네 아이들 중 한 명이다. 할머니가 누구인지도 물었다. 할머니는 돌아가신 친정어머니이다. 파란 모자를 쓴 아이는 또 누구인지 물었다. 파란 모자를 쓴 아이는 동화에서 황금알을 낳은 주인공을 표현한 것이다. 아마도 나 자신일 것 같다. 니시무라는 내가 상담실을 운영하며 돈을 번다고 했으며, 상담실 안에 젊은 사람들이 모여서 공부를 한다고 했다. 새장에 있는 새는 위에서 전체를 보는데, 그것은 자기 자신을 보는 것이라고 했다. 나의 모래상자는 내가 개업을 하고 새로운 인생을 시작하는 것을 말한다고 했다. 지금은 꿈속의 상황이지만, 실제로 본인의 연구소를 열게 되면 페가수스가 날아다니는 상황이 된다고 했다. 니시무라는 자신도 은퇴한 후에 연구소를 열어 그 일에 집중했는데, 신선이 된 것처럼 날아다니게 되었고, 건강 또한 좋아졌다고 했다.

니시무라는 [그림 2-16]~[그림 2-20]을 전체적으로 요약했다. [그림 2-16]은 살면서 많은 경험을 했을 때였으며, 현재는 여러 방법을 살펴보고 있다. 연구도 하고, 다양한 사진도 찍고 있으며, 나의 감각들을 인식하고 있다. 그중에서 가장 중요한 것은 내 몸이 이전에 비해서 아프다는 것, 은퇴를 결정하는 것, 연구소를 여는 것이다. 지금까지는 호화여객선을 탔다면, 이제는 그 배에서 내려 마을에 가 나만의 배를 타야 할 차례이다. 즉, 이전과 다르게 사는 것이 필요한 시점이 되었다. 이제는 호화여객선을 떠나 내릴 때가 된 것이다. 나의 은퇴를 새로운 인생의 시작이라고 생각하라고 했다.

[그림 2-21]

[그림 2-21]은 단케심리상담실에서 만든 모래상자이다. 일본의 어느 신사의 모습이며, 입구는 아래쪽에 있다. 신사에서 일하는 여자관리인이 보이는데, 신사와 부처에게 절을 하고 있다. 왼쪽 위에는 거대하고 웅장한 탑이 서 있으며, 나머지 세 구석에는 나무가 서 있다. 오른쪽 가운데에는 왼쪽 위에 있는 탑보다 작은 탑이 있다. 위 중앙에는 큰 부처상이 있다.

모래상자에 대한 니시무라의 해석은 이러했다.

일본에는 여러 신이 있는데, 신이 떠다니고 그 중심에는 신이 없다. 신사는 신을 모시는 곳이며, 숲은 영혼을 모셔 놓은 장소를 의미한다. 신사 관리인이 신사를 관리하고 있다. 만다라가 원형으로 나타난다면 그것은 여성적 만다라를 의미하는 것이며, 네모로 나타난다면 남성적 만다라를 의미하는 것이다. 이 모래상자는 여성이 남성적 만다라를 만든 것이다. 이 경우 중심이 가운데에 오는 것이 아니라 그 위가 중심이 된다. 그래서 부처상이 중심이 된다. 융에 의하면, 4위성은 전체성이 준비될 때 심리적 발달이 일어난다. 신격과 관계를 성립시키는 내적·정신적 질서가 그 안정감으로 인격을 발달시킨다. 연못 잉어들은 가족처럼 보인다. 영적 체험으로 중심화가 일어나는 '자기 개성화' 과정이 보인다.

[그림 2-22]

[그림 2-22]는 [그림 2-21]을 만들고 1년이 지난 후에 만들었다. 모래상자 해석은 시리즈로 보는 것이 중요하다. [그림 2-22]에서 시작해 [그림 2-30]까지 총 9회기의 내용이 이어진다.

이 시기는 내가 인생에서 가장 힘든 시간을 보냈을 때였다. 그 당시 나는 연구원 원장과 겸임교수로 일을 했으며, 외부 활동도 많아서 항상 시간에 쫓기는 느낌을 받았다. 당연히 건강에 무리가 되었다. 아플 때마다 남편은 나를 지극정성으로 보살펴 주었다.

당시 남편은 명예교수로 열심히 강의를 하고 있을 때였다. 남편은 왕성하게 활동을 했으며, 여러 가지 취미 활동도 즐기고 있었다. 운동도 체계적으로 하며 은퇴 이후의 삶도 준비를 잘하는 사람이었다. 그러던 남편은 장기간 병원을 다녔고 이때 나는 너무 힘들고 지쳐있었다. 그런 시점에 집단모래상자놀이치료가 나에게 힘을 주고 버틸 수 있게 해 주었다. 다행히 남편은 효과가 좋은 약을 찾았다. 이 덕분에 단케심리상담실의 세 번째 국제모래놀이치료 워크숍에 참석할 수 있었다. 긴장된 삶을 살아서인지 이때 나는 니시무라 교수의 모래상자해석 상담으로 치유와 통찰을 받을 수 있었다.

니시무라는 한국을 방문했을 때 일본에서 유학을 한 남편과 여러 차례 만남을 가졌다. 니시무라는 워크숍을 진행하는 동안 한국에 있는 남편에게 전화 상담을 해 주었다. 아이처럼 즐겁게 살라고 조언도 해 주었다. 그렇게 하기 위해서 먼저 양복을 벗고 운동복 차림으로 다니라고 조언했다. 남편은 격식과 예의를 중시하는 사람이었으나 그의 조언을 가뭄에 단비처럼 받아들였고, 나 또한 매우 안심이 되었다. 니시무라는 진정한 상담가였으며, 그의 따뜻한 도움에 우리의 마음도 함께 따뜻해졌다.

[그림 2-22]의 모래상자에서는 사막이 떠오르는 갈색 모래를 사용했다. 굉장히 부드럽고 따뜻한 모래라 만지기만 해도 기분이 좋아졌다. 갈색 모래로 사막을 표현했는데, 사르르 흐르는 모래가 순조로운 시작을 알려 주었다. 먼저 언덕을 올라가는 상인들을 놓았고, 그들이 분명 힘들게 올라왔을 것을 생각해서 쉬고 먹을 수 있는 작은 마을도 만들었다. 상인들이 쉬고 다시 떠날 수 있다고 생각하니 안심이 되었다.

사막 언덕을 올라가는 한 무리의 상인들은 각자의 길을 쉼 없이 앞만 보며 열심히 올라간다. 언덕을 지나면 음식을 먹고, 쉬며, 기운을 차릴 수 있는 마을이 나타난다. 그들은 그곳을 향해 가고 있다. 왼쪽 가운데에 있는 오아시스 주변에 낙타와 상인들이 쉬고 있다.

모래상자에 대한 니시무라의 해석은 이러했다.

모래상자에서 나는 가운데에 있는 인물이다. 이것은 두 가지 관점에서 해석할 수 있다. 나고야 모래놀이연구회 연수 집단으로 본다면 집단을 이끌어 가는 것이며, 자기 길을 걷고 있는 것이다. 오아시스는 어떤 길을 갈 것인가, 어떤 오아시스인가, 끝나고 가는 길은 어디인가를 찾는 것이다. 생명의 물인 오아시스를 발견하는 것이 중요하다. 두 명이 함께 오아시스에 빨리 도착하려면 서로 교류하는 것이 필요하다. 현재는 오아시스로 가는 길이 멀어 보인다.

여성은 은퇴를 하면 점점 남성적이 되기도 하고, 때로는 갑자기 치매가 오기도 한다. 그래서 은퇴 후 대처 방안으로 친구를 만나거나 관계 형성을 준비하는 것이 필요하다. 교류를 할 수 있도록 새집을 만들고 새가 와서 교류할 수 있게 하는 것이 필요하다. 새 둥지를 만들어 편안한 장소에서 차를 마시는 것이다.

[그림 2-23]

[그림 2-23]의 모래상자는 한겨울 크리스마스 시즌이다. 자연스럽게 산타가 떠올랐고, 산타의 선물을 기다리는 아이의 마음을 생각해 보았다. 눈사람과 아이들을 놓으니 모래상자가 귀엽고 사랑스러운 분위기로 변했다. 오른쪽 위에는 구유를 만들어 예수의 탄생을 축하했다. 최근에는 교회나 성당 외에 절과 백화점에서도 동일한 축하 행사를 한다. 이러한 구유를 보면서 신적 세계와 차분히 만난다. 산타 마을에서 성탄을 축하한다. 가운데에 있는 산타는 아이들에게 선물을 주기 위해 순록 두 마리가 끄는 썰매를 타고 밖으로 나간다. 다른 산타들뿐만 아니라 눈사람과 썰매를 타는 아이들도 함께 산타를 환송한다.

모래상자에 대한 니시무라의 해석은 이러했다.

왼쪽 위에 있는 산타 세계에서 시작해 오른쪽 아래에 있는 인간 세계로 나가는 것은 외부로 나가는 것을 의미한다. 일을 그만두고 밖으로 나와 마음 편히 지내는 것을 준비하는 것이다. 명예가 아닌 마침표를 찍으러 내려가는 길이다. 드디어 일에서 해방되었다. 나이가 들면서 열심히 하던 일을 중단했다고 모든 것이 끝났다고 생각해서는 안 된다. 결코 모든 게 끝난 것이 아니다.

  자유롭게 하고 싶은 것을 하고, 내게 남겨진 일들을 하는 것이 내가 살아가는 이유가 된다. 니시무라는 가와이의 영면 이후 그의 일을 이어 나가야 된다고 생각했다고 했다.

[그림 2-24]

  나는 [그림 2-24]의 모래상자를 꾸밀 때 처음에 신혼부부 한 쌍을 위쪽 가운데에 놓으며 결혼식을 표현하고 싶었다. 결혼을 축하하는 분위기로 만들기 위해서 빨강, 노랑 등 화려하고 강렬한 색깔의 꽃들과 과일들을 가득 놓았으며, 즐거운 분위기를 위한 술도 함께 놓았다. 어느 순간 축하 분위기의 만족스러운 모양의 모래상자가 되었다. 마지막으로 신혼부부를 축하하러 온 다른 한 쌍을 놓았다. 드디어 다 마무리가 되었다. 등장인물들을 보면 신혼부부, 기도하는 아이들, 꽃을 든 들러리, 축하하러 와서 마주 보고 있는 부부 두 쌍, 막 결혼하여 자동차를 타고 도착한 젊은 부부가 있다. 모두가 결혼식을 즐겁게 만들었으며, 음식들이 결혼식의 모습을 풍성하게 만들었다. 가운데에는 촛불이 있어 불을 밝혀 앞길을 열어 주었다.

모래상자에 대한 니시무라의 해석은 이러했다.

젊은 사람이라면 이 모래상자의 주제는 '결혼'일 것이다. 젊은 사람이 아니라면 '은퇴'를 의미하며, 여기에서는 남편과 나, 두 사람의 은퇴를 의미한다. 두 사람은 은퇴한 후에 재혼한 느낌으로 살고 있다. 이제부터는 세계 일주를 하고 크루즈 여행을 하면서 지내는 것인데, 아무것도 하지 않고 먹고 즐기기만 하는 여행이다. 중심에 있는 촛불은 영적 힘을 의미한다.

니시무라는 [그림 2-22]~[그림 2-24]를 모두 '부부 상자'로 해석했다. [그림 2-22]는 오아시스를 찾아가는 것이며, [그림 2-23]은 산타가 선물을 주러 가는 것이다. 다시 [그림 2-23]으로 돌아가, 니시무라는 왼쪽 아래 공백에 대해 해석했다. 그리고 어머니는 어떤 분인지도 물었다. 나는 어머니는 지혜롭고, 지적이며, 똑똑하고, 성취지향적이라고 답변했다. 결혼을 한 다음 나의 부부관계는 모자 관계로의 역할을 했다고 했다. 남편은 어머니처럼 다정하고 착하며 부드럽게 수용을 하는 역할을 했기 때문에 내가 일을 하는 것도 모두 가능했다. [그림 2-24]의 결혼식은 이제 모자 관계를 정리하고 남편과 아내로서의 재혼, 즉 새로운 관계의 시작을 의미한다.

[그림 2-25]

나는 [그림 2-25]의 모래상자를 꾸미며 먼저 '노란 새가 높게 있는 새장'과 '부화하기를 기다리는 알이 놓인 바구니'를 놓았다. 언제나 높게 있는 노란 새가 나를 불렀다. 이 새는 높은 위치에 앉아 나를 위해 주변을 살피고 있다는 느낌을 주었다. 마지막에는 촛불을 가운데에 놓음으로써 마을도 밝아지고 내 마음도 밝게 할 수 있었고, 자연스럽게 그 불에 소원을 빌게 되었다. 하늘에는 달과 별이 떠 있어 밤이 그리 어둡지 않았다. 동네 아이들이 모여 촛불을 밝혀 캠프파이어를 하며 신나게 놀고 있다. 할머니와 소녀는 먹을 것을 준비하여 들고 있고, 할머니 옆에 우물이 있었는데 언제든지 누구나 물을 마실 수 있다.

모래상자에 대한 니시무라의 해석은 이러했다.

촛불을 밝혔다는 것은 신성함을 표현했다는 것을 알 수 있다. 불은 자신을 새롭게 하는 삶의 힘이다. [그림 2-25]는 [그림 2-24]의 결혼식 이후의 연회이다. 니시무라는 할머니가 누구인지 나에게 물었다. 나는 할머니가 나의 어머니라고 답변했다. 이 모래상자는 현자의 원형인 어머니를 만나 힘을 받고 자신을 찾는 것을 표현한 것이다.

[그림 2-26]

나는 [그림 2-26]의 모래상자에 보라색 거친 모래를 사용했는데, 나의 감정이 내면으로부터 올라와 드러난 것 같았다. 그래서인지 왼쪽에 화산을 만들었는데, 화산이 폭발할 것 같았다. 폭발할 것 같은 화산 옆에 푸른 바다가 있어서 그런지 차분해지는 느낌이 들었다. 그래도 위험한 곳이다. 이곳을 찾는 사람들이 있다면 반드시 주변의 도움을 받아야 한다. 화산 폭발로 위험하지만 이 섬을 구경하려는 사람들이 여객선을 타고 오고 있다. 이미 화산 근처에는 화산 폭발 현장을 연구하기 위한 남녀 두 사람이 있고, 현장을 기록으로 남기기 위해 사진사가 개별적으로 촬영하고 있다. 이들이 이 섬에 와 화산 쪽으로 조심스럽게 올라가고 있다.

모래상자에 대한 니시무라의 해석은 이러했다.

화산은 남편의 병과 관련되어 있다. 폭발을 했다는 것은 남편의 병이 더욱 악화되었음을 의미한다. 도마뱀이나 파충류가 있는데 좋지 않은 이미지이다. 지금보다 더 원시적으로 들어간 느낌이다. 남편의 건강이 더 나빠지지 않기를 기도한다.

[그림 2-27]

니시무라는 [그림 2-26]과 [그림 2-27]을 시리즈로 보면, [그림 2-26]에서는 감정이 폭발해 지쳐 있다고 했다. [그림 2-27]에는 쉬고 싶은 마음이 여실히 표현되어 있다. 바닷가에 휴식을 취하는 부부를 놓으니 일에서 해방되어 바다로 가고 싶은 마음이 더욱 커진다. 마지막에 바다 아래쪽에 고래 무리를 놓았는데, 오른쪽으로 이동하고 있으며, 새끼들이 어미를 힘차게 뒤따르고 있다. 어미가 앞에서 가고 그 뒤를 따르는 새끼들을 놓으니 안전함과 안심을 느꼈다. 해변가에는 한가하게 나무 아래에서 편히 쉬는 부부가 있고, 달리기를 하는 남자와 개를 돌보는 여자도 있다. 그 외에 매 맞는 아이와 아버지, 아이를 업고 구경을 시켜 주는 아버지가 있다. 오른쪽 위에는 작은 가게와 큰 파인애플이 두 개 놓여 있다. 바다에는 서핑하는 여자 둘, 보트를 타는 여자, 관광선이 있다.

　모래상자에 대한 니시무라의 해석은 이러했다.

　니시무라는 내가 누구인지 물었다. 나는 수영복을 입은 여자인데, 아직은 젊은 에너지가 있다는 것을 의미한다고 했다. 니시무라는 오아시스에 도착한 장면인 것 같다고 했으며, 바다를 여유 있게 즐기는 모습이라고 했다. 바다에서의 모습도 여전히 바쁜 세상이지만 놀고 즐기는 것이 좋다고 했다. 위쪽에 놓인 남녀처럼 부부도 쉴수 있다면 좋겠다고 했다.

[그림 2-28]

나는 [그림 2-28]의 모래상자를 꾸미며 처음으로 중앙에 연못을 만들고 모래와 접촉하면서 내 마음에 평온이 찾아온 것을 느꼈다. 그다음 왼쪽 위에 할머니와 우산 쓴 소녀를 함께 놓았다. 우산을 쓴 소녀를 놓고 분무기로 물을 뿌려 비가 오게 했다. 비가 오니 모래색이 부드러워져 전체적인 분위기가 차분해졌다. 비를 맞은 내 마음도 시원해졌다. 동네 가운데에 조용한 분위기의 맑고 깨끗한 연못이 있는데, 개구리와 붕어가 돌과 물풀 사이를 다니고 있다. 가랑비가 한바탕 지나간 후 우산을 쓴 소녀와 할머니는 연못을 구경하고 있다. 위쪽 가운데에는 새장이 있고 그 옆에 꽃에 물을 주는 엄마와 딸이 있다. 오른쪽 위에 작은 화분이 있고, 왼쪽과 오른쪽 아래에는 꽃나무가 있다. 연못에 여러 생물을 놓고 마지막으로 연못 한가운데에 작은 바위를 놓았는데, 중심에 힘이 느껴져 만족스러웠다.

모래상자에 대한 니시무라의 해석은 이러했다.

연못 한가운데에 섬이 있다는 것은 드디어 자신을 위한 생활이 시작되었다는 것을 의미한다. 여러 가지 일 가운데 이제 자신만의 섬이 등장한 것이다. 니시무라는 할머니와 소녀가 누구인지 물었다. 나는 나와 어머니라고 답변했다. 이어 니시무라는 나의 어머니가 어떤 분인지도 물었다. 어머니는 지혜롭고 현명한 분이시며, 대범한 분이셨다. 자식 교육에 매우 적극적이신 분이셨다. 아버지는 공무원으로 일을 하셨으며, 어머니는 규모가 큰 과수원과 대형 정미소, 대규모 농장을 운영하셨다. 어머니는 일하시는 분들에게 잘 베푸셨기에 칭송도 많이 들으셨다. 나는 아마도 어머니께서 경영을 하시는 것과 베푸시는 모습을 보고 자란 것 같다고 말했다. 하지만 어머니와 오랫동안 떨어져 살아서 그런지 어머니와의 즐겁고 행복한 추억은 적은 편이다. 오히려 어머니께서는 내가 결혼을 한 이후 우리 집에 자주 오셔서 남편과 많은 대화를 하셨으며, 손자들과도 놀아 주시며 행복한 추억을 만들어 주셨다. 니시무라는 내가 현명한 어머니 밑에서 교육을 받아 좋은 지식을 얻게 되었다고 말했다. 어머니의 교육이 나에게 큰 도움이 되었고, 어느 순간에 어머니로부터 분리가 되기 시작했다. 니시무라는 우산을 쓴 소녀의 우산은 나 자신을 지키는 것을 의미한다고 했다. 우산이 방어적이기도 하지만, 그것을 접게 되면 반대로 공격을 하는 도구가 된다. 그렇지만 우산은 강한 공격의 도구는 아니다. 소극적으로 방어를 할 뿐이라고 했다.

[그림 2-29]

　내가 [그림 2-29]의 모래상자를 만든 시기는 남편의 발병 이후 1년이 지난 때였다. 나는 걱정하는 마음으로 매일 남편의 치료를 위해 기도했다. 처음에 아픈 아기를 안고 배를 문지르는 엄마와 아이 피겨를 모래상자 중앙에 놓았다. 남편을 돌보는 나의 모습을 보여 준다. 왼쪽 아래에는 의사와 응급차가 기다리고, 119 응급대원둘이 엄마와 아이를 데려가려고 왔다. 긴장되고 불안한 분위기가 느껴졌다. 그리고오른쪽 아래에 페가수스가 이들을 도와주러 날아왔고, 오른쪽 위에는 부부가 이들의 건강을 위해 간절히 기도하고 있다. 마지막으로 왼쪽 위에 촛불을 환하게 밝혔다. 어떤 희망이 느껴졌다. 모래상자를 만드는 과정 가운데 완성된 모래상자를 치우지 않고 다음 날까지 두었다. 그런데 누군가 아기를 안은 엄마 옆에 예쁜 꽃을 가져다 놓았다. 그 꽃이 나를 위로해 주는 알 수 없는 힘이 되었다. 이 세상에 누군가내가 알지 못하는 사람이 나도 모르게 도와준다고 생각하니 너무 고마웠고, 신비로운 감동이었다. 마치 페가수스가 왔다 간 것 같았다.

모래상자에 대한 니시무라의 해석은 이러했다.

이번 모래상자에는 남편의 병에 대해 걱정하는 것이 나타났다. 환자와 의사나 응급차의 거리가 중요하다. 만약 가운데 피겨 위치가 이들과 가깝게 있다면 살 가능성이 높은 것이고, 멀다면 살 가능성은 낮아진다. 위쪽에 있는 부처와 거리가 가깝다면 세상을 뜨는 것을 의미한다. 따라서 중앙에 있는 아픈 아이의 위치가 위쪽과 아래쪽 중 어디에 더 가까운지를 보는 것도 중요하다고 했다.

[그림 2-30]

[그림 2-30]에서 맨 마지막으로 선택한 피겨는 동자 스님이었다. 가운데 위쪽에 깨달음을 얻은 동자 스님이 소를 타고 산에서 내려와 마을의 시장을 구경한다. 시장에는 춤추는 여자, 구경하는 사람들, 과자 사 달라고 떼를 써 아버지에게 매를 맞는 아이, 개를 돌보는 수의사, 자전거 타는 노부부, 꽃에 물을 주는 여자, 과자를 파는 남자가 각자 자기 일을 즐겁게 하고 있다. 오른쪽 위에는 파라솔과 긴 의자가 있으며, 왼쪽 아래에는 시장의 모습을 촬영하는 남자가 있다.

모래상자에 대한 니시무라의 해석은 이러했다.

시장은 종결 시점을 상징한다. 시장은 여러 종류의 사람들이 있는 바다와 같은 세상이다. 득도한 스님이 소를 타고 세상에 내려오는 것은 자신이 깨달은 것을 가르쳐 주려고 내려오는 것이다. 심우도는 야생 소를 길들이는 것이다. 영웅이 되기 위해 서는 집을 떠나 시련을 겪어야 한다. 세상 사람들에게 중요한 소식을 전해 주는 교류의 모습이다.

[그림 2-9]~[그림 2-30]에 대한 니시무라의 종합 해석은 이러하다. [그림 2-9] [그림 2-20] [그림 2-29]에서 페가수스는 남편을 상징한다. [그림 2-29]는 남편이 있는 곳이며, 슈퍼문인 페가수스는 내가 여러 가지 일을 하게 하는 긍정적인 힘이다. 남편이 있는 곳으로 남편과 함께 따라가는 것이다. 실제로 남편인 페가수스를 타고 외국에 가는 일이 가능했다.

니시무라는 [그림 2-29]의 촛불에 대해서 성스러운 '영적 힘'이라고 했다. 왼쪽에서 오른쪽으로 향하는 대각선 방향은 가운데 세상을 건너가는 것을 의미한다. 대각선의 반대 방향은 퇴행을 의미한다. 왼쪽 아래는 태어난 곳이고, 가운데는 일하는 곳이며, 오른쪽 대각선은 영적 세계로 가는 것이다.

이전에는 남편이 보호자였고 지금은 내가 보호자 역할인데, 나는 이 상황이 힘들게 느껴졌고 나의 건강도 약해졌다. 니시무라는 내가 그동안 남성적으로 일을 많이 했고, 그 피로감이 한꺼번에 터져 어쩔 수 없는 상태가 된 것이라고 했다. 은퇴를 하고 자신만의 연구소에서 편하고 자유롭게 사는 것이 좋겠다고 조언해 주었다. 니시무라는 건강하다는 것은 어린아이가 된다는 것이고, 동물적으로 돌아가는 것이라고 했다.

지금까지 모래상자놀이를 하면서 만든 모래상자를 통해 지난 26년간의 인생을 돌아보았다. 나는 바쁘게 허둥대면서 여기까지 왔고, 때로는 떠밀려 오기도 했다. 그래도 지금 생각해 보니 때로는 즐겁고 행복하게 열정적으로 지내 왔다고 생각한다. 이런 힘든 여정 가운데 모래상자놀이치료를 경험했고, 그 가운데 내 안의 중심과 만날 수 있었고, 치유도 경험하게 되었다. 나는 내 안에 새로운 에너지를 생성할 수 있게 되었고, 통합을 향한 새로운 시작도 할 수 있었다. 지금까지 살아온 것처럼 앞으로의 남은 인생 또한 이루어 가리라.

03

새로운 세계관 갖기

　나는 상담센터와 병원에서 심리상담사로 일하고 있는 50대 여성이다. 내가 상담에 대해서 공부하게 된 이유는 발달장애를 가진 아들을 잘 키우기 위해서였다. 그런 계기로 시작한 상담 공부가 지금까지 이어지고 있다. 내가 상담을 하는 대상자는 엄마에게서 떨어지지 않으려고 애쓰는 서너 살의 유아부터 청소년과 성인, 노인에까지 이른다. 대상자들이 다양한 만큼 그들이 가져오는 문제들도 너무나 다양해서 버거울 때도 있다. 그럴 때면 아이가 엄마를 찾듯 나 또한 슈퍼바이저를 찾게 된다. 나의 슈퍼바이저는 전 한국발달지원학회 회장님이신데, 그녀는 나의 임상 사례뿐만 아니라 나의 삶을 새롭게 바라보는 기회까지도 선물해 주신다.

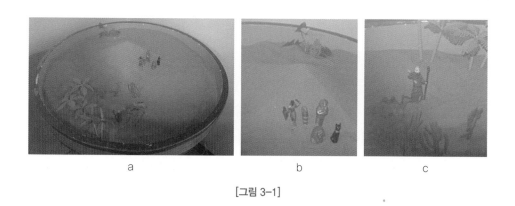

[그림 3-1]

　[그림 3-1]의 모래상자는 나의 첫 작품이다. 한 남자가 사막을 가로질러 가고 있는데, 니시무라는 이 모습을 보고 전체적으로 쓸쓸해 보인다고 했다. 이 당시 나는 상담센터를 운영하며 박사학위논문을 준비하고 있었다. 상담센터에서 상담을 마치고 집에 돌아오면 잠시 쉬는 시간을 갖고 바로 정신없이 관련 논문들을 찾아보며 정

리를 해야 했었다.

나의 슈퍼바이저는 내게 상담자 모래상자놀이치료 집단에 들어오면 어떻겠냐고 권유했다. 이미 모래상자놀이치료를 접해 보았기에 낯설지는 않았으나, 당시 나는 내게 주어진 일들을 소화해 내는 것만으로도 분주했었다. 하지만 바쁠수록 돌아가라는 말도 있지 않은가. 사실 내가 쓰려는 논문도 모래상자놀이치료에 관한 것이기에 나는 주저하지 않고 그의 초대를 받아들였다.

[그림 3-1]의 모래상자를 보면, 당시 나는 마치 저 멀리 오아시스를 향해 길을 가는 사람과 닮아 있었다. 목표를 향해 앞만 보고 달려가고 있는 것이다. 길을 가던 중 반가운 오아시스를 만났고 물을 마셨다. 나는 내가 타고 온 낙타에게도 물을 마시게 했다. 혼자 논문을 쓰는 것은 외로이 길을 걷는 것이다. 그러던 차에 한국모래놀이 연구회 회원들을 만나 고단한 짐을 내려놓고 쉬게 되었다. 드디어 혼자가 아니라 함께 할 사람이 생긴 것이다. 이것만으로도 나는 위로를 받았다.

나는 항상 경험하는 익숙한 삶에서 벗어나 좀 더 가치 있는 삶을 꿈꿔 왔다. 모래상자가 그것을 가능케 하는 중간세계처럼 느껴졌다. 당시 현실에서는 철저하게 혼자 고독과 외로움을 이겨 내는 통과의례를 치르고 있었다. 그래서인지 니시무라는 나의 모래상자가 쓸쓸해 보인다고 했던 것 같다. 나는 니시무라가 그동안 내가 얼마나 힘들었는지를 알아주는 것 같아 피드백을 받자마자 울컥했다.

니시무라의 모습은 나의 친할아버지와 매우 닮았다. 이런 이유로 나는 니시무라에게 쉽게 라포를 형성할 수 있었다. 흰 머리카락, 인자하고 온화한 표정, 웃는 모습, 그리고 음성까지 모두 나의 친할아버지와 비슷했다. 유사한 점은 이것들만이 아니었다. 상대방의 얼굴을 바라보며 말을 경청하는 모습, 입을 벌리고 '허어' 하며 고개를 끄덕이는 모습은 소름이 돋을 정도로 똑같았다. 니시무라는 내가 어릴 때 도포 자락을 드리우고 우리 집에 방문하셨던 친할아버지의 모습 그대로였다. 친할아버지는 수년마다 한 번씩 연례행사처럼 우리 집에 방문하셨는데, 하얀 수염을 쓸어내리시던 할아버지는 어린 시절 내게는 꼭 신선과 같은 분이었다. 내게 니시무라는 긍정적 전이 대상의 현현이었다. 그랬기에 일본에서 니시무라를 만나기 전부터 나는 나의 고민을 쉽게 꺼낼 수 있었다.

　서울에서 학회가 열렸다. 아스퍼거 학생을 대상으로 진행된 나의 공개사례 발표가 있었는데, 나는 그때 그날의 슈퍼바이저였던 니시무라에게 발달장애아를 키우는 엄마로서 내가 앞으로 아스퍼거 내담자에게 좋은 상담자가 될 수 있을지 물었다. 이때가 내가 니시무라를 처음 만난 날이었다. 두 번째 만남은 단케심리상담실에서 이루어졌다. 그는 냉철한 분석가이기에 앞서 따뜻한 인간으로서의 모습을 보여 주었다. 이와 관련된 에피소드는 기억을 소급하여 잊지 않고 다시 담아내도록 하겠다.

[그림 3-2]

　[그림 3-2]의 모래상자를 만들기 전에는 바로 모래상자를 만들지 않고 한동안 팔각형의 모래상자 옆에 기대어 서서 고운 느낌의 모래를 한참 동안 손으로 다독였다. 모래를 한 줌 움켜쥐었다가 다시 펴고, 그것으로 바닥을 평평하게 골랐다가 손가락을 쑥 넣어 휘젓기를 반복했다. 그 순간, 전날에 겨울 여행지로 스키장을 언급했던 것이 떠올랐다. 나는 바로 모래를 쌓아 경사를 만들었고 자연스럽게 스키를 타는 사람들을 놓았다. 그 아래쪽에는 악기 연주를 하는 모습을 만들었다. 피아노가 있는 레스토랑에서 악기를 연주하는 사람들과 소파에 앉아 그들을 바라보는 여인이 있다.

니시무라는 전 회기와 비교해 갑자기 모래상자가 즐거워졌다고 했다. 그는 "1회기의 그림이 세 부분으로 나뉘었어요. 오아시스가 연주회로 바뀐 것 같은데요? 별이 있는 걸 보니 밤인가요?"라고 나지막하게 말했다. 피아노가 놓인 왼쪽과 그 아래는 실내이고, 오른쪽 윗부분은 실외인데, 안과 밖, 낮과 밤, 정적인 것과 동적인 것 등 대극적인 요소가 등장하고 있다고 지적했다. 나는 여기에서 소파에 앉아 있는 여인이다.

나는 논문으로 시달린 나의 몸과 마음을 음악을 통해서 쉬게 하고 싶었다. 남편과 아이들은 즐겁게 스키를 타도록 배치했다. 나는 카페에 앉아 쉴 수 있다는 것이 너무나 좋았다. 편안한 마음이 한동안 이어졌다. 계속 보고 있으니, 여인이 스르르 일어나 악단 속에 들어가 함께 노래하고 연주할 것만 같았다. 여인은 춤을 잘 추지는 못하지만 음악에 몸을 맡겨 살짝 리듬을 타는 모습이 그려졌고, 나는 그것을 생각하는 것만으로도 행복했다. 논문을 쓰는 것은 분명 어려운 과정이지만, 내가 진정으로 원하는 일이기도 하다. 역설적이지만 논문 작업을 통해 즐거울 수 있음을 느꼈다.

[그림 3-3]

모래놀이치료실에서 한참 동안 다른 회원들의 모습을 바라보았다. 그들은 모래상자를 만들기 위해 부지런히 피겨를 고르고 있었다. 나는 고운 모래를 계속 만지작거렸다. 차가운 모래를 쓸어 보고 헤쳐 보기를 반복했다. 그때 손끝에서 모래가 따뜻해진 것을 느꼈다. 이어 모래를 모아 보기도 하고, 쌓아 올려 보기도 했다.

장작불을 보며 멍하게 있는 것을 신조어로 '불멍'이라고 하는 것처럼, 그 순간 나는 '모래멍'에 빠져들었다. 모래를 산처럼 쌓으면서 불현듯 '모래가 엄마의 젖가슴 같다.'는 생각을 했다. 그다음에 든 생각은 '산이야. 모세가 십계명을 받았던 시내산.'이었다. 나는 열 개의 흰 돌을 찾아 꼭대기에 정성껏 올렸다.

니시무라는 [그림 3-3]에서의 산이 무덤처럼 보인다고 했으며, 마른 모래를 계속 만지면서 만들었다는 것은 애착에 집중되어 있다는 것을 나타낸다고 설명했다. 이럴 때에는 모성성을 가진 사람이 옆에 있는 것이 좋다고 했다. 니시무라는 몇 가지를 더 지적했다. "산꼭대기에 놓인 흰 돌은 남성적인 표현입니다. 그리고 무지한 상태입니다. 산 위에 꽃이 놓였으면 더 좋을 것 같아요. 가면(페르소나)을 잘 쓰는 것이 필요한데, 완전히 자신을 감출 수 있다고 생각하나요? 감출 수 있는 것은 아무것도 없습니다."라고 강조했다.

진정한 나 자신이 되기 위해 지나친 자아 팽창을 지양하고, 페르소나와 진정한 나를 구분해야 한다. 페르소나를 버리는 것이 아니라 참모습을 의식해야 한다. 즉, 모세는 팽창된 나의 남성성의 모습으로 간주할 수 있겠다. 또한 성경에 흰 돌(요한계시록 2:17)은 승자에게 주는 것으로 기술되어 있는데, 열 개의 흰 돌은 내가 달성해야 하는 과업처럼 느껴졌다. 그 당시의 흰 돌은 논문을 쓰는 것이었으며 그 이전에는 발달장애를 가진 아들을 잘 키우는 것이었다. 후자의 흰 돌은 미래에도 계속 흰 돌로 남아 있을 수밖에 없다. 사실상 나의 자아와 무의식의 자기가 만나는 것이 진정한 승리의 의미가 될 것이다. 니시무라는 그렇게 되기 위해서 나에게 무엇이 필요한지 알려 주었다. 그것은 모래상자놀이치료의 과정을 통해 '모자 일체성'을 경험하는 것인데, '안전하고 보호된 공간'에서 비로소 자기치유력이 발아할 것이기 때문이다.

이 작업은 '무지한 상태'의 내가 나 자신의 본질을 의식하도록 도와주었다. 모래상자에 아무것도 놓지 못하고 망설였던 것은 나의 내면을 드러내기가 두려워 숨기고 싶은 마음을 표현한 것이다. 볼록하게 쌓아 올린 모래 무덤은 내가 가진 '감추고 싶은 것'이었으며, 그것이 드러나 죽고 해체되어 다시 새롭게 살아나야 함을 나타낸다고 느껴졌다.

[그림 3-4]

[그림 3-4]를 보고 니시무라는 소용돌이치는 모습이 아주 고립이 된 것은 아니라고 말했다. 소용돌이가 안쪽으로 향하는 꽃 모양인데, 이것은 여성적인 것을 표현한 것이라고도 말했다. 니시무라는 내가 [그림 3-3]의 모래상자를 만들었을 때 언덕 위에 꽃이 놓였으면 더 좋았을 것이라고 말했는데, 드디어 4회기에 꽃을 표현한 그림을 만들었다. 4회기의 모래상자는 이전 회기의 모래상자를 확충하는 작품이 된 것이다.

나는 4남매의 맏이로 자랐다. 어머니는 가사만 하신 게 아니라 일도 하셨기 때문에 늘 바쁘게 하루를 보내셨다. 지혜롭고 부지런하셔서 바쁜 일정을 잘 처리하셨다. 융(Jung)의 심리유형에 따르면, 나의 어머니는 직관형, 사고형에 해당된다. 어머니는 나의 감정을 세심하게 받아 주기보다는 사실이나 정보에 대한 의견을 주고받는 것을 더 선호하셨다. 그래서일까, 어머니가 나의 머리를 쓰다듬어 주시거나 안아 주신 기억은 딱히 떠오르지 않는다. 어머니에 대한 기억은 항상 일을 처리하는데 분주하셨다는 것이고, 어머니의 바쁜 일정은 첫딸인 나를 낳은 직후에도 계속되었다고 한다. 나는 애착 형성이 매우 중요한 시기에 어머니와 많은 시간을 보내지 못했던 것 같다. 우리 집안의 환경이 그것을 허락하지 않았던 것이다. 이러한 면이 나의 성격을 형성하는 데 영향을 주었을 것이다. 평소 나는 불안이 높고, 긴장도 많이 하는 편이고, 사람들과 친해지는 데도 오래 걸리며, 때로는 사람들과 정서적 거리를 유지하는 것이 더 편하게 느껴질 때가 있다.

a

b

[그림 3-5]

[그림 3-5]의 모래상자에는 오른쪽 아랫부분에 부부를 놓았다. 니시무라는 부부의 위치로서는 흔치 않은 배치라고 했다. 그는 부부만 표현된 일본인들의 모래상자와 비교하여 다르고, 젊은 부부의 모습처럼 보인다고 했다. 그리고 전체적인 인상은 쓸쓸해 보인다고 덧붙였다.

나의 가족의 이야기를 하려고 한다. 남편의 직장 발령으로 우리 가족은 2년 정도 스위스에 살았던 적이 있다. 당시 보았던 눈 덮인 산을 잊을 수가 없다. 특히 설산이 그대로 비치는 호수의 모습은 장관이었다. 호수를 끼고 드라이브하며 느끼는 기분이란 이루 형언할 수 없을 만큼 좋았다. 나는 잠시 그때의 장면을 떠올려 보았다. 그리고 기억을 더듬어 모래상자를 만들었다. 그때의 기억을 떠올려 보는 것만으로도 나는 편안하고 행복했다.

하얀 설산을 표현하기 위해 모래를 쌓아 올리면서 이런 생각을 했다. '잿빛의 모래를 보며 설산이 떠오르다니? 좀 아이러니한데! 잿빛의 차가운 색감이 눈을 떠올리게 했나?' 니시무라가 언급한 '쓸쓸한 분위기'가 어느 부분을 가지고 말한 것인지 궁금했다. 모래의 입자가 매우 곱고 세밀했는데, 마치 금속의 가루 같아서 차가운 분위기라고 말한 것일까? 아니면 나무 한 그루도 없는 산이 황량해 보여서 쓸쓸하다고 한 것일까? 나는 그 당시의 나의 마음을 떠올려 보았다. 그리고 그때 걱정이 눈처럼 나를 뒤덮고 있었음을 알게 되었다. 그런 나의 마음 때문에 니시무라는 쓸쓸하다고 한 것인가?

그 당시 떠올린 눈 덮인 산은 너무나도 눈부시고 아름다웠다. 나는 모래로 만든 산에 어떤 나무 한 그루도 놓지 않았다. 눈썰미 좋은 독자라면 나의 모래상자에서 '산이 높은 것'과 '음영이 나타나 있는 것' 그리고 날카로운 능선을 만들기 위해 공을 많이 들인 것을 알아챌 수 있을 것이다. 능선의 날카로움은 내게 시원함을 선사했다.

그러고 보니 모래놀이 3~5회기 동안, 나는 유난히 모래 자체의 질감을 느끼며 작업했다. 융은 모래를 움직이고 만지는 것은 물질을 새롭게 형성하려는 의도적인 행위이며, 우리의 존재를 확인시켜 주는 행위라고 했다. 특히 치료자를 동반하는 안전한 상황에서 모래를 만지고 움직이는 것은 자기와 다른 사람 간의 관계를 형성하게 한다고 언급했다. 당시 나는 '지금 여기(here and now)'에서 그와 같은 행위를 하고 있었음을, 나는 받아들여지고 있으며 나로서 가치가 있음을 느끼고 또 나타내고 있었다.

나는 손을 사용해 모래를 직접 만지며 느끼게 하는 신체의 촉각 활동을 통해 운동감각적인 치유 경험을 할 수 있었다. 마치 엄마의 피부를 만지듯 모래를 만지면서 따뜻한 온기를 느낄 수 있었고, 그로 인해 나는 일과 동생들로 인해 내 차례가 되지 못했던 엄마를 충분히 느끼고 소유할 수 있었던 것 같다. 도라 칼프(Kalff, 2012)가 강조한 안전하게 보호된 환경에서 자기 치유 능력이 나타난다는 의미를 되새겨 본다.

[그림 3-6]

　[그림 3-6]에서는 한 여인을 모래상자의 가운데 위쪽에 가장 먼저 놓았다. 그녀
는 배에 비스듬히 누워 있다. 그다음에 나무, 불, 파도를 놓았다. 내가 만든 모래상
자를 다시 살펴보니, 내가 놓은 것들은 세상을 이루는 근본 물질들인 물, 공기, 불,
흙이었다. 이들 4원소는 어떤 변환이 이루어질 나의 연금술의 서사를 의미하는 것
같았다.

　영화 〈반지의 제왕〉에 등장하는 마법사 간달프는 왼편에 거센 파도를 향해 우뚝
서 있다. 그는 바다를 향해 우뢰 같은 목소리로 서슬 퍼렇게 호령하는 것 같았다. 빨
간색의 마른 꽃잎들이 모래상자에 에너지를 더한다. 여인은 풍랑이 이는 바다 위의
배에 있지만 마법사 간달프가 있으므로 안심할 수 있으며, 배 안에서 이를 바라보고
있다.

　니시무라는 내가 파도를 향해 무엇인가를 말하고 있는 것 같다고 했다. 혹시 싸우
고 있는 뭔가가 있는지 물었다. 요즘 내가 고민하고 있는 문제가 있는지 질문했고,
나는 어느 한 법인에서의 부탁을 떠올렸다. 당시 나는 발달장애아를 둔 부모들의 모
임에 속해 있었는데, 그 모임이 이번에 법인을 구성하고 나에게 초대 대표 이사를
맡아 달라고 부탁했다. 이것이 큰 부담이 되었던 것일까? 나는 이 내용을 설명했다.
니시무라는 내가 법인의 대표 이사의 가면을 쓰고 당분간은 그 역할을 해 보기를 권

했다. 큰 파도가 오는 것은 큰 바람이 세게 분다는 것인데, 니시무라는 다음과 같이 강조했다. "바람을 맞으며 큰 파도, 작은 파도에 겸허하게 대처하십시오." "바람과 파도의 노랫소리를 들으며 반응하십시오."

니시무라는 앞부분의 모래상자그림을 다시 살펴보자고 내게 요청했다. [그림 3-1]에 등장했던 오아시스를 찾아 여행을 하다가 파도를 만났다. 처음 이집트에서 시작된 여행이 이번 모래상자로 이어진 것이다. 하지만 배 옆에는 파도가 없어 덜 무섭게 느껴지고 배에 탄 사람은 파도의 영향을 받지 않는다고 니시무라는 웃으며 해석해 주었다.

지금까지의 나의 모래상자를 유심히 살펴보며 문득 하나의 생각이 떠올랐다. 첫 모래상자에서 보듯, 나를 찾는 여행을 떠나기는 했으나 나에게는 여행을 지속하고 박차를 가할 힘이 부족한 것이 아닐까 하는 점이다. 왜냐하면 모래상자에 놓인 인물들이 대개 움직이거나 활동하지 않고 가만히 앉아 있거나 누워 있었기 때문이다. 나에게 변화와 변환에 가용할 에너지가 부족하다는 것을 알려 주는 것일까? 현실에 직면하고 모험하기보다는 멀리서 지켜보면서 도움을 바라는 위축되고 의존적인 나의 그림자를 발견할 수 있었다. 아직 세상을 향해 적극적으로 나아가지 않고 지금의 모습에 안주하려는 모습을 보면, 내 안에서 진취적이고 건설적인 남성성을 찾기 어려워 보였다. "나의 남성성은 어디에 있나요?"라고 니시무라에게 물었고, 그는 [그림 3-1]에서의 '선인장 가시', [그림 3-6]에서의 '파도'가 남성성의 상징이라고 해석해 주었다.

모래상자놀이치료의 과정은 나에게 연금술로 작용해 나를 달구고 용해하기 시작할 것이다. 고착되고 경직되어 버린 성격을 변화시키기 위해서는 원질료로 환원하여 용해시키는 작업이 필요하다고 했다(문채련, 이현주, 이영아, 2017). 나는 기꺼이 모래상자 안에서 원질료로 돌아갈 것이다. 그래서 다시 태어날 것이다. 그러기 위해서는 응고의 과정을 거쳐야 한다고 했는데, 나는 사실 이러한 작업에 수반되는 고통을 경험하기 싫다. 두려운 마음이 든다.

[그림 3-7]

[그림 3-7]의 모래상자에 가장 먼저 우물을 놓았다. 우물로 향하는 길이 있으며, 그 방향으로 관목, 돌, 솔방울 등을 배치했다. 우물 주변에 나무가 있고, 그 옆에 사슴들이 놀고 있으며, 한 흑인 여인이 물동이를 들고 물을 길러 우물에 왔다.

니시무라는 나의 모래상자를 보고, 이것은 다시 오아시스로 돌아가서 물을 퍼 올리고 있는 거라고 말했다. 마음의 우물을 퍼내고 있는 것이다. 모래상자를 만드는 작업 자체가 샘을 파는 것과 같다고 해석해 주었다.

우물을 비롯한 몇 가지의 피겨를 놓은 후 선반으로 돌아가 이번에는 무엇을 놓을까 찾고 있었는데, 마침 물동이를 든 흑인 여인을 보게 되었다. 나는 바로 이 여인이 신약성경에 등장하는 사마리아 여인(요한복음 4장) 같다는 생각이 들었고, 자연스럽게 이 여인 피겨로 손이 갔다. 모래상자에 세워 놓고 바라보니 나머지 피겨들과 잘 어울렸다. 곧 예수가 나타나 이 여인에게 물을 달라고 할 것 같았다. 그러면 이 여인은 성경에서의 내용과는 다르게 예수에게 영원히 목마르지 않을 생수, 즉 생명의 물을 달라고 간절히 요청할 것 같았다. 이런 생각을 하는 것만으로도 통쾌한 느낌이 들었다.

성경 속의 사마리아 여인은 처음에는 자신에게 물을 달라고 하는 이가 누구인지 알지 못했지만 곧바로 그가 메시아임을 알아차리게 된다. 나는 "……네가 만일 하나님의 선물과 또 네게 물 좀 달라 하는 이가 누구인 줄 알았더라면 네가 그에게 구하였을 것이요 그가 생수를 네게 주었으리라."(요한복음 4:10)라는 구절이 떠올랐다. 나는 이 시점에서 사람들이 중요한 본질은 알아채지 못하고 중요하지도 않은 것에 집중하며 시간과 에너지를 낭비하는 경우가 많다는 것을 생각하게 되었다. 나는 모래상자놀이치료를 통해서 진정한 생명의 샘을 파는 것과 마음의 우물을 퍼내는 것의 중요성을 다시금 환기할 수 있었다.

[그림 3-8]

[그림 3-8]의 모래상자는 왼쪽부터 만들어 나가기 시작했다. 왼쪽 부분에 여러 개의 집을 놓음으로써 마을 만들기를 시작했고, 곳곳에 나무들을 놓았으며, 수돗가를 놓아 물을 사용할 수 있게 했다. 아이스크림 가게도 놓아 아이들이 먹을 수 있게 했으며, 마지막에 자동차들을 놓음으로써 왼쪽의 마을 만들기는 완성되었다. 오른쪽 부분에는 위쪽에 큰 건물들을 놓았고, 그 앞에 여러 종류의 과일을 두었다. 아래쪽의 언덕에는 꽃들을 소담하게 심었다. 두 마을 사이에는 넓지 않은 강이 유유히 흘렀고, 두 개의 다리가 왕래를 가능하게 했다.

니시무라는 나의 모래상자 왼쪽 아랫부분을 주의 깊게 살핀 후 내가 모래로 사면을 쌓는 데 에너지를 얼마나 많이 들였는지 알아보았다. [그림 3-3]에서 모래를 높이 쌓는 작업과 유사해 보인다고 했다. 이런 노력은 나의 강박적인 성향을 반영하는 표현이라고 했다. 차가 다리를 건너 오른쪽 방향으로 나아가는 것은 이제부터 사회로 나간다는 것을 표현하는 것으로, 우물에서 물을 푼 후에 사회로 나가는 상황이 묘사된 것이라고 했다.

[그림 3-8]의 모래상자의 3분할 구도는 애착과 관련된 것이라고 했다. 아무런 피겨도 놓지 않은 아랫부분은 알 수 없는 세계를 나타낸다. 즉, 숨겨져 있는 세계인 것이다. 이 공간은 본능적인 부분을 상징한다고 말했다. 니시무라는 로렌츠(Lorenz)의 각인 이론, 할로우(Harlow)의 원숭이 실험에서 보듯 동물과 같은 애착이 필요하다고 설명했다.

니시무라의 이러한 설명은 에릭 에크로이드(Ackroyd, 1997)의 주장과 상응한다고 생각된다. 그는 무의식에 대해서, 우리는 꿈을 통해 우리의 정신적 문제의 원인을 알 수 있기에 어떤 병에 걸리더라도 그 원인을 알 수 있기 때문에 치료법 또한 알 수 있다고 말했다. 반면에, 현대 의학은 결과만을 보여 준다. 몸에 이상이 생기더라도 그 원인을 분석하지 않고 결과만 보여 줄 뿐이다. 그것은 사람을 기계적으로 다루는 것이다. 예를 들어, 어떤 사람이 감기에 걸렸다고 하자. 감기에 걸린 이유가 있는데 그것을 알려 주지 않는다.

모래상자놀이치료를 통해서 현재 나의 하는 일, 앞으로 하고 싶은 일들이 시각화될 수 있었다. 피겨를 하나씩 선택해 놓음으로 예상치 못한 모래세상이 만들어졌다. 이러한 일련의 작업들을 직접 목도했다. 모래상자는 나와 주위에서 벌어지는 일들을 보다 쉽게 통찰하고 의미를 발견하게 해 주었다. 모래상자는 나의 내면을 보여 주는 열린 창이었으며, 미처 몰랐던 사실들을 알게 해 준 매개체였다. 나를 둘러싼 환경이 녹록하지는 않지만 용기를 가지고 자유롭게 [그림 3-3]에서 언급된 페르소나를 잘 쓰고 사회로 나가야 함을 보여 준다고 생각되었다.

[그림 3-9]

　단케심리상담실에서 진행된 해석을 마친 후, 니시무라의 제안으로 참여자들은 같은 공간에서 개별로 모래상자를 만들었다. 일본 사람들의 모래상자에는 어떤 피겨들이 놓일까 궁금해서 주위를 둘러보았다. 치료실 가운데에 'ㄷ' 모양의 세미나 책상과 의자가 놓여 있고, 치료실 한쪽 면에는 피겨들이 가득한 큰 선반이 여러 개 있었다. 치료실 두 벽면의 큰 창문으로부터 환한 햇살이 쏟아져 들어왔다. 마치 엄마의 품처럼 따뜻하게 안아 주는 듯한 물리적 환경이 잘 조성되어 있다는 생각이 들었다.

　화병에 꽂혀 있는 싱그러운 꽃이 눈에 띄었는데, 니시무라는 한국에서 오는 우리 일행을 환영하기 위해 자신의 집 정원에서 직접 꺾어 온 작약이라고 설명했다. 니시무라의 이러한 배려를 통해 나는 충분히 존중받고 있으며 사랑받고 있다는 느낌이 들었다. 여기에서 끝이 아니라 그는 우리를 위한 점심밥까지 손수 마련했다. 니시무라는 그 이유를 한국에서 방문한 상담자들이 식당을 찾아가는 수고를 덜어 주기 위한 것이라고 설명했다. 그분의 따뜻한 모성성 발휘에 나의 마음이 녹아내리지 않을 수 없었다. 아울러 내담자를 맞이하는 상담자의 태도에 대해 생각해 볼 수 있는 좋은 기회가 되었다. 그런 그가 작고했다는 소식은 지금도 믿어지지 않는다. 그는 연세에 비해 건강해 보였는데 갑작스럽게 건강이 악화되었다는 것은 뜻밖이었다. 다시 그분의 정성이 깃든 요리를 맛보고 싶다. 그럴 수 없다는 것이 아쉬움을 넘어 구슬픈 심정이다. 그는 진정으로 상담자로서의 모범을 보여 주었다.

창문으로 쏟아져 들어온 햇살은 커튼의 레이스에 반사되어 내부를 더 밝게 만들어 주었다. 커다란 창 아래에 모래상자들이 놓여 있었고, 그중 하나를 선택하여 모래세계를 꾸미기 시작했다. 아기 천사들, 양을 치는 어린 목동, 요셉, 예수를 안고 있는 마리아를 놓았다. 피겨의 재질은 모두 세라믹이라 깨질 수 있어서 살살 다루어야 했다. 피겨의 재질도 치료에 영향을 미치는데, 이번에 이것이 중요하다는 것을 다시금 확인하게 되었다. 모랫바닥의 거친 선으로 이루어진 동그라미는 예수의 머리에 씌워진 가시관의 형상처럼 보였으며 고통 속에 피어난 생명이 느껴졌다. 예수가 지키시므로 견고하고 안전하다고 생각하며 작업을 마무리할 수 있었다.

처음에는 중앙에 요셉 피겨를 놓았는데, 마지막에는 마리아 피겨로 바꾸었다. 니시무라는 중앙에 요셉 대신 마리아를 놓은 것이 더 좋다고 했으며, 나의 아버지는 어떤 분인지를 물었다. 나는 질문을 받자마자 마리아와 아기 예수를 돌보는 요셉과 같은 따뜻한 아버지를 떠올렸다.

모래상자의 가운데에 어머니가 안고 있는 아기가 보인다. 원형으로서의 '아기 예수'는 어떤 새롭고 치유적인 것을 의미한다(Ammann, 2009). 또한 [그림 3-9]의 a와 b는 전체적으로 둥근 원 모양인데, 이는 만다라의 한 형태로서 자아가 제 기능을 발휘하기 시작함을 나타내는 것으로 생각된다.

외부의 어떤 자극이나 요구로부터 자유로울 수 있는 테메노스(temenos) 영역인 모래놀이치료실에서 나는 오래전의 기억을 떠올릴 수 있었다. 이 기억은 초등학교 때의 일이었으며, '내가 세상으로 나가는 것' '책임지는 역할의 자리에 오르는 것'을 두려워하게 된 단초가 된 사건일 것이다. 어머니는 내가 학급에서 반장이 되면 기뻐하시는 모습 외에 걱정하는 마음도 함께 가지고 계셨다. 일을 하시느라 바쁜 어머니는 딸이 임원이 되면 학교에 더욱 관심을 갖고 뒷바라지를 해야 한다는 부담감이 크셨던 것 같다. 어머니는 나를 도와주실 수 있는 상황이 아니었다. 나는 어렸지만 어머니의 이러한 상황을 충분히 알았고 이해했다. 하지만 나는 나를 도와줄 조력자가 없다는 생각에 새로운 것의 시작을 두려워하게 된 것 같다. 그리고 세월이 언제 이렇게 흘렀는지 이제 팔순이 훌쩍 넘으신 부모님은 언제나 나를 위해 기도해 주시고 곁을 든든히 지켜 주신다. 결혼 후에는 남편까지 나의 편이 되어 지지해 주고 도와주고 있다. 하지만 내 마음속의 나의 내면 아이는 아직도 '도와줄 대상이 없던 때의 나'를 기억하고 있나 보다.

나는 결심했다. '그래. 해 보자. 대표 이사를 맡아 보자.' 이 마음을 되뇌며 귀국했다. 자유롭게 표현되지 못했던 갇혀 있던 감정을 풀어 주면 창조적 에너지로 사용된다고 했던가. 새로움을 향한 강력한 심적 에너지를 충전하고 나니 개학을 기다리는 아이처럼, 그때서야 비로소 안심의 미소를 지을 수 있었다.

a　　　　　　　　　　　　b

[그림 3-10]

이듬해에 다시 니시무라를 만날 기회가 있었다. 그는 여전히 건강하고 인자한 모습으로 우리 일행을 맞아 주었다. 나는 그동안 한 달에 한 번 정도 한국모래놀이치료연구회 회원들과 모여서 만들었던 모래상자들을 준비해 갔다([그림 3-10]~[그림

3-18]). 나는 작년에 이어 이번에도 나의 모래상자들 속에서 어떤 '나'를 발견하도록 안내해 주실지 기대되었다. 니시무라는 [그림 3-10]을 보자마자, "논문의 세계를 보여 주네요. 여기에 표현된 만큼 논문이 진행되었다고 보이는데요. 여기에 표현된 이 모래세계처럼 아름다운 논문이 완성되면 좋겠네요."라고 환한 표정을 지으며 긍정적으로 해석해 주었다.

니시무라는 논문을 많이 쓰지 않는다고 했다. 그는 그 이유에 대해서 이렇게 말했다. "내가 원하는 것이 아닌, 다른 사람들에게 맞추는 논문을 쓰고 싶지 않아요. 연구자가 진심으로 쓰고 싶은 논문이 아닌 보여 주기 식의 논문을 쓴다면 쉽게 쓸 수 있을지도 모르지요. 독창성이 발휘된 논문은 학회 등에 통과되기가 쉽지 않아서, 제 주변에는 그런 이유로 어려움을 겪는 상담자도 있어요. 자신에게 맞추지 않고 세상에 맞추며 세상으로부터 인정받는 글을 쓰려는 사람들이 많아지면 진정한 논문은 줄어들 거예요." 그는 이런 점에 대해서 매우 안타까워했다. 나는 학문을 향한 노교수의 진정성을 느낄 수 있었다.

나의 논문은 장애아를 둔 어머니와 비장애 형제가 한 팀이 되어 함께 모래상자를 만들도록 설계되었다. [그림 3-10]에는 그런 내용들이 고스란히 드러나 있다. 평소에 장애를 가진 형제에게 엄마의 사랑과 관심을 빼앗겨 버린 비장애 형제가 이번에는 오로지 엄마를 독차지할 수 있도록 물리적인 시간을 선물해 주고 싶었는데, 그 간절함이 모래상자에 깔려 있었다. 이 실험에 참석하기 위해서는 장애아를 돌보아줄 조력자가 있어야 했다. 좋은 취지이고 함께 참여하고 싶더라도 장애아를 돌보는 일을 누군가 대신해 주어야 가능하다는 한계가 있었다. 그래서 참여자를 모집해 연구하는 데에는 어려움이 많았다.

나의 기도는 끊임없이 이어졌다. 모래상자로 사용할 작은 사각형 모양의 용기를 찾는 동안에도, 작은 상자 피겨 안에 모래를 채우는 동안에도, 모래상자를 사이에 두고 엄마와 아이를 놓는 동안에도 나의 기도는 멈출 수 없었다. 모래상자의 하단에 놓인 두 개의 빈 의자는 아직 만나지 못했지만 곧 연구에 함께할 참여자들을 위한 자리였다.

니시무라는 모래상자 피겨들이 오른쪽을 향하는 것을 미래의 방향으로 가고 있음을 의미한다고 했다. 나는 장애아 가족들의 행복한 장면을 예상하면서 행복한 표정의 피겨들을 놓았다. 논문도 잘 진행될 수 있다는 자신감이 생겼다. 당시 바쁘고 분주한 나의 모습이 의자에 앉지도 서지도 못한 채 어정쩡한 각도로 허리를 구부린 여인 피겨([그림 3-10]의 b)에 잘 반영되어 있었다. 그때 함께 모래상자를 꾸민 한국 모래놀이치료연구회 회원 한 분이 이를 알아채고 피드백을 주었는데, 나의 노력과 피곤함을 알아주는 것 같아 큰 공감과 위로가 되었다.

a

b

[그림 3-11]

[그림 3-11]에서 한 여인이 모래상자의 왼쪽 가장자리에 앉아 있는데, 따뜻한 햇볕이 내리쬐는 벤치에 눕듯이 앉았으며, 손은 깍지를 끼고 있다. 그녀의 발치에 반려견이 있고, 남편이 여인을 바라보며 말을 건네고 있으며, 아들과 딸은 옆에서 즐겁게 춤추고 있다. 호숫가에서 그네와 시소를 타는 아이들, 아이를 목말 태운 아빠, 자전거를 타는 노인들이 각기 즐거운 한때를 보내고 있다.

니시무라는 "세계가 좀 더 넓어졌습니다. 여기에서는 연못 안의 세계가 중요합니다. [그림 3-11]은 여러 각도에서 연구하면서 구조적 관점으로 논문을 보고 있군요."라고 말했다.

[그림 3-10]에서와 같이 피겨를 한 쌍씩 놓았다. 도라 칼프는 숫자 2가 대극뿐만 아니라 대극을 결합하는 경향을 상징한다고 했다. 이것은 마치 이분법적으로 연못 내의 세계와 연못 밖의 세계로만 볼 것이 아니라, 논문 그리고 다른 것들을 함께 살피는 통합적인 삶을 살아야 한다고 나에게 경고하는 것 같았다. 논문을 쓰는 동안 다른 영역에서의 행복과 만족을 유보하거나 무시하지 않도록 각별히 노력해야 함을 알게 되었다.

a

b

[그림 3-12]

　[그림 3-12]에서는 가장 먼저 모래상자의 왼쪽 위에 포인세티아로 장식된 화분을 놓았고, 그 옆으로 빨간 집과 케이크 그리고 산타를 줄줄이 배치했다. 크리스마스 공연이 펼쳐지고 있는 장면이다. 오른쪽에는 공연하는 모습의 캐릭터들을 놓았고, 맞은편에는 이를 바라보는 관객들을 앉혔다. 이어 촛불을 켜고 모래상자를 마무리했다.

　니시무라는 이 장면을 [그림 3-11]의 연못 안의 세계가 변형된 것으로 보았으며, 논문에 대해 서로 이야기하고 있는 것 같다고 말했다. "피겨들 사이에 간격이 좀 있네요. 이 사람(여인)이 이쪽(무대)으로 들어오는 게 더 좋겠습니다. 공연하는 쪽으로 말입니다. 연구 결과에 대해서 어떻게 할 것인가 대화를 하는 장면 같습니다."

　왼쪽에 사람들과 함께 앉아 공연을 보고 있는 여인은 나이다. 니시무라는 여인이 오른쪽으로 와야 한다고 했는데, 나는 그 의견에 대해서 연구자인 내가 좀 더 주체적으로 연구에 참여해야 한다는 의미로 받아들였다. 선행연구나 지도교수님의 의견을 존중해야겠지만 지나치게 따라가지 않도록 조심해야 한다는 생각을 하게 되었다.

　모래상자에 등장하는 피겨가 어떤 의미를 지니고 있는지 그 상징에 대해 살펴보는 것은 중요하다. 모래상자를 더 잘 이해할 수 있도록 돕는 확충 작업이기 때문이다. [그림 3-12]에 놓인 캐릭터를 보면, 먼저 〈라이온 킹〉의 주인공인 어린 사자 심바와 그 친구인 코뿔새 '자주'가 보인다. 심바는 삼촌(스카)의 음모로 아버지(무파사)를 잃게 된다. 아버지의 죽음에 대한 죄책감으로 힘들어하는 어린 심바는 쉽지 않았지만 과거를 마주할 용기를 내어 자신의 진정한 모습을 찾아 위대하고 험난한 도전을 시작한다.

큰 개가 등장하는 〈스쿠비 두〉에서는 주인공과 일행들이 미스터리 머신을 타고 어딘가로 향한다. 하지만 항상 문제가 발생해 낯선 장소에 멈추거나 당황스러운 상황을 마주하게 된다. 예를 들어, 기름이 떨어지고, 엔진이 고장 나기도 하며, 타이어가 펑크 나는 등의 곤란을 겪는다. 특히 미리 준비하지 않아 생기는 문제들이 빈번했다. 당시 나와 아이들은 텔레비전을 시청하며 이런 내용 때문에 안타까워하면서도 더불어 야유를 보냈던 기억이 있다.

아래쪽에 놓인 〈겨울왕국〉의 마스코트인 눈사람 올라프는 무거운 장면에 재미와 유머를 선사하는 역할을 톡톡히 해내는 캐릭터이다.

논문을 쓰는 작업은 개인적으로는 나의 자아를 찾고 만나는 도전적 과업이었다. 어린 심바가 주위의 도움을 받아 진정한 자신을 만나고 주어진 과업을 달성하는 것만큼, 나 자신에게는 논문 작업이 그렇게 중요한 일이었다. 논문을 쓰는 과정 가운데 어떤 어려움을 만나거나 예상치 못한 상황에 직면해 탈진을 할 수도 있다. 아니, 그럴 수 있는 것이 아니라 당연히 그럴 것이다. 하지만 포기하지 말고 헤쳐 나가야 한다. [그림 3-12]는 힘들겠지만 재미와 유머를 잃지 않으며 즐겁게 생활해야 한다는 것을 내게 친절하고 분명하게 알려 주었다.

[그림 3-13]

[그림 3–13]에서는 모래상자의 가운데에 봉긋하게 무덤을 만들고 꽃과 풀로 그 위를 장식했다. 그리고 가장자리에 둥근 형태로 흰 돌을 놓았다. 이 모양을 보고 니시무라는 다음과 같이 말했다.

"이 모래상자는 또 다른 형태의 변형이라고 할 수 있습니다. 이것은 무덤이지요? 무덤에 묘비가 놓여 있는 것은 무슨 의미일까요? 논문 연구가 잠깐 멈춰 있나요?"

나는 니시무라의 질문에 "연구 집단이 과연 순조롭게 잘 모집될지 걱정이 많습니다."라고 답변했다. 이어서 니시무라는 "사실 이 모래상자는 죽음을 상징합니다."라고 의미심장한 말을 던져 주었다.

그제야 생각이 떠올랐다. "아, 그날 저는 장례식에 다녀왔습니다." 가까운 시댁 어른이 돌아가셔서 이른 아침에 문상을 하고 바로 연구회 모임에 참여했던 날이었다. 장례식을 다녀온 것과 무덤을 만든 것은 과연 우연일까?

[그림 3–14]

니시무라는 [그림 3–14]의 내가 만든 배를 보고 "노아의 방주? 보물섬? 노아의 방주이기는 한데, 여기 강이 있잖아요? 배가 저쪽(오른쪽 위 방향)으로 가는데 쉽지는 않아 보입니다. 노아의 방주가 아닌데요. 개인 분석의 차원에서 보면 파여 있는 큰 홈을 건너는 게 어려워 보입니다. 가는 길이 쉽지 않겠어요. 배에 탄 것들이 너무 많아요. 논문의 문헌 탐색은 많은 게 좋겠지만 논문의 초점은 간단하게 하나로 정해서 가는 것이 좋겠어요."라고 설명했다.

이 모래상자를 만들었던 그날도 논문의 길이 녹록지 않겠다는 피드백을 받았다. 배가 너무 무거워 출항을 하는 것이 힘들다고 한 평가가 내 논문의 상태를 보여 주는 것처럼 들렸다. 당시 하나의 논문에 이러저러한 연구를 해 보려고 욕심을 내고 있었던 터라, 니시무라의 이런 지적이 나의 생각을 다시 일깨웠다. 논문의 중요한 핵심만 남기고 모두 덜어 내는 작업을 하자. 이것은 인생도 마찬가지 아닌가!

[그림 3-15]

[그림 3-15]의 모래상자를 보자마자 니시무라는 "머리를 묶은 여자로군요. 머리 스타일이 특징적이네요. 비치 체어에 앉아 있는 여자는 스커트가 없네요. 그리고

남자가 지나가도 관심이 없어요."라고 말했다.

모래성을 쌓으며 노는 딸과 이를 지켜보면서 일광욕을 하는 엄마가 나 자신이라고 생각하며 피겨를 놓았다. 당시에는 미처 인식하지 못했지만, [그림 3-10]에서 연구 집단을 진행하는 스커트를 입은 여자 피겨와 동일한 피겨라고 참석한 집단 구성원 중 한 사람이 말해 주었다.

나는 바로 [그림 3-10]을 확인해 보았다. 정말 똑같은 피겨였다. 모두가 이를 발견하고 크게 웃었다. 입고 벗길 수 있는 옷이라 누군가가 이 피겨를 사용한 후 스커트를 다시 입혀 놓지 않은 채 놓아둔 것이다. 나는 그것을 알아채지 못하고 수영복을 입고 있는 피겨라고 생각하고 선택한 것이다. 의도하지 않게 이런 상황이 생겨 당황스러웠지만 흥미로웠다.

니시무라는 이런 점에 대해서 '변형된 것'이라고 말했다. 아울러 [그림 3-15]에 등장하는 피겨의 헤어스타일이 강조된 점이 특징적이라고 했다. 그러고는 갑자기 자리에서 일어나 책을 한 권 갖고 왔다. 탁자 위에 있던 잡지라는 것을 쉽게 알 수 있었다. 연구실 복도를 걸어오면서 잡지를 전시해 둔 것이 멋스럽고 인상적이라는 느낌을 받아 기억하고 있었는데, 그 잡지가 나의 모래상자와 이렇게 연결되다니 신기했다. 잡지를 들고 나타난 니시무라는 평소에 사진을 좋아한다고 말했다. 그는 잡지에서 고양이 사진이 나온 페이지를 찾아 펼쳤다. 그는 고양이에 대해서 지대한 관심을 갖고 있었다. 학자답게 본인이 키우는 고양이에 대해 깊이 공부한 것은 물론이고, 고양이와 인간의 관계에 대한 신문과 잡지 기사 등도 빼놓지 않고 주의 깊게 살펴보는 것 같았다. 그는 다음 회기에서도 고양이를 또 언급했다. 고양이에 대한 그의 관심과 애정을 확인할 수 있었다.

펼친 페이지에 여러 명의 군인과 수영복을 입은 여인이 보였다. 여인 옆으로 고양이가 누워 있는 해변의 모습이 인상적이었다. 니시무라는 고양이가 군인들은 아랑곳하지 않은 채 수영복을 입은 여자에게만 유독 신경을 쓰고 있는 것에 주목하라고 했다. 이 장면과 머리 스타일을 강조했으며, 스커트를 잊어버린 여인을 관련지어 설명했다. 니시무라의 구체적인 설명을 들으며 당시 스커트가 없는데도 모르고 살았던 내 모습이 떠올라 부끄러웠다. 니시무라는 "논문은 머리의 지식으로 쓰잖아요. 박사논문을 쓸 때에는 머리만 사용하지요. 머리 외의 다른 부분은 신경 쓰지 않아요. 꿈속에서는 자주 등장하는 테마입니다."라고 말했다.

행복하고 만족스러운 삶을 위해서는 통합되고 균형 잡힌 삶을 추구해야 한다. 의식과 무의식, 식물적인 삶과 동물적인 삶, 정신적인 가치와 육체적이고 물질적인 욕구, 무엇보다 사회적인 나의 모습을 드러내는 논문 연구와 개인적인 삶이 조화되고 통합되어야 함을 새롭게 인식하는 기회가 되었다.

니시무라는 나의 다음 모래상자가 무엇을 보여 줄지 기대된다고 했다. 이쯤 되니 나는 기대보다는 걱정이 앞섰다. 왜냐하면 또 다른 나의 민낯을 드러내는 것 같았기 때문이다.

a

b

c

[그림 3-16]

[그림 3-16]의 모래상자를 본 니시무라는 "다리가 생겼으며, 위와 아래의 세계로 분리된 모래상자입니다."라고 하며, 나의 그림이 굉장히 변화해졌다고 했다. 니시무라는 이곳이 어디인지 물었고, 나는 관광지라고 대답했다.

그의 질문은 이어졌다. "선생님은 어디에 있나요? 그리고 위, 아래의 그림에 다른 점이 있나요?"

나는 "그림의 하단에 반원형으로 서 있는 구경꾼들 틈에서 공연을 보고 있는 파란 원피스를 입은 여자가 저입니다. 여행을 왔어요. 그리고 위쪽에서 혼자 걷고 있는 빨간 머리의 여자, 조깅하고 있는 모습의 현지인처럼 보이는 여자 피겨가 저이기도 합니다."라고 답변했다.

니시무라는 "두 여자 캐릭터가 완전히 다릅니다. 아래쪽의 여자는 우울해하고 있다면, 반대로 위쪽의 여자는 활달한 느낌입니다. 완전히 대조적인 자기의 모습입니다. 이 그림은 [그림 3-15]와 관련된 상자이고, 논문과는 관련이 없네요."라고 말했다.

니시무라는 [그림 3-16]은 집이나 개인적인 것에 대한 것으로 볼 수 있는 모래상자라고 단언했다. 그림의 하단에 집이 있기는 하나, 개인적인 집인지는 분명하지 않다고 했다. 모래상자의 위와 아래의 공간은 각각 의식과 무의식을 의미한다. 따라서 의식 속 나의 모습은 활발하고 에너지가 넘치는 반면, 무의식 속의 나는 우울한 경향이 있음이 표현되어 있었다.

[그림 3-16]은 스위스에 살았을 때의 일상적인 오후의 한 장면을 떠올려 만든 것이다. 아이들을 등교시킨 후 베른의 중심부를 유유히 흐르는 아레강을 따라 걷노라면, 잘 차려입은 관광객들 사이로 민소매 티셔츠에 반바지 차림으로 가볍게 산책하거나 조깅하는 현지 사람들과 자주 마주쳤었다. 나는 관광객들보다 그들에게 더 시선이 갔다. 그들은 자유롭고 여유로운 모습이었다. 아름다운 곳에 살고 있었고, 다른 도시로 급히 이동하기 위해 시간에 쫓기지 않아도 되었으며, 온전히 주어진 매 순간을 즐길 수 있는 편안함을 부러워했던 것 같다. 그래서 두 명의 여인이 등장한 것 같다. 하나의 모래상자에서 '활발한 나'와 '우울한 나'가 조우했다는 사실이 감탄스러웠다.

아무리 논문을 쓰고 대외적으로 활발하게 생활하는 듯 보여도 나의 무의식 한편에는 부족한 아들과 미래에 대한 걱정이 한가득 깔려 있음을 확인할 수 있었다. 강력한 페르소나를 썼지만, 그 속의 진정한 나는 우울한 사람인 것 같다. 나의 우울한 참모습이 어떻게 모래놀이치료실에서 어렵지 않게 얼굴을 들 수 있었을까? 그것은 모래놀이실은 약하면서 부족하기도 하고 때로는 소진된 나의 모습이 튀어나와도 안아 줄 만큼 자유롭고 보호받을 수 있는 공간이었기 때문이다. 그래서 나의 무의식이 안심하고 나의 참모습을 고스란히 드러내 줄 수 있었다고 생각된다. 모래상자에서 자기와의 대면은 낡은 패턴을 갈아엎고, 정신을 발달시키며, 개성화를 향한 움직임을 생성하는 변형의 과정(Ammann, 2009)임을 신뢰하게 해 준다. 앞으로도 고통스러웠던 나의 경험들과 감정들이 표출되어 나 스스로가 알게 되고, 또한 그것이 변형되어 이전보다 건강한 자기(self)로 거듭날 수 있게 되기를 소원한다.

a

b

c

[그림 3-17]

니시무라는 [그림 3-17]을 보더니 나에게 물었다. "강이 아름답게 표현되어 있네요. 당신은 어디에 있나요?" 나는 고양이와 함께 배에 타고 있다고 답했다. 사실 이때 잠시 고민했다. 왜냐하면 왼쪽에 있는 어른 피겨 두 개와 아이 피겨 두 개를 우리 가족이라고 생각하며 놓았기 때문이었다.

니시무라는 고양이와 관련해 설명하기 시작했다. "요즘 일본은 고양이 붐이에요. 고양이를 다루는 프로그램도 있어요. 전 세계를 돌아다니면서 고양이 사진을 찍는 사람들도 있답니다. 한 달에 한 번 정도 이 사람이 찍은 사진으로 프로그램의 내용이 바뀌는데 시청률이 높아요."

우리 중 누군가가 일본 사람들은 왜 고양이를 좋아하는지에 대해 질문했다. 니시무라는 "일본 사람들은 고양이를 머리에도 앉히는데, 고양이가 위협감을 주지 않아서 좋아하는 것 같아요. (잡지의 사진을 가리키며) 이 사람이 찍은 사진 중에는 고양이가 사람을 무섭게 하는 사진은 하나도 없어요. 고양이가 사진사의 어깨에도 올라갑니다. 친근한 고양이의 모습 때문인지 이 사람의 프로그램은 인기가 높습니다."라고 말했다.

이 당시 니시무라의 설명은 다른 때와는 다른 어조였다. 자신의 관심 분야라 그러했을까, 다른 때보다 훨씬 신나고 고양된 에너지가 느껴졌다.

그는 잡지를 펼쳐 설명을 이어 갔다. "여기 간판 위에 올라가 있는 고양이가 보이죠? 사람이 고양이를 보면 놀라듯이, 고양이도 사람을 보면 놀랍니다. 뉴욕 번화가에 사는 들고양이인데 사람들 사이를 아무렇지도 않게 다닙니다. 사람과 동물이 공존하는 편안함이 느껴지죠? 일본 사람들이 이것을 원하는 것 같아요. 고양이가 사람을 무서워하지 않고 살 수 있는 세상은 사람들도 편안하게 살 수 있는 세상입니다. 그런 면에서 일본은 고양이와의 공존이 편하지 않은, 서로 편안하지 않은 곳인 것 같습니다." 니시무라는 그런 상태를 아쉬워했다.

니시무라는 "저 보트에 타고 있는 여자와 고양이는 함께 살면 좋습니다."라고 말하며 이 내용을 강조했고, 내가 진심으로 마음 편하게 있을 수 있는 진짜 집은 어디에 있는가를 중요하게 생각해 보아야 할 포인트로 짚어 주었다.

나는 한국으로 돌아와 니시무라가 말한 '여자와 고양이는 함께 살면 좋다'에 대해서 그 의미를 되뇌어 보았다. 그리고 고양이와 관련된 책들을 찾아 읽기 시작했다. 마리 루이제 폰 프란츠(Marie-Louise von Franz)의 여성적인 것의 구원에 관한 이야기가 수록된 『융 심리학과 고양이』(2013)에서 약간의 해답을 찾은 듯하다. 그녀는 자신의 책에 아내를 잃은 후 오랫동안 실의에 빠져 지낸 황제의 이야기를 다루었다. 황제는 세 아들에게 가장 좋은 아마사(亞麻絲)를 구해 오는 사람이 후계자가 될 것이라고 약속한다. 후에 형들을 제치고 셋째 아들이 왕위를 계승하게 된 이 이야기에는 그의 아내가 된 고양이의 이니셔티브가 있었다. 즉, 고양이가 영웅을 영웅이 되도록 도운 이야기였다.

고양이는 전체 이야기를 주도했으며, 여성적인 원리가 치유를 가져옴을 보여 주었다. 저자의 이러한 결말은 당시 가부장적인 의식 상황에 대한 보상이라고 했지만, 결국 여성적인 원리가 적극적으로 작용할 때 치유에 이를 수 있다는 것을 알려 준다. 그러므로 나 자신을 구원으로 이끄는 여성적인 측면을 소중히 여겨야 하리라. 덧붙여, 여성적인 본성을 잃어버리고 남성적인 가치를 추구하면 실존의 공허(existential vacuum)에 시달리게 된다는 역자(심상영 역, 2012)의 경고를 잊지 않아야 한다.

이전 모래상자들을 살펴보니, 나를 상징하는 여자 피겨들이 모두 앉아 있음을 발견할 수 있었다. 의자에 엉거주춤 걸터앉아 있거나 팔베개를 하고 눕다시피 앉아 있다. 낮은 에너지 수준이나 우울 모드를 보여 주는 것은 아닌가 하는 의구심이 들었다. 한 가지 다행이라 자위하게 된 사실은, 바로 이전의 [그림 3-16]에서 여자 피겨가 자리에서 일어나 조깅으로 서서히 워밍업을 시작하더니, [그림 3-17]에서는 드디어 노를 저어 나아가려는 노력을 보이는 것이다. 나는 모래상자 속의 나에게 좀 더 힘을 내라고 박수를 보내고 있는 나를 발견한다.

니시무라가 설명하기를, 보트를 타고 나아가는 행위는 한 영역에서 다른 영역으로 넘어가는 여정의 상징이라고 했다. 내면에서 충돌이 일어나고, 그림자(shadow)와 만나고, 자아(ego)와 자기(Self)가 대치하는 등 앞으로 나를 찾아가는 여정이 본격적으로 급물살을 타게 되겠구나 생각하니 또 다른 뜨거운 감정이 올라왔다. 그래도 이제는 혼자가 아니다. 나와 함께하는 고양이가 있기 때문이다.

a   b

[그림 3-18]

[그림 3-18]에서는 풀숲에 동물들이 있으며, 나무 위에 새가 보인다. 바닥에는 돌과 보석들이 있는데, 노란색과 보라색이 반짝인다. 작은 못처럼 생긴 곳 안에 꽃이 놓여 있다. 니시무라는 부엉이, 다람쥐가 하나씩 놓여 있는 숲을 보면서 잠시 결혼하지 않은 분의 모래상자인가 하는 생각이 들었다고 했다. 의자는 한 사람을 위한 것이 아닌 두 사람이 함께 앉을 수 있는 의자가 놓여 있다고 언급했다. 니시무라는 "이 의자에 누가 앉을까요? 그리고 누가 이렇게 아름다운 모래상자를 만들 수 있을까요? 일본 여자들 중에서 이렇게 아름다운 모래상자를 만들 수 있는 사람이 과연 있을까요?"라고 덧붙였다.

니시무라는 계속 설명을 이어 갔다. "내가 아름답다는 단어를 사용한 것은 현실세계의 아름다움을 표현하고자 한 것이 아닙니다. 좋고 나쁘다는 의미를 전달하기 위해서 사용한 것도 아닙니다. 현실과는 다른 세계라는 것을 말하고 싶어서 사용한 것입니다. 당신이 만든 아름다운 모래상자는 이상적인 세계이며 당신이 거기 머물고 있는 것을 의미합니다. 상상의 세계처럼 깨끗한 곳입니다. 하지만 실제로는 존재할 수 없는 곳입니다. 현실에서 벌어지는 일들이 전혀 없는 세계입니다. 확실하지는 않지만 뭔가 초연한 느낌이 듭니다. 어떻게 해야 이런 세계로 갈 수 있을까요? 저도 이런 시리즈는 처음 보았습니다."

이어서 니시무라는 인간관계라고 하는 것이 사실 찐득찐득함이 필요한데, 이 모래상자에서는 그런 면을 찾기 어렵다고 했다. 모래상자의 왼쪽은 동물의 세계인데 다람쥐, 부엉이가 있더라도 가려져 있고, 오른쪽에는 물고기들이 있어야 하는데 그런 점도 다르다. 말하자면 관계를 의미하는 진흙 같은 찐득찐득한 것이 없다. 그래서 초연한 느낌이 든다고도 했다. 감정적인 세계가 아니라 고고한 세계, 지적인 세계이며 논문의 세계라고 했다.

니시무라는 "임상적인 가설인데!"라며 포문을 열었다. 공교육이 시작된 지 150년 정도 되었다. 어머니가 교육을 많이 받으면 지적 수준이 높아져 동물적인 모성은 줄어들고, 인간관계도 점점 없어져 지적인 면을 강조하는 양육을 하게 된다. 그리하여 그 자녀들은 머리만 좋은 아이가 된다. 반대로 이런 어머니가 동물적인 것을 생각하고 시도하려고 하면 오히려 아이를 학대하게 된다고 한탄했다.

니시무라는 실제 임상 현장에서 만난 자녀를 학대하는 지적인 어머니의 사례를 소개해 주었다. '미운 부모에게 편지 쓰기'라는 행사가 있었다. 할머니와 함께 온 아이였는데, 이날 어머니에게 편지를 쓰게 되었다. 어느 날 자녀가 쓴 편지를 어머니 앞에서 읽게 했는데, 그때 어머니가 그 내용을 인정하지 않았다고 한다. 어머니는 아이가 자신의 행동을 알지 못하는 것만 생각하며 아이의 편지 내용을 들었다고 했다. 그래서 니시무라는 아이의 어머니가 '자신이 자녀에게 어떻게 행동했는지 정말로 모르는 것인가?'라는 생각을 하면서 지켜보았다고 한다. 어머니는 결국 얼굴의 방향을 돌려 듣기 싫다는 표정을 지었고, 그때 아이의 어머니의 얼굴은 마치 뱀 껍질 같았다고 한다. 다행인 것은 두 번째 방문에서 그 어머니가 자신의 잘못된 행동을 인정했다고 했다.

직관이 강한 니시무라는 아이의 모습이나 어머니의 행동에 따라 그 어머니의 얼굴에서 느껴지는 것이 다르다고 했다. 조현병을 가진 자녀를 둔 어머니의 얼굴에서는 윤기를 찾아볼 수 없고, 학대하는 어머니의 얼굴 피부에서는 뱀 껍질 같은 느낌을 받는다고 했다. 그렇다면 니시무라는 나의 마지막 모래상자를 보고 어떤 평가를 했을까? 나의 모래상자를 보고 나도 이상한 얼굴빛이 있다고 하는 것은 아닐까 불안한 마음이 들었다. 혹시 나도 자녀를 학대하는 어머니라고 하는 건 아닐까 마음을 졸이며 그의 말을 기다릴 수밖에 없었다. 니시무라는 "이 모래상자는 투명합니다, 그늘이 없고, 밝습니다"라고 해석해 주었으며 긍정적 느낌이 든다고 해서 얼마나 큰 위로가 되었는지 모른다. 그리고 내가 상담심리학을 공부했다는 점에 대해서도 안도감이 들었다. 만약 그렇지 않았더라면 자녀를 학대하고도 이를 인지하지 못하는 뱀 같은 어머니일 수도 있기 때문이다. 그래도 나는 뱀 껍질처럼 교활하고 이기적인 나의 그림자에 대해서도 생각하지 않을 수 없었다.

니시무라는 모래상자에서 피겨의 위치나 놓인 방향이 왼쪽에서 오른쪽 위를 향하고 있는 것이 외부 세계로의 발전을 나타낸다고 말했다. 반대로 오른쪽에서 왼쪽 위를 향하는 것은 정신적인 내면 세계로의 여행을 의미한다고 설명했다. 앞으로 내적 성숙으로 나아가는 방향에 나를 맡겨 보고 싶다.

[그림 3-7]의 일부

[그림 3-17]의 일부

[그림 3-18]의 일부

그리고 보니 앞선 회기의 몇몇 그림이 계속 왼쪽 위를 향하고 있었음을 발견하게 되었다([그림 3-7] [그림 3-17] [그림 3-18]). 나이가 든다는 것은 포기와 절제의 미학을 산다는 게 아닐까. 분명 나에게도 빈 부분이 있을 것이다. 나의 중년의 삶에서 그 비워진 여백이 불안하게 경험되지 않기를 바란다. 그러기 위해서 나는 내 안의 콤플렉스, 그림자를 있는 그대로 바라보고 끌어안아야 한다. 물론 쉽지 않은 작업이라는 것을 안다.

[그림 3-19]

[그림 3-19]는 나고야에서 해석을 마치고 난 후에 만든 모래상자이다. 모래놀이 치료 대가의 손때 묻은 모래상자였으며, 선반과 피겨들을 직접 보고 만질 수 있다는 점도 둘도 없을 행운이었다. 나의 눈을 사로잡는 피겨를 찾기 위해 선반 앞을 한참 동안 왔다 갔다 했다. 그러다 선반의 한구석에 놓인 작은 피겨에 끌리듯 손이 갔는데, 아이를 안고 있는 여인 피겨였다. 이 피겨를 가지고 와 모래상자에 놓았다. 이 여인 피겨 하나만으로도 모래상자가 가득 찬 느낌이었다. 다시 선반으로 돌아가 아이를 안고 있는 남자 피겨를 선택해 여인 피겨 옆에 놓았다. 그리고 이들을 축복해 주는 세 명의 천사 피겨를 그 앞에 세웠다.

모래상자 앞에 앉아서 가만히 들여다보니 세례식이 떠올랐다. 남편과 내가 아들과 딸을 품에 안고 있었던 때가 기억났다. 유아세례식의 장면이었다. 아쉽게도 이 모래상자에 대한 니시무라의 해석을 들을 수 없었다. 유아세례는 상징적으로 죽음과 부활 그리고 재생을 의미한다. 삶의 한 단계를 끝내고 다른 단계의 시작을 나타낼 것이다. 또한 보다 나은 것을 잡기 위해 이전의 것을 놓아주는 것을 상징하기도 한다(Ackroyd, 1997). 실제 유아세례에서는 물로 세례를 베푸는 의식을 행한다. 물은 위대한 정화제이다.

a   b   c

[그림 3-20]

잠시 무릎에 아이를 앉고 있는 여인 피겨([그림 3-20]의 b)에 대한 이야기를 해 보려고 한다. 이 피겨로부터 피에타상([그림 3-20]의 a)이 떠오른 건 무슨 이유일까? 내가 피에타상을 처음 본 것은 로마 바티칸에 갔을 때였다. 피에타상을 처음 보았을 때, 나는 천재 조각가 미켈란젤로(Michelangelo)가 내 앞에서 대리석을 조각하는 것처럼 느껴졌다. 심지어 그의 뾰족한 조각도가 내 심장을 꿰뚫고 들어오는 것처럼 느껴졌다. 나는 가슴이 미어지고 너무 아팠다. 동일한 감정은 다른 공간에서도 이어졌다. 자주 들렀던 베른 대성당에도 피에타상([그림 3-20]의 c)이 있었는데, 그때에도 가슴이 뚫어지는 것 같았다. 나의 중뇌가 이전의 아픈 기억을 '이때다' 하고 다시 배출하고 있었다.

나의 마음이 왜 아팠을까? 나는 발달이 지연되고 있는 나의 아들을 무릎에 안고 어쩔 줄 몰라 하는 내 모습이 죽은 아들인 예수로 인해 망연자실해 있는 마리아와 감히 닮았다는 생각을 했던 것이다. 그 앞에서 나는 매번 뜨거운 눈물을 흘렸다. 간절하고 마르지 않는 눈물. 눈물은 나의 기도였다. 그리고 피에타상을 통해 죽음과 연결된 새로운 탄생의 의미에 대해서도 조금이나마 이해할 수 있었다.

모래상자놀이치료는 나의 과거와 현재가 하나의 축으로 연결되는 신비한 경험을 허락한다. 그럴수록 나의 미래는 좀 더 나답게, 자유롭게 살고 싶은 욕구로 가득 차오른다.

모래상자놀이치료는 자기(Self)가 현현되게 하는 변환의 과정을 겪으면서 새로운 시각으로 세계를 보게 하는 기회가 된다고 알려져 있다. 내게는 모래상자놀이치료

여정 자체가 새로운 세계관이었다. 그때까지 나는 '이것 아니면 저것'을 향하는 단순한 이분법적인 삶을 살고 있었던 것 같다. 그러나 모래상자놀이치료와 해석은 이러한 삶의 태도와 방식을 점검하게 해 주었다. 아직도 '이것과 더불어 저것'을 사는 것이 내게는 요원하다. 그러나 보다 유연하고 창의적인 세계관이 있음을 어렴풋이나마 알게 된 것만 해도 근사한 일이다!

영화 〈먹고 기도하고 사랑하라(Eat Pray Love)〉가 떠오른다. 진실한 사랑과 삶의 목표를 찾기 위해 맨해튼에서의 안정된 생활을 뒤로하고 미지의 나라로 훌쩍 떠난 여주인공처럼 진정한 나(Self)를 찾아 나갈 기회가 내 앞에 열려 있다. 방종하지 않고 품위 있게 그 길을 가 보고 싶다. 그러는 과정에서 니시무라를 꿈에서라도 다시 만날 수 있다면 못다 한 존경과 사랑의 마음을 꼭 전하고 싶다. 당신의 조언대로 '스커트'를 잘 챙기고, '고양이'처럼 지혜롭게 살아가려고 노력하고 있다고 말이다. 그리고 당신은 '충분히 좋은 스승(good enough teacher)'이었다고 큰 소리로 외쳐 드리고 싶다.

04

나를 찾아가는 여행

　나는 현재 두 돌이 지난 아이를 키우고 있는 30대 중반의 여성이다. 나는 대학에서 심리학을, 대학원에서 아동심리치료학을 전공했다. 이 모래상자들을 만들었을 때의 나이는 31세였고, 그 당시 아이들을 대상으로 놀이치료를 하고 있었다. 총 아홉 개의 모래상자가 모두 만들어졌을 때쯤 일본 나고야에 있는 단케심리상담실에 직접 방문해 니시무라의 해석을 받게 되었다. 니시무라의 해석은 나 자신을 찾아가는 여행의 길잡이가 되었다.

　나는 서울에서 태어났으며, 초등학교 때 경기도의 한 도시로 이사를 해 그곳에서 결혼 전까지 20여 년을 살았다. 나는 대학에 가기 전까지 중·고등학교 시절 소위 모범생으로 지냈다. 선생님들에게 인정받는 우등생으로, 친구들의 부탁을 거절하지 못하는 착한 친구로 지냈다. 모범적인 학교생활을 하면서 좋은 성적을 유지하는 것만이 그 시절 나의 전부였다. 원하는 모든 것은 대학 이후로 미뤄 두었고, 여러 가지 감정이 떠오르더라도 마음속 깊숙이 꾹꾹 눌러 자제했다. 나중에 그것이 억압이라는 방어 기제였고 나를 지켰던 하나의 방법이라는 것을 알게 되었다. 그리고 좋은 성적을 유지하고 착한 친구가 되고 싶었던 것은 나의 두려움에서 기인했던 것임을 알게 되었다.

　나의 마음에 대한 해석은 대학교 1학년 때 교양으로 심리학 입문 수업을 들으면서 처음 시작되었다. 나는 교사가 되고 싶었는데, 심리학 수업을 듣는 것이 나의 꿈을 이루는 데 도움이 될 것이라고 생각했다. 심리학 수업은 내가 예상한 것보다 훨씬 재미있었다. 나에 대해 알아 가는 것이 이렇게 흥미로운 것인지 이전에는 몰랐다. 내가 다닌 대학교는 복수전공을 선택할 수 있었는데, 심리학을 복수전공으로 택하면서 나의 진로도 바뀌게 되었다. 여러 가지 고민을 하다가 내가 가장 관심 있는 분야를 찾았고, 대학 졸업과 동시에 아동심리치료를 전공하는 대학원에 진학했다.

앞으로 만나게 될 모래상자들은 석사 졸업을 하고 약 2개월 뒤부터 만들기 시작한 것으로, 6개월간의 여정이 담긴 작품들이다. 이 시점에 여러 가지 일이 있었다. 나는 석사학위논문을 계획보다 빨리, 짧은 시간 안에 쓰게 되면서 스트레스를 많이 받았다. 주어진 시간은 적고 해야 할 일이 많은 상태는 나에게 큰 심리적 압박이 되었다. 다음 학기로 졸업을 미룰 수도 있었지만, 그때 논문을 쓰지 않으면 앞으로도 못 쓸 것 같았다. 임신과 출산 등 앞으로의 계획들을 생각해 볼 때 그때가 적절한 타이밍이라는 생각이 들었다.

당시 일을 병행하고 있었기 때문에 일을 하는 시간 외에는 학교에 가서 교수님과 면담을 하거나 도서관에서 논문을 쓰는 일에만 집중했다. 집에 와서도 밤을 새워 논문을 썼는데, 평소 밤을 잘 새우지 못하는 나로서는 육체적으로나 정신적으로나 매우 힘들었다. 졸업 논문을 제출하고는 긴장이 풀리고 피로가 한꺼번에 몰려와 몸의 균형이 무너졌다. 위염과 편도선염이 함께 찾아와 내가 직접 계획했던 가족 여행도 가지 못하게 되었다. 심리적으로 많이 지치고 힘든 상태로부터 회복으로 접어들 시점에 모래상자 작업을 시작하게 되었다.

[그림 4-1]

내가 처음 선택한 모래상자에는 젖은 모래가 담겨 있었다. 젖은 모래는 마른 모래와 달리 모래를 이리저리 움직일 때 좀 더 많은 힘이 필요했다. 나는 모래상자의 가운데를 중심으로 모래를 위아래로 밀어 강을 만들었다. 모래의 표면은 굳이 다듬지 않았다. 왜냐하면 울퉁불퉁하게 보이는 모습이 자연스러웠고 그 표면을 다듬는 데 에너지를 쓰고 싶지 않았기 때문이다. 모래상자의 위와 아래가 강으로 나뉘어 있기에 그 사이를 다리로 연결했다. 피겨들은 서로를 마주 보고 있는 형태로 배치했다. 나는 이러한 배치가 매우 마음에 들었다. 집들을 모래상자의 위와 아래에 각각 배치하여 윗마을과 아랫마을을 만들었다. 집을 위와 아래로 배치하니 안정감이 느껴졌다. 그리고 집과 집 사이에는 나무와 풀들을 놓아 여백을 채웠는데 심심한 분위기가 사라졌다. 전체적으로 안정적이며 풍요로워 보였다.

첫 모래상자([그림 4-1])에서 내 안에 내재되어 있는 불안감을 볼 수 있었다. 나는 기질적으로 예민하고 불안이 높은 사람이다. 부모님 또한 나와 비슷한 기질을 가지고 있었는데, 이 점이 나의 기질을 더욱 강화한 것 같다. 아마도 나는 집을 배치하고 나무와 풀로 여백을 채우면서 나에게 부족한 안정감을 충족하고 있었던 것 같다. 그래서 그런지 모래작업이 매우 만족스러웠다. 모래상자 안에 나의 세계를 만드는 것만으로도 치유의 힘을 느낄 수 있다는 것이 놀라웠다.

모래상자 가운데의 모래를 갈라 흐르는 강을 만들었고, 윗마을과 아랫마을을 두 개의 붉은 다리로 연결했다. 마을을 이어 주는 두 개의 붉은 다리는 강을 사이에 두고 언제나 왕래가 가능한 '연결'의 역할을 한다. 붉은색의 다리가 파란색의 강과 대조되어 선명하게 보인다. 마치 '내가 주인공이다'라고 표현하는 것 같다. 두 개의 다리가 중심축의 역할을 하고 있으며 윗마을과 아랫마을의 두 세계를 하나의 세계로 연결한다.

나의 불안은 관계를 맺는 부분에서도 나타났다. 사람과의 관계에서 어느 정도 거리를 두고 싶은 마음과 친밀하고 싶은 마음이 늘 함께 있었다. 어쩌면 이런 양가적인 감정과 욕구가 불안을 부추겼는지도 모르겠다. 외향적인 아버지와 내향적인 어머니 사이에서 자란 나의 환경적인 부분이 영향을 미쳤을 수도 있다. 윗마을과 아랫마을 두 세계는 관계에서 내가 만드는 심리적인 거리를 뜻하며, 두 개의 다리는 그 거리를 축소하고 싶은 나의 소망이자 가능성인 것이다.

모래상자를 만들며 처음 고른 피겨는 '집'이었다. '집들'이라고 표현하는 것이 더 적절할 것이다. 집들을 고르면서 따뜻함, 안락함, 즐거움과 같은 행복한 느낌 속으로 빠져들었다. 따뜻하고 생동감이 넘치는 마을의 모습을 떠올리면서 피겨들을 집 주변에 배치했다. 모래상자의 왼쪽 위에는 어머니와 아들이 벤치에 앉아 마을의 모습을 구경하고 있다. 아이는 당장이라도 끌리는 것이 있으면 앞으로 달려갈 듯이 흥분한 상태로 마을을 구경하는 재미에 푹 빠져 있다. 모래상자의 가운데 위쪽에는 고양이들과 함께 노는 아이들이 있으며, 왼쪽 아래에는 강아지들이 활발하게 뛰어놀고 있다. 모래상자 가운데에는 다리를 건너 윗마을로 달려가는 아이들과 그 모습을 찍고 있는 아버지가 있다. 모래상자 가운데 아래에는 달려가는 아이들을 바라보며 정원을 가꾸는 어머니가 있다. 집 사이사이에는 싱그러운 풀과 향기로운 꽃들을 배치했다. 초록색 나무와 풀, 붉은 꽃이 마을에 생기를 더한다. 마을을 감싸는 분위기는 평화와 온기, 행복 그 자체이다. 내가 원하는 나의 모습들이 피겨에 모두 담겨 있다.

니시무라는 다음과 같이 해석해 주었다. "집에 있다가 집 밖으로 나와 다리를 건너는 것은 안전을 되찾는 거예요. 모래상자가 두 개로 나뉘고 있는데, 가정에서 사회로 나가려는 모습으로 볼 수 있으나, 나이에 따라 다른 해석이 가능하기도 해요. 강물이 흘러가는 모습도 중요해요. 사회 쪽에서 아이들을 보고 있는 사람은 자기 자신을 알고 있어요. 아이가 사회로 나가려는 모습이 보이는데, 아버지는 사회로 나가는 딸 때문에 슬퍼할지도 몰라요. 아버지는 사회로 가는 당신이에요."

니시무라의 해석을 듣고 나서 '나를 찾아가는 여행'이 시작되었음을 깨달았다. 나의 성장과 함께 나는 나 자신을 점차 더 깊게 알아 가게 될 것이다. 그것은 굉장히 설레면서도 두렵기도 하고 기쁨과 슬픔 등 다양한 감정을 느낄 수 있는 귀한 경험이 될 것이다. 니시무라는 나의 모래상자를 해석하면서, 사회로 나가는 내가 그 모습에서 슬픔을 느낄 수도 있다고 했다. 이 말의 의미를 생각해 보면서 성숙하는 과정에서 닥

칠 어려움, 어린 시절에 대한 그리움, 자기 자신에 대한 연민과 같은 몇 가지 단어를 떠올렸다. 니시무라가 나에게 알려 주고자 했던 것들이 내가 떠올린 것과 같은 것인지 정확히 알 수는 없지만, 나는 이미 나 자신과 함께하는 여행을 시작했다.

모래상자를 만들어 가는 과정은 다양한 가능성을 제공한다. 그중 하나가 '치유 과정'이고, 또 다른 하나가 '개인의 세계관 변환'이다(Ammann, 2009). 모래상자를 통한 치유 과정 중에 자기 자신의 근본적 변화를 경험하게 되고 자신이 만들어 낸 형상들이 끌어내는 치유적 힘을 경험함으로써 내면의 성장과 성숙을 가져오기도 한다(Ammann, 2009). 나는 앞으로 이어질 아홉 개의 모래상자와 함께 나를 찾아가는 여행, 변화와 성장, 성숙을 향하는 여정을 떠날 것이다.

[그림 4-2]

나는 모래상자를 꾸밀 때, 그 순간의 느낌과 선택을 중요시하는 편이다. 주로 충동적이고 감각적인 선택을 했을 때 만족스러웠다. 그러나 평상시에는 신중하고 계획적인 선택을 하려고 노력하는 편이다. 모래상자는 의식에서 무의식으로 나를 초대하는 작업이었다. 어쩌면 나의 무의식은 생각하지 않고 느끼는 대로, 내가 정말 원하는 것을 선택하도록 이끌고자 한 것 같다.

모래상자를 만들 때 여러 사람이 함께 작업을 했기 때문에 모래상자나 피겨를 온전히 내 마음대로 선택할 수는 없었다. 내가 원하는 모래상자나 피겨를 다른 사람이 취할 수 있는데 그것을 겸허하게 수용해야 했다. 그래서인지 내가 원하는 피겨가 순간적으로 눈에 들어왔을 때 다른 사람이 먼저 가져갈까 봐 조바심이 나기도 했다. 의식적으로 잘 정돈된 나의 자아는 그런 무의식적인 욕구가 타인에게 드러나지 않도록 '또 다음 기회가 있어.'라며 달래 주었다. 어른스러운 모습을 표방하는 나의 의식적인 측면은 어리광을 부리고 욕구를 충족하고자 하는 무의식적인 측면과 종종 대립한다. 이러한 대립은 긴장과 불안을 가져왔을 것이다. 그래서 나는 모래작업을 통해 무의식과 만나며 나의 판타지를 만들게 되었다. 실제 삶 속에서 드러내기 어렵던 어린이 같은 모습은 한 편의 동화가 되어 모래상자에 펼쳐졌다. 그래서 충동적이고 감각적인 선택에 이끌렸고, 그 결과가 만족스러웠던 것 같다. 나는 모래상자 속에서 긴장의 끈을 풀고 내가 진정으로 만나고 싶었던 나와 만날 수 있었다.

나는 상자 가득 반짝거리는 부드러운 보라색 모래를 보고 자수정을 떠올리며 보석마을을 꾸몄다. 햇살 가득한 반짝반짝 보석마을에는 산이 있고 언덕도 있다. 보석은 보이는 곳에도 있고 숨겨져 있기도 하다.

처음 고른 피겨는 '배'이다. 배는 작은 연못에 정박해 있다. 보석마을에는 세 개의 연못이 있는데, 그 위치가 독특하게 삼각형을 이루고 있다.

모래상자 왼쪽 위에서 오른쪽 아래로 가로지르는 철길에는 기차가 있다. 기차는 원하는 곳 어디로든 갈 수 있다. 기차는 요란한 소리를 내며 마을을 가로질러 지나가고 있다. 모래상자의 왼쪽 위, 오른쪽 위, 왼쪽 아래에는 집을 배치했다. 대각선으로 가로지르는 철길이 있지 않았다면 모래상자의 네 귀퉁이에 모두 집을 배치했을 것이다. 그렇게 하는 것이 안정적이라고 느꼈다. 하지만 목적지가 어디인지 알 수 없는, 끝없이 이어지는 철길이 그 자리를 대신한 것도 마음에 들었다. 마치 이 그림의 이야기가 계속 진행되고 있다는 느낌을 주었다.

언제나 그곳에 있는 고정된 '집'과 어디로 갈지 모르는 이동하는 '기차'. 이 두 가지 피겨는 상충되는 의미가 있지만 어느 것도 빼고 싶지 않았다. 모래작업을 하면서 이런 대립되는 의미가 나에게 중요하다고 생각되었다. 나는 불안이 높은 사람이기 때문에 안정감을 중요하게 여기면서도 어떤 선택을 할 때 도전이나 모험을 택하는 경우가 많다. 새로운 장소, 새로운 음식, 새로운 사람을 만날 때 짜릿한 설렘을 느낀다. 이 두 가지 가치는 나에게 모두 중요한 것들이다. 나를 긴장하게 만들면서도 동시에 긴장을 해소해 주기도 한다. 모래작업을 하면서 새삼 알게 된 것이 있다. 어디로 갈지 모르는 '기차'에 탑승하는 것은 돌아갈 '집'이 있기 때문에 가능했다는 것이었다.

집 피겨 주변에는 풀들과 꽃들, 그리고 보석 산을 뒤지고 뛰어다니는 아이들과 동물들이 있다. 아이들과 동물들은 신이 난 상태이다. 그 아이들을 지켜보는 어른도 한 명 있다. 어른은 신이 나 뛰어다니는 아이들을 흐뭇하게 바라본다. 보석마을의 가운데에는 봉긋하게 솟아오른 산이 있는데, 인부들이 그곳에서 보석을 캐고 있다. 인부들은 이 일이 힘들지만 보석을 발견할 수 있다는 기대로 힘을 낸다.

니시무라는 다음과 같이 해석해 주었다. "모래상자에서 보이는 보석은 실제 보석이 아니라 인생의 보물을 찾고 있는 것입니다. 보물찾기의 주제는 '어른이 아이가 되는 것'이고, 인생의 초등 3~4학년쯤에 해당됩니다. 이것은 자신에 대한 보물찾기이고, 좀 더 경험의 폭을 넓히는 것이 좋을 것 같아요. 여러 일을 해 보세요."

나의 인생 보물은 무엇일까? 나는 무엇을 열심히 찾아다니고 있는 걸까? 니시무라의 해석을 들으며 부끄럽다는 생각이 가장 먼저 들었다. 나는 이미 30대에 들어섰는데, 정신적인 면과 정서적인 면이 나의 나이만큼 성장하지 못했다는 의미로 해석된 것 같아 충격과 아쉬움이 함께 들었다. 나의 의식은 여전히 이런 나의 모습을 부끄럽게 생각하고 있었다. 어쩌면 나 혼자들은 것이 아니라 다른 사람들과 이런 나의 해석 내용을 공유했기 때문에 그런 생각을 한 것일 수도 있다. 나 혼자만 알고 싶었던 나의 모습이 드러나 버린 것이다. 그런데 이렇게 되니 굳이 숨겨야 할 이유가 사라졌다. 들여다보지 않았던 내 모습에 대해 살펴볼 수 있는 기회가 되었다. 나의 장점 중 하나는 어떤 상황에 맞닥뜨리면 최대한 긍정적으로 받아들인다는 점이다. 어떤 일이 닥치기 전에 많이 불안해하는 편이지만, 그래도 최악의 상황을 예견하며 준비하는 편이다. 그런데 막상 그 상황이 되면 '모르겠다. 어떻게든 되겠지.'라는 생각과 함께 임기응변의 달인이 된다. 한마디로 무대 체질이라고 할 수 있다. 그래서 나를 잘 모르는 사람들은 내가 긴장하고 불안해했다는 것을 알지 못한다.

　해석이 끝난 후 곰곰이 생각해 보니, 학창시절에 다양한 아르바이트를 해 보지 못해서 아쉬웠던 것이 떠올랐다. 그 당시에는 공부와 성적이 가장 중요했고, 시간을 많이 뺏지 않는 과외 정도만 했었다. 지금 생각해 보면 좀 더 다양한 경험을 해 보지 않았던 것이 아쉽다. 물론 아무것도 안 하고 앉아만 있었던 것은 아니었다. 다양한 나라에 여행을 다녀왔고, 어린 시절 꿈이었던 기자활동도 대학생 기자를 통해 경험했다. 동아리에서는 리더로서 다양한 사람과 여러 가지 활동을 기획하고 수행해 보기도 했다. 그런데 생각해 보면, 수용적이고 안정적인 환경 안에서 했던 경험들이 많았다. 갈등 속에서 고민하며 문제를 해결했던 상황은 그리 많지 않았던 것 같다. 나와 맞지 않는 사람들과 함께 일을 해 보면서 내면의 나와 마주하고 틀을 깨 한 걸음 밖으로 나올 용기가 부족했던 것 같다. 하지만 그런 용기는 수용적인 환경 속에서 안정감을 충분히 느껴야만 나올 수 있을 것이다. 사람마다 무엇을 하든 속도가 다르고 상황도 다르지 않은가. 모두가 똑같을 수 없다고 나 스스로를 위로하며 이제는 좀 더 용기를 내 보려고 한다. 대학교 졸업반 때 1년 6개월이라는 시간을 낯선 땅 중국에서 홀로 보내고 돌아와서 나의 내·외부적으로 많은 변화와 성장을 경험했던 것이 떠올랐다. 역시 중요한 것은 도전이다. 용기를 낸 만큼 나의 지경도 넓어진다.

　니시무라는 모래상자의 배의 크기가 작은 편이고, 작은 연못은 대학생 나이대의 사람들이 많이 만든다고 했다. 나의 배는 아직 바다로 나아가지 않은 상태로 머물러 있다. 니시무라는 여러 종류의 고전과 소설을 읽으면서 심리학 서적에서 찾을 수 없는 인생의 보석을 찾을 수 있을 것이라고 했다. 나의 인생의 보석은 무엇일까? 앞으로의 여정 가운데 찾게 될 내 인생의 보석이 기대된다.

[그림 4-3]

[그림 4-3]의 모래상자를 만들면서 한 편의 이야기가 떠올랐다. 나는 기차를 타고 여행을 떠난다. 높기도 하고 낮기도 한, 다양한 높이의 건축물들을 보기도 하고, 울긋불긋 단풍으로 물든 아름다운 자연을 감상하기도 한다. 기차역에는 매시간 지나가는 기차를 보기 위해 달려 나온 아이와 강아지들, 고양이들이 있다. 기차는 그들을 지나치며 오늘도 열심히 달린다. 그 기차 안에서 나는 사람과 자연이 만든 아름다움을 모든 감각으로 느끼며 여행을 한다.

내가 처음 고른 피겨는 '기차'였다. 모래상자의 모양, 모래의 재질과 색깔은 피겨를 선택하고 배치하는 데 적잖은 영향을 주곤 했다. 이번에 선택한 모래상자의 모양은 어느 방향에서도 똑같은 팔각 모양이었다. 모래상자의 모양을 보며 어디에서 시작해서 어디로 가는지 모르는 기다란 철길을 놓고 싶어, 처음에는 기차와 철길 피겨를 골랐다. 나는 기차를 타고 어딘가 여행을 가고 싶었고, 달려가는 기차 안에서 밖의 풍경을 보고 싶었다. 철길 가운데에는 기차역을 두었다. 기차가 기차역에 도착할 때쯤 천천히 달리다 멈추는 그 순간의 모습을 표현해 보고 싶었다.

철길 위쪽에는 모양, 높이, 색깔이 모두 다른 건축물을 배치했다. 기차를 타고 지나가면서 사람이 만든 아름다운 건축물을 보는 즐거움을 느끼고 싶었다. 건축물과 기차역 사이에는 기차를 보기 위해 온 아이와 강아지들, 고양이들을 배치했다. 지나가는 기차를 향해 손을 흔들고 즐거워하는 아이의 신나는 기분을 상상했다.

철길 아래쪽에는 초록색 풀, 빨갛고 노란 꽃잎, 가을의 색을 지닌 도토리 등을 골라 배치했다. 알록달록한 색깔을 보는 것만으로도 기분이 좋아졌다. 달리는 기차 안에서 울긋불긋 물든 가을의 자연을 느끼는 것이 좋았다. 기차를 타면 지나가는 길을 통해 자연을 길게 느낄 수 있어서 기분이 좋고 설레었다. 원하는 바를 상상하면서 피겨를 놓았고, 눈으로 이루어진 실체를 바라보면서 이미 어느 정도 욕구가 채워진 것을 느꼈다.

니시무라는 나의 모래상자를 보면서 어디에서 안전을 찾을 수 있는지 그것이 중요한 테마라고 말했다. 결혼 후 인생의 여행길에 안정된 집이 필요한데 그것이 없다고 지적을 해 주었다. 사실 나는 나의 인생길에 안정된 집이 없다는 생각은 해 본 적이 없다. 그래서 니시무라의 해석에 대해 생각을 하지 않을 수 없었다.

또한 니시무라는 길이 없는 곳을 갈 때 제한된 느낌이 들기 때문에 어딘가에 내 집을 정할 필요가 있다고도 했다. 인생은 내가 진정으로 안정감을 느끼며 머물 수 있는 집과 장소를 발견하는 여행길이라는 것이다. 안정된 곳은 친정집이 될 수도 있지만, 여행을 다니며 찾게 될 수도 있다. 확실히 결혼 전에는 마음 둘 곳을 계속 찾았던 것 같다. 나는 종교를 가지고 있었기 때문에 힘들고 어려울 때 믿음이 나를 붙잡아 주는 힘이 되었다. 그렇지만 인간적으로 마음을 두고 의지할 또 다른 대상이 필요했다. 부모님은 걱정이 많은 분들이라 내 마음속 깊은 이야기를 그분들께 모두 할 수는 없었다.

감사하게도 내가 속해 있는 곳마다 좋은 사람들을 만날 수 있었다. 그들을 통해 나의 내면을 들여다보고 보듬으며 한 단계씩 성장할 수 있었다. 하지만 모든 관계가 그렇듯, 시간과 환경이 바뀌면 관계도 변하기 마련이다. 처음에는 관계의 변화를 받아들일 수 없었다. 나는 변함없이 여전히 그때 그 자리에 있는데 상대방만 마음이 변했다고 생각했고 배신감이 들었다. 관계에 대한 불안은 나의 솔직한 모습을 마음속에 감춰 두도록 만들었다. 혹은 잘못된 방법으로 상대방에게 상처를 주기도 했다. 그러던 중 소나무처럼 언제나 그 자리에서 나를 향한 굳건한 사랑과 믿음을 보여 주는 남편을 만났다. 남편은 오랜 지인이었고, 감추고 싶은 나의 단점들을 알면서도 나를 선택한 사람이다. 남편의 말이 기억난다. "내가 낳은 자식이 마음에 들지 않는다고 해서 그 자식을 버릴 수 없는 것처럼, 나도 그런 마음으로 너와 함께할 거야." 남편의 이 말은 나에게 큰 힘이 되었으며, 믿음 또한 주었다. 결혼 후 남편과 함께하며 '안정된 집'을 만들어 가게 되었다. 그리고 굳건한 뿌리 같은 남편을 만나면서 내가 비로소 홀로서기를 하게 되었다는 생각이 들었다. 물을 흠뻑 먹은 흙이 잘 덮인 땅에서 새싹이 돋아나는 것처럼 말이다.

니시무라는 다음과 같이 해석했다. "마음속의 집은 편안한 곳으로서 그것을 잃어버리면 어디에 있으면 좋을지 모르게 됩니다. 모래상자를 꾸밀 때 집이 반복적으로 나타나면 행복한 사람일 수 있어요." 내 모래상자 속에 연이어 등장하는 집들이 나의 행복한 마음을 나타내는 것이라면, 그것은 감사한 점이다.

[그림 4-4]

네 번째 모래상자([그림 4-4])를 만들기 전에 처음 고른 피겨는 '보물상자'였다. 보물상자 피겨를 보는 순간, 보물을 찾는 여행을 만들고 싶었다. 자연스럽게 머릿속에 이야기 한 편이 그려졌다. 그것은 '보물을 찾아 떠나는 여행'이다. 보물섬은 찾기 어렵지만 매력이 가득한 곳이다. 울창한 숲 안에 숨어 있는 보물을 찾기 위한 두 사람의 여행을 만들었다. 상어를 물리치고 보물섬에 가까이 도착했을 때 두 사람은 환호를 질렀다. 여기에는 그들을 위협할 요소가 없다. 숲 안의 보물만 찾으면 된다.

모래를 아래에서 위와 양옆으로 밀어 올려 바다를 만들고, 위쪽에 보물상자를 놓았다. 보물은 발견하기 어려운 것이어야 하기에 크고 작은 야자수들로 보물을 감추어 두었다. 바다와 인접한 모래사장에는 새, 거북, 불가사리, 물개, 조약돌 등을 놓았는데, 이들은 모두 바다를 향하고 있다. 마치 보물섬에 다다른 여행자들을 환영하는 것처럼 보인다.

보물섬을 향해 다가오는 두 명의 여행자는 목적지에 다다랐다는 즐거운 마음에 손을 높이 위로 뻗고 있다. 그 뒤로 등을 지고 있는 상어는 여행자들을 공격하는 것에 실패하고 바다로 돌아가고 있다. 어려움을 극복하고 목적지에 도착했기 때문에 그 기쁨은 배가 된다.

보물을 쉽게 발견할 수 없도록 감추는 이유가 두 가지 있다. 그 보물이 아주 소중한 것이거나 다른 누군가에게 밝혀지면 안 되는 이유가 있기 때문이다. 하지만 나는 보물을 애써 감추어 두고는 보물을 찾아온 여행자들을 환영하고 있다. 약간은 혼란스러웠다. 보물이 발견되지 않기를 바라는 것인지, 누군가가 발견해 주기를 바라는 것인지 나도 나의 마음을 알 수 없었다. 모래작업을 하면서 계속해서 나의 양가적인 욕구를 발견하게 된다. 보물을 숨겨 놓은 것은 나의 두려움이 그 원인이었다. 보물은 나의 깊은 내면의 욕구들이다. 그 욕구들이 발견되지 않으면 나는 안전할 수 있다. 어떠한 변화도 없지만 안전감을 획득할 수 있다. 그런데 나는 자꾸 여행자가 되어 모험을 떠나고 도전한다. 변하고 싶지 않은 마음과 변하고 싶은 마음 두 가지가 다 있다. 나는 두려움과 싸우면서 성장하기를 원하고 있는 것이다. 상어와 싸우는 여행자의 모습은 그런 나의 두려움과 맞서는 과정과도 같다. 이 모래상자에서 나는 결국 상어를 물리치고 보물섬 앞에 다다르게 되었다. 두려움 속에서 나는 용기를 획득했다. 이 용기를 가지고 나는 보물을 파낼 것이고, 두려움도 당당히 직면할 것이며, 더 앞으로 나아갈 것이다.

니시무라는 다음과 같이 해석했다. "바다 부분, 즉 드러난 바닥에 초점을 맞춰야

해요. 이 모래상자를 보면서 경험을 많이 하다 보면 누군가가 갑자기 튀어나올 수 있는데, 그것은 40대의 자신일 수 있다는 생각이 들어요. 이 모래상자에서는 보석이 모였어요. 시작의 테마는 두 개네요. '나라고 하는 새싹'과 '둘의 테마'가 바로 그것입니다. 하트의 쑥 들어간 부분은 자기(Self)가 조금 나오는 것이고, 남자의 부분이기도 합니다. 하트 안쪽은 자궁입니다."

> 모래놀이에서 모래를 파헤치고 아래에 놓인 푸른 물을 노출시키는 것은 알려진 것에서 미지의 것으로 나아가는 행위이다(Turner, 2009).

나는 모래상자에서 모래의 바닥을 드러내어 보물이 숨겨져 있는 미지의 세계인 '보물섬에 가는 여행'을 표현했다. 숨겨진 보물과 드러난 바닥은 알려지지 않은 미지의 나를 보여 주려고 했다. 나는 아직 드러나지 않은 나의 모습과 맞닥뜨리는 것이 두렵지만, 모래작업을 하면서 나아갈 용기를 점점 얻게 되었다. 다른 사람의 눈이나 평가와는 상관없이 나에게 집중하고 싶다. 나의 무의식적 욕구들이 의식적인 부분과 통합되고 수용되면서 나의 태생적인 불안도 많은 부분 해소될 것이라고 기대한다. 니시무라는 바닥의 하트 모양이 밑까지 더 내려왔으면 어떨까 하는 말을 했다. 나타나지 않은 바닥의 모양이 앞으로 나타날 나의 어떤 모습을 말해 줄지 궁금해진다.

[그림 4-5]

[그림 4-5]의 광활한 사막에는 수많은 모래만 있다. 모래알은 바람이 불 때마다 손가락 사이로 빠져나갈 만큼 곱고 작지만, 바닥에 쌓이면 거대한 모래사막이 된다. 거대한 모래언덕은 어떠한 생명도 쉽사리 허락하지 않는다. 띄엄띄엄 보이는 선인장만이 이곳에 생명이 있다는 것을 알려 줄 뿐이다. 우리는 베이스캠프를 치고 오아시스를 찾으러 간다. 어두워지기 전에 찾아야 할 것이다. 해가 지면서 나무 하나 없는 광활한 사막에 어둠과 추위가 찾아오려 하고 있다. 베이스캠프 앞에 불을 피워 어둠과 추위로부터 우리를 지켜야 한다. 두 마리의 낙타와 두 명의 대원이 베이스캠프에 남았다. 또 다른 두 마리의 낙타와 두 명의 대원이 오아시스를 찾으러 나갔다.

"아! 오아시스다. 살았다! 신기루가 아니기를!"

두 대원은 손을 번쩍 들고 만세를 외치며 낙타 위에서 환호한다. "오늘 우리는 살았다!"

손가락 사이로 부드럽게 빠져나가는 고운 황토색의 모래를 보는 순간, 중동에 있는 광활한 아라비아 사막이 떠올랐다. 사막의 생명과도 같은 오아시스 피겨와 사막의 뜨거움을 연상시키는 불 피겨가 눈에 들어왔다. 한낮 사막의 작열하는 태양과 추운 밤의 한기를 막아 줄 텐트도 골랐다. 메마른 땅에 굳건히 뿌리를 내리고 있는 가시나무와 선인장, 그리고 사막을 묵묵히 횡단하는 낙타와 그 낙타에 의지해 오아시스를 향해 움직이는 사람들을 고른 것은 자연스러운 결과였다. 묵묵히 목표를 향해 나아가는 사막 여행은 언젠가는 한번 해 보고 싶은 여행이기도 했다. 힘들고 고될 뿐만 아니라 외롭고 고독한 자신과의 싸움이 될 여행이다. 만약 사막 여행을 간다면, 사막을 횡단하는 단 하나의 목표를 향해 가면서 나 자신을 그 어느 때보다도 솔직하게 마주하게 될 것이다.

니시무라는 다음과 같이 해석했다. "사막 여행은 쓸쓸하고 외로운 느낌을 줍니다. 오아시스는 생명의 물, 보석 상자와 같은 의미이지요. 이 모래상자에서의 연못은 바다보다는 작지만 더 커진 느낌이네요. 그러나 집이라는 공간에 갇혀 있는 것처럼 보이기에 전문 서적과 여러 고전 소설을 읽는 것이 좋겠어요."

나는 황토색의 고운 마른 모래를 선택하면서 이 모래와 연상되는 사막여행 이야기를 꾸몄다. 사막은 본래 생명력을 찾아보기 힘든 황량한 땅이다.

> 마른 모래상자는 황량하고 공허할 수 있다. 그것은 매우 낮은 수준의 에너지와 생
> 명력을 의미하는 장소가 될 수 있다(Turner, 2009).

니시무라는 쓸쓸함과 외로운 느낌을 받았다고 해석했다. 나 자신의 어느 부분은
사막에서 느껴지는 그런 메마른 느낌이 있기도 하다. 그렇지만 모래상자에서 오아
시스를 찾아가는 여행자의 모습은 용기를 내 앞으로 나아가고자 하는 나의 의지의
표현이다. 시간이 흘러 경험이 충분히 쌓였을 때 내가 계속 앞으로 나아가려는 마음
이 있다면 마침내 오아시스를 발견할 수 있다. 마찬가지로 나는 내가 알지 못했던
나 자신과 마주하며 또 다른 세계로 발을 디디게 될 수 있다.

[그림 4-6]

[그림 4-6]의 모래상자를 만들기 일주일 전쯤, 시부모님을 모시고 일본 오키나
와의 시키나엔에 갔다. 그곳은 잘 가꾸어진 나무들과 아름다운 정원이 있는 곳이었
다. 시간의 흐름이 이곳에만 멈춰 있는 듯 평화롭고 고요한 곳이었다. 나는 개인적
으로 이곳이 아주 마음에 들었다. 이곳저곳을 둘러보고 사진을 찍으며 내가 느끼는

기쁨을 나름대로 만끽했다. 남편은 이런 나의 모습과 시부모님의 모습을 카메라 앵글 안에 담느라 바쁜 시간을 보냈다. 시부모님은 눈앞에 펼쳐진 아름다운 정경을 보며 흐뭇하게 미소를 지으셨다.

나는 지난번과 같은 원형의 모래상자를 골랐다. 원형의 모래상자는 시키나엔의 빼곡한 나무들을 자연스럽게 표현하기에 좋은 모양이었다. 나는 다양한 크기를 가진 여러 종류의 나무 피겨들을 선택했다. 꽃이 피어 있는 작은 나무들과 꽃잎 피겨들이 그곳의 아름다움을 잘 표현해 주었다. 나무 피겨와 꽃 피겨는 나에게 초록의 생명을 연상시켰다. 나는 이 피겨들을 집 피겨 주변에 배치하고 싶었는데, 그 이유는 보호자와 같은 의미이기 때문이다.

시키나엔에는 연못을 연결하는 다리들이 몇 개 있었는데, 모래상자에도 그와 같이 연못을 만들고 다리를 놓아 그때의 기억을 회상해 보았다. 이 모래상자에서 다리는 중심축의 역할을 하는 것 같았다. 모래상자의 위와 아래에는 집을 놓아 다리와 일직선이 되도록 했다. 다리 위와 아래에 놓은 집은 중심을 더욱 단단하게 붙잡아 주는 느낌이다.

시부모님 피겨는 왼쪽 위에, 나를 상징하는 피겨는 오른쪽 위에 배치했다. 시부모님은 정적인 형상인 반면, 나는 나무 사이에서 춤을 추고 있는 흥이 많은 동적인 형상이다. 보수적인 성향의 시부모님의 모습과 일탈을 꿈꾸는 나의 모습이 함께 보인다. 그 사이에 남편이 있는데, 남편은 삼각대 위에 올려진 카메라로 흔들리지 않게 사진을 찍고 있다. 남편은 언제나 힘의 균형을 잘 잡아 주고 있다.

니시무라는 이 모래상자에 대해서 어떤 특별한 언급을 하지 않았다. 나는 이 모래상자를 만들면서 '조화와 균형'이라는 단어를 떠올렸다. 정적인 노부부 피겨와 흥이 난 소녀 피겨, 그리고 카메라를 들고 바라보고 있는 남자 피겨가 있다. 이 모든 피겨가 나를 가리키고 있다. 나는 조용하고 차분한 모습뿐만 아니라, 수다스럽고 아이 같은 모습도 가지고 있다. 또한 나는 지혜롭고 현명한 어른이 되고 싶을 뿐만 아니라 천진난만하고 순수한 어린아이 같은 모습도 간직하고 싶다. 카메라를 들고 있는 남자 피겨는 이런 나의 소망과 갈등 사이에서 균형을 잡고 중재하는 나를 의미한다.

이들 사이에 놓여 있는 돌다리는 소통의 가능성을 보여 준다. 모래상자에서 계속 나타나는 대립되는 의미와 이미지들이 통합되는 과정에서, 나는 나다움에 대해 고민하고, 있는 그대로의 나를 수용하면서 진정한 나를 찾아갈 수 있을 것 같다.

[그림 4-7]

[그림 4-7]의 모래상자를 만들 때 처음 고른 피겨는 두 개의 '화분'이었다. 화분 피겨를 보고 온실을 만들까 했는데, 모래상자를 꾸미면서 십자 모양의 길을 만들게 되었다. 언제든 가고 싶은 곳으로 가고 싶었다. 그래서 사방을 완전히 막지는 않았다. 사방에 빽빽하게 풀과 꽃을 채워 대칭을 이룬 정원을 만들었다. 안정적인 느낌이 들어 보기 좋았다.

정원을 꾸미고 보니 꽃길을 걷는 신랑과 신부가 생각나 꽃잎을 모래 위에 뿌렸다. 고운 모래 위에 선명하게 수놓인 꽃길이 하얀 도화지를 채운 아름다운 그림처럼 예쁘게 느껴졌다. 신랑과 신부를 선택하려고 고민하고 있을 때 꼭 안은 모습이 행복해 보이는 커플 피겨를 발견했다. 신랑과 신부를 원래 맞은편 끝에 두려다가 얼굴이 안 보이고 뒷모습만 보이는 것이 마음에 들지 않아 현재의 위치로 바꾸었다.

풀과 꽃으로 빽빽하게 채워진 정원이 두 사람을 축하해 주는 수많은 하객 같기도 하고, 앞으로 함께할 수많은 행복의 시간 같기도 하다. 신랑과 신부의 앞에 펼쳐진 꽃길은 둘이 손을 잡고 함께 걸어갈 인생의 행복한 미래를 의미한다. 두 사람이 꽃길을 걷는 행복한 인생이면 좋겠다.

니시무라는 이 모래상자를 보고 다음과 같이 해석했다. "자신에 대해 더 잘 알게 되면 상처를 딛고 일어나 진짜 자기의 인생을 살게 될 수 있어요. 자기를 알게 되면 바르게 나가게 될 수 있는 길이 열립니다." 어떻게 하면 나에 대해서 더 잘 알 수 있을까? 앞선 모래상자들에 대한 니시무라의 해석을 생각해 보면 다양한 책과 경험이 성장의 발판이 될 것 같았다. 그리고 다양한 사람과 맺는 넓은 관계와 친밀한 소수와의 깊은 관계 속에서 나 자신을 들여다보는 것이 필요할 것이다. 내면의 상처와 마주하고 있는 그대로의 나를 사랑할 때 비로소 앞으로 바르게 나아갈 수 있을 것이라고 믿는다.

[그림 4-8]

편안한 분위기의 시골 마을 장터를 만들었다. 시골 마을의 장터는 언제나 시끌벅적하지만 생동감이 있다. 모두가 각자의 일을 하고 있지만, 함께 모이니 정겨운 일상이 된다.

이 모래상자에서 처음 고른 피겨는 오른쪽 위에 배치한 깨진 나무통인데, 시골마을의 장터를 연상시켰다. 이어서 자연스럽게 그에 어울리는 다른 피겨들을 골랐다.

나는 모래상자를 꾸밀 때, 먼저 눈에 들어오는 피겨를 하나 고른다. 그다음, 그에 맞는 스토리를 생각하고 연관된 피겨들을 고른다. 스토리텔링을 좋아하는 나에게는 물 흐르듯 자연스러운 일이고, 어릴 적 좋아하던 공상을 눈으로 재현하는 것 같아 즐겁다. 마치 아름다운 동화 한 편을 피겨로 재현하는 것 같다. 그 동화 속에는 느끼고 싶은 분위기가 나타날 때도 있고 미래의 소망이 나타날 때도 있다. 무의식 속에 있던 생각의 파편을 머릿속에서 끄집어내어 피겨로 퍼즐을 맞추어 하나의 완성된 장면을 만든다. 이제까지 만들어 온 모래상자를 쭉 살펴보니 특별한 스토리는 아니었다. 어릴 적 읽었던 책에서 나왔을 법한, 누구나 생각해 보았을 법한 아주 평범한 이야기이다. 중요한 것은 내가 이 장면들을 만들면서 편안함과 안정감을 느꼈고, 해 보고 싶었던 일들에 대한 대리만족감을 충분히 느꼈다는 점이다. [그림 4-2]에서 언급했던 '만나고 싶었던 나'와 만난 것이다. 모래작업을 통해 무의식의 세계가 마음껏 드러나면서 의식과 무의식의 긴장과 대립이 많은 부분 해소되었다. 숨기려고 애썼던 무의식 속의 욕구를 숨기기 위해 이제 더는 에너지를 쓰지 않아도 되었다. 집과 나무처럼 균형을 느끼게 해 주는 피겨들은 안정감과 만족감을 느끼게 해 주었고, 기차 여행과 보물섬 탐험, 사막 횡단은 있는 그대로의 나 자신을 마주하며 앞으로 나아갈 수 있다는 용기와 가능성을 확인해 주었다.

[그림 4-8]의 모래상자를 보면, 왼쪽에는 물건을 팔러 나온 사람들이 있고, 그 위에는 주막이 있는데 술을 마시는 사람도 보인다. 오른쪽에는 물을 길러 나온 아이와 어린아이를 데리고 장터에 구경 나온 아주머니, 오줌을 싸고 키를 뒤집어쓴 아이가 있다. 가운데 아래에는 씨름하는 아이들이 있고, 씨름판은 그 경계가 바위로 구분되었다. 씨름판은 언제든지 출입할 수 있도록 입구를 만들었다.

그동안 만들었던 나의 모래상자들을 쭉 살펴보면 대칭적으로 피겨를 놓거나 같은 피겨를 두 개씩 사용하는 등 규칙과 안정성을 추구하는 모습이 보였다. 그러면서도 항상 어딘가 나가는 길이 있거나 나갈 곳을 뚫어 놓았다. 정해진 틀이나 규칙이 있는 것을 좋아하지만 그 틀 안에 갇히는 것은 싫어하는 것이다. 그 틀 안에 있는 것도 언제나 나의 자유의지여야 기쁨이 있었다. 나는 틀을 발판으로 삼아 새로운 나만의 길을 추구하고 작은 일탈을 꿈꾸기도 한다. 이렇게 여덟 개의 모래상자를 만들면서 나 자신에 대해 돌아볼 수 있었다.

니시무라는 이 모래상자를 보면서 다음과 같이 해석했다. "당신이 있을 곳이 없어요. 옛것을 많이 찾아보고, 고전을 통해 옛 문화를 보세요. 많이 보면 볼수록 스스로에게 도움이 될 겁니다. 꼭 고전을 보세요."

내가 지금보다 더 많이 알면 알수록, 내면의 나와 마주하면 마주할수록 어떤 바람에도 흔들리지 않는 뿌리 깊은 나무가 되는 것일까? 진정한 나와 마주할 그때, 내가 있어야 할 곳도 가야 할 곳도 자신 있고 명확하게 이야기할 수 있을 것 같다.

a　　　　　　　　　　　　　　　b

[그림 4-9]

소녀는 꿈을 꾼다. 꽃길을 달리는 말들과 함께 가는 꿈이다. 그리고 아름다운 여인이 되는 꿈이기도 하다.

[그림 4-9]의 모래상자에서는 꿈을 꾸는 어린 소녀 피겨를 오른쪽 아래에 놓았으며, 성숙하고 아름다운 여인 피겨는 왼쪽 위에 놓았다. 아름답고 향긋한 꽃길이 오른쪽 아래에서 왼쪽 위 방향으로 펼쳐져 있다. 꽃길에는 작은 꽃과 큰 꽃이 불규칙하게 놓여 있다. 큰 꽃은 더 커다란 마음의 표현이다. 무엇에 대한 마음일까? 꽃길로 향하는 소망의 표현인 것 같이 느껴졌다.

꽃길 위에는 두 마리의 말과 한 마리의 유니콘이 있다. 말과 유니콘은 소녀가 달려가는 인생의 힘과 속도의 표현이라고 할 수 있다. 소녀는 말처럼 열심히 달려 언젠가는 유니콘처럼 훨훨 날아갈 것이다. 더 힘 있고 더 빠르게 성숙한 여인이 되기 위해 나아갈 것이다.

니시무라는 다음과 같이 조언해 주었다. "자신의 인생에 대해서 더 욕구를 가져 보세요. 모래상자에서 왼쪽 아래는 '결혼'을 뜻하고, 왼쪽 위는 '정신'을 뜻합니다. 왼쪽 위를 향하는 모래상자는 처음 봅니다. 이는 '내면'을 보여 주는 것이고, '영적인 세계'를 표현한 것입니다."

모래상자의 공간 상징적 측면에서 살펴보면, 왼쪽 위는 정신적 발전과 관련이 되어 있다. 내적이고 정신적인 세계를 뜻하는 것이며, 종교적인 부분과도 관련이 있다. 새로운 정신적 충동이 나타나는 것이라고 볼 수 있다(Ammann, 2009). 이것이 정말로 나의 내면 세계로 향하는 열망의 표현일까? 성숙하고 싶은 내면의 바람일지, 아니면 그 길로 향하는 과정 중에 있는 나의 모습일지 정확히 알 수는 없다. 하지만 나와 마주하며 솔직하게 대면하는 시간들이 니시무라의 말처럼 나를 앞으로 바르게 나아갈 수 있도록 해 줄 것이라고 믿는다.

대학원을 졸업하고 육체적 · 정신적으로 지쳐 있을 때, 6개월 동안의 모래상자 작업은 나의 몸과 마음을 회복시켜 주었다. 계획한 것은 아니지만, 나는 모래상자 안에서 끊임없이 안정을 추구했으며 행복감을 느낄 수 있었다. 그리고 계속 어딘가 여행을 떠났다. 내 인생의 마지막이 언제일지 알 수 없지만 나를 찾아가는 여행은 모래상자로 시작해 지금까지 이어져 왔고, 앞으로도 계속 이어질 것이다.

05

자기통합 과정의 경험

나의 삶 속에는 예기치 못한 일들로 인한, 아물지 않은 고통과 상처가 있다. 많은 지성인들은 삶을 살아가면서 한계에 부딪히는 끊임없는 도전과 모험을 만나게 될 것이라고 했다. 나 역시 그 같은 예언에 걸맞은 삶을 살아왔다. 삶이 준 도전 가운데 갈등과 대립의 시간들을 비켜나갈 수 없듯이 나 또한 그런 경험들을 했다. 나는 일어난 일에는 어떤 이유가 있을 것이라 생각하고 삶에서의 질서를 찾기 위해 나름의 노력을 하며 일상을 지탱해 왔다. 어느 날 내게도 내 안에서 대립되고 있는 힘을 통합시키고, 삶의 균형을 잡아 줄 나침반을 손에 쥐는 행운이 찾아왔다. 그 행운의 나침반은 모래상자놀이치료였다. 나는 융 심리학적 모래놀이의 창시자인 도라 칼프(Dora Kalf)의 말처럼 '자유로우면서 잘 보호받는 공간'에서 자기통합을 위한 여정을 시작하게 되었다. 물리학자 아인슈타인(Einstein)은 "인생은 자전거를 타는 것과 같아서 균형을 잡으려면 움직여야 한다."고 했다. 나는 삶의 균형을 회복하고 자기의 통합을 위해 움직이기 시작했다.

　모래상자 해석 과정은 자기의 통합과 더불어 나의 여성성을 수용하게 해 주었다. 나의 그림자를 자각할 수 있었고, 내 것인 줄도 몰랐던 나의 성질과 충동을 만났다. 그래서 때로는 당혹스러웠지만 잊고 있었던 나의 상실을 직면하면서 애도할 수 있는 시간도 가질 수 있었다. 모래상자 해석을 받을 당시, 나는 고집스러운 신념을 강요하는 완고한 사람이었다. 나조차도 내가 마음에 들지 않았던 시기, 나의 심리적 역동과 자기기만에 대한 진실을 파헤치고 싶은 마음이 있었기 때문에 모래상자놀이 참여는 나의 의식과 무의식의 세계를 들여다볼 수 있는 좋은 기회가 되었다.

　모래상자 해석은 2018년 3월 아이코리아 아동발달교육 연구원 '모래놀이연구회'의 일원으로 참여하게 되면서 시작되었고, 니시무라 교수와의 인연도 그때 이루어졌다. 모래상자놀이치료는 다양한 피겨를 사용하여 모래 위에 자유롭게 창조적 이야기를 펼칠 수 있다는 점에서 나의 관심을 끌기에 충분했다. 각양각색의 작은 모형들로 꽉 찬 모래놀이치료실은 아동기에 구색 맞춘 장난감을 가지고 놀았던 기억이 없는 나에게 세상의 축소판처럼 보였다. 눈앞에 펼쳐진 장면 앞에서 저항할 수 없는 내면의 목소리가 들렸다. '다시 놀아 보는 거야! 아무 생각 없이……' 그렇게 나는 내 안의 아이와 어른을 위한 창조적 퇴행의 열차에 올라탔다. 한편으로는 모래의 감각적 속성이 확인되지 않은 잠재된 무의식을 자극할까봐 내심 두렵기도 했지만, 미지의 세계를 향한 나의 직관적인 선택과 용기를 믿어 보기로 했다.

[그림 5-1]

잘 정돈된 모래놀이치료실은 다양한 피겨들로 가득했고, 차분하고 정제된 느낌을 주었지만 편안함도 느껴졌다. 그곳에는 50cm×70cm×7cm 규격의 나무로 만들어진 직사각형의 모래상자와 원형과 팔각형의 모래상자가 나란히 놓여 있었다. 각 상자 안에는 다른 촉감과 색을 지닌 모래들이 담겨있었다. 나는 상자 안의 모래들을 손으로 만져 보면서 촉감을 느끼고 냄새를 맡으며 모래가 주는 감각적 경험들을 오감으로 충분히 느껴 보는 시간을 가졌다. 가끔은 손바닥으로 모래 표면을 가볍게 쓰다듬고, 적당한 높이에서 모래를 흩날려 보면서 손바닥을 타고 흐르는 모래의 질감과 온도를 촉각으로 즐겼다. 모래작업을 하다 보니 내 안에 있는 힘을 느끼고 싶었고, 그 힘을 눈으로 확인하고 싶었다. 나는 힘이라는 추상적 개념을 구체화시켜 줄 수 있는 축축한 수분이 느껴지는 회백색 모래를 찾았다.

나의 본능적인 놀이가 시작되었다. 손바닥으로 모래를 힘껏 누르거나 둔탁한 소리가 나도록 툭툭 내리쳐 보기도 하고, 종종 손아귀에 모래를 쥐었다가 펴는 동작을 반복하면서 작은 모래덩어리들도 만들었다. 첫 모래상자에서는 어떤 장면을 만들어야겠다는 생각보다는 그저 모래를 가지고 마음껏 놀고 싶었다. 나의 손은 모래를 만지고 주무르면서 추상적인 형태를 만드는 작업에 푹 빠져있었다. 흙장난을 하듯 모래를 가지고 노는 과정은 나의 어린 시절을 소환해주었고, 모래놀이는 복잡하고 혼란스러운 상념들을 모두 잊게 했다.

나는 사유를 즐겨 하는 사람이다. 그리고 지적인 욕구를 충족시키는 데 많은 시간을 할애한다. 머릿속 세상에 갇혀 있던 나에게 모래놀이는 잠자고 있던 나의 태생적 감각을 깨웠고, 눈을 뜬 감각들은 나를 '즐거운 퇴행'의 순간으로 데려다주었다. 나는 의식과 무의식 사이를 오가며 사고의 흐름에 따라 무언가를 만들기 시작했다.

모래상자의 첫 장면은 [그림 5-1]의 반구(半球)형상이었다. 바닥으로부터 원형으로 솟아오른 형태는 산, 섬, 엄마의 젖가슴, 불룩한 배 등을 연상시켰다. 융(Jung)은 이미지는 개인을 반영하고 초월하는 동시에 개인을 정의하는 상징이 된다고 했다. [그림 5-1]은 나의 내적·외적 경험들이 형상화되어 나온 것들이지만, 특정 이미지로 나를 규정하고 싶지 않았다. 나는 반구가 제 형상을 잘 유지할 수 있도록 손으로 모래를 꾹꾹 누르고 다독이며 단단하게 만들었다. 반구의 모양이 흐트러지는 것도, 반구가 무너지는 것도 싫었던 것이 분명했다. 나는 모래작업을 하면서 기존에 내가 아는 것을 만들려고 하지 않았다. 오히려 손이 무의식적으로 창조해 내는 것을 묵묵히 따라갔다. 모래상자 가운데 솟아 있는 반구가 이후의 모래상자에서 어떤 상징과 형상으로 변모할지 기대가 되었다.

작업이 이어졌고 나는 양손을 갈퀴처럼 사용해서 반구주변의 모래를 긁어냈다. 모래상자의 푸른 바닥이 드러나면서 강이 만들어졌다. 나는 무의식이 드러나는 것에 대한 두려움이 없었던 것 같다. 강으로 인해 반구는 '섬'이 되었다. 강은 섬 주변을 한 바퀴 선회하면서 모래상자 오른쪽 위를 향해 흘러가고 있다. 강은 새로운 세계로의 모험을 원하는 나의 무의식을 반영한 상징처럼 느껴졌다. 모래상자를 꾸밀 소품을 찾기 위해 피겨들이 있는 선반으로 갔다. 주황색 몸에 갈색 갈기를 가진 사자가 눈에 들어왔다. 융은 동물 형태에 관련된 상징에서 '동물은 무의식 속에 있는 것들이나 본능이 억압된 것들을 알려 주는 무의식적 리비도의 발현'이라고 했다. 융의 말처럼 내가 가져온 사자는 나의 리비도의 출현을 알리는 상징일지도 모르겠다. 사자 옆에 놓은 돌은 그 자체는 움직이지 않지만 부동과 영원성을 상징한다. 과거 원시인들은 가공되지 않은 자연석을 정령이나 신의 거처로 믿거나 경계석으로 사용했다. 사자 옆에 돌을 놓은 것은 무의식적인 행위였지만 한편으로는 언제든 기댈 수 있는 부동의 대상을 원했던 나의 욕구가 반영된 것으로도 볼 수 있다.

나는 흘러가는 강을 바라볼 수 있는 위치에 사자를 놓았다. 강이 흘러가고 있는 지점을 응시하고 있는 사자의 뒷모습에서 고독이 느껴졌다. 보고 싶지 않은 모습을 보았고, 인정하고 싶지 않은 감정이 올라왔다. 사자를 탈출시키고 싶었다. 섬 꼭대기에 서 있는 모습만 바라보았을 때는 당당해 보였는데, 전체 장면 속의 사자를 볼 때 외로움이 교차되면서 그런 사자의 뒷모습을 보는 것이 불편해졌고, 불편한 마음은 충동적 파괴로 이어졌다. 니시무라는 [그림 5-1]을 보면서 "바위와 사자가 힘이 넘치지만 땅과 사자를 이어 주는 다리가 없어서 이곳에는 고독함이 있어요. 그리고 고립감 이상으로 단절된 느낌마저 주는 것에는 어떤 비밀이 느껴져요." 실제로 나의 경우에는 집단모래상자놀이치료 과정에 참여할 때 외로움과 고독이 주된 감정이었기 때문에 니시무라의 해석을 받아들이는 데에 어떤 거부감도 없었다. 그가 말한 고립은 인간관계로 인한 불행으로부터 나를 보호하기 위해 선택한 자발적 고립이라는 생각이 들었다.

[그림 5-2]

　나는 [그림 5-1]의 모래상자 가운데 있었던 '섬'을 허물고 처음으로 되돌아갔다. '창조성은 늘 죽음 및 재탄생과 관계가 있다.'는 루트 암만(Ruth Ammann)의 말처럼 기꺼이 버리고 새롭게 발견하기를 주저하지 않은 결과 [그림 5-2]의 모래상자를 만들게 되었다. 섬의 소멸과 함께 바다와 육지라는 두 개의 새로운 공간이 탄생되었다. 섬은 육지로, 강은 바다의 모습으로 확장되었다. 바다는 왼쪽에서 오른쪽으로 유유히 흘러가고 있다. 사자는 섬에서 나와 새로운 땅에 첫발을 내딛고 있다. 사자가 걸을 때마다 모래사장에는 선명한 발자국이 남겨졌고, 사자의 족적은 '나야 나, 내가 여기 존재하고 있어.'라는 외침을 보여주는 듯하다.

　니시무라는 [그림 5-1]과 [그림 5-2]의 모래상자를 번갈아 보며 다음과 같이 해석했다. ('1'이라는 숫자와 나를 연관 지으며) "여성의 타입에는 두 가지가 있어요. 혼자 노는 타입과 무리 속에서 노는 타입이 있는데 선생님은 혼자 노는 타입이군요." 그 말을 듣는 순간 나는 속으로 웃었다. '어떻게 아셨을까?' '나'라는 사람은 혼자서 무엇을 하는 것에 대한 두려움과 거부감이 없는 사람이다. 그런 삶의 방식이 모래상자에 고스란히 표현된 것으로 이해했다. 니시무라의 해석은 이어졌다. "사자는 강한 아버지를 상징하는데, 선생님이 가지고 있는 성향은 아버지의 성향을 받은 것 같아요. 하지만 선생님이 사자를 계속 데리고 가면 힘들 거예요." 니시무라가 말한 사자는 드러나지 않은 나의 완고한 성격을 암시한 것일 수도 있고 그의 말처럼 나의 아버지를 상징하는 것일 수도, 혹은 두 가지 모두 해당될 수 있다는 생각도 들었다.

사춘기 시절 나는 상상하지 못했던 아버지의 다른 면들을 보게 되면서 상처를 받았다. 니시무라의 사자에 대한 해석은 아버지와 관련해서 끝내지 못한 묵은 숙제를 다시 들추어 보게 했다. 사자에 대한 니시무라의 해석이 흥미롭고 인상적이긴 하지만 아버지를 끌어낸 해석은 전혀 생각지 못한 부분이라 당혹스러웠고, 사자가 아버지라는 그의 해석을 인정하고 싶지 않은 마음의 저항도 생겼다.

a

b

c

[그림 5-3]

　세 번째 모래상자 작업을 했다. 우선 다양한 질감의 모래 감촉을 느껴 보는 시간을 가졌다. [그림5-3]의 모래는 자줏빛이 감돌고, 무게가 가볍고, 거친 촉감의 모래를 선택했다. 모래를 손으로 쥐어 보니 뭉쳐지지 않았고 손가락 사이로 모래 알갱이들이 물처럼 빠져나갔다. 모래는 돌이 시간의 흐름에 의해 가루가 된 물질이지만 영원성의 의미를 갖는다. [그림 5-1]의 모래상자에서 섬 위의 사자 옆에 있었던 돌이 떠올랐다. 나는 영겁의 시간이 응집된 모래 위에 손가락으로 그림을 그리고 지우고, 다시 그리는 행위를 반복하면서 무의식을 의식화하는 작업에 집중했다.

　나는 첫 번째 모래상자를 시작으로 해서 본격적인 모래상자를 만들기 전에 모래를 가지고 놀거나 표면에 흔적을 남기는 행위를 하나의 '의식(ritual)'처럼 행하고 있었다. 자줏빛의 모래를 손바닥과 손등으로 쓸어내리고 쓰다듬는 과정에서 다정하고 부드러운 손길이 떠올랐다. 편안함을 주는 모래의 질감이 현실세계의 나와 무의식을 연결해주는 통로가 된 듯 누군가가 나를 다정하게 쓰다듬어 주었으면 하는 간절한 마음이 생겼다. 나의 모래놀이는 자의식에서 나온 고정된 지시가 없었다. 때문에 자발적으로 상자를 발전시킬 수 있었고, 창작에 대한 나의 관심사를 마음껏 펼칠 수 있었다.

　모래 탐색이 끝난 후 피겨들이 있는 곳으로 갔다. 가장 먼저 눈에 들어 온 것은 사자와 빨간색 원피스를 입은 소녀였다. 다음으로 모자상이 눈에 들어왔는데 그 선택

과정이 쉽지 않았다. 모자상은 수수한 한복 차림의 엄마가 품안의 어린아이를 지긋이 바라보고 있는 모습이었다. 엄마의 눈에서 자상함, 따뜻함, 푸근함이 느껴졌다. 그런데 내가 선택한 모래상자에 놓기에는 모자상의 크기가 커 보여서 선뜻 결정할 수 없었다. 선반에 여러 나라의 모자상이 있었지만, 서구적인 외모의 모자상은 왠지 이질감이 느껴져 마음이 가지 않았다. 한복 차림의 모자상 앞에 섰다. 다시 봐도 크다는 생각을 떨칠 수가 없었다. 이러한 고민 뒤에는 나름의 이유가 있었다.

　이유는 균형에 대한 나의 잣대였다. 나의 삶에서 균형은 삶의 질을 지탱하는 중요한 기준이다. 그 균형이 사람과의 관계이든 삶의 상태에 관련된 것이든 균형은 나에게 정신적 추(錘)와 같다. 때문에 모자상 크기에서 느끼는 불균형에 대한 심리적 불편함을 극복하지 못한 채 내적 갈등에 휩싸여 있었다. 갈등은 균형에 대한 나의 고집을 흔들었다. 모자상의 크기가 크게 인식되는 이유가 주변에 비교될 수 있는 작은 피겨들이 있기 때문에 일어난 생각은 아니었을까? 나는 모래상자 안에 넣을 다른 피겨들을 의식하지 말고 나의 욕구에 집중하자는 암시를 되 뇌였다. '그래. 주변에서 오는 자극들이나 환경을 의식하지 말자. 내가 원하는 것, 나의 욕구가 무엇인지 보려고 하자. 그리고 내가 하고 싶은 것을 하자.' 나는 무의식적 끌림대로 원했던 모자상을 선택하고 가져 온 피겨들로 모래상자를 꾸미기 시작했다.

　첫 작업은 모래상자의 왼쪽에 나무와 바위를 배치하는 것으로 시작했다. 이번 모래상자 작업을 계기로 내가 모래상자를 꾸밀 때 인물이나 특정 사물을 중심으로 진행하기 보다는 환경을 만든 다음, 놓고 싶은 피겨들을 배치하는 방식으로 전개하고 있음을 알게 되었다. 이는 주인공의 역할보다는 배경 역할일 때 마음이 편안했던 나의 성향을 반영해주는 것 같았다. 나무들은 서로의 성장에 방해가 되지 않을 만큼 적당히 거리를 두고 배치를 했고, 나무 아래에는 바위를 가져다 놓았다. 나무는 나에게 휴식과 성장을 상징하는 대상이었으며, 바위는 흔들림 없는 일관성을 의미했다. 피겨들의 배치를 끝내고 모래상자 가운데에 모자상을 놓고 한참을 바라보았다. '엄마 품속의 저 아이가 지금은 나였으면 좋겠다.'는 간절한 바람이 모래를 통해 흘러가기를 바라는 듯이 손으로 모자상을 주변에 동그라미를 반복해서 그렸다. 겹겹의 선들은 나의 의식의 흐름과 의식의 형성화 과정을 보여 주는 듯했다. 모래에 여러 겹의 동심원과 나선형이 만들어졌다. 나선형은 왼쪽 위에서 출발하여 모자상 주변을 여러 번 선회하고는 오른쪽 아래로 흐르는 방향성을 보이고 있다. 모자상 주변으로 만들어진 동심원들은 튼튼한 보호막을 가진 엄마의 자궁 같다. 엄마와 아이는 동심원이라는 자궁 안에서 안정적으로 연결되어 있다.

나는 소녀와 사자를 놓을 위치를 살펴보았고, 모래상자 왼쪽에 소녀와 사자를 놓았다. [그림 5-3]의 b는 동심원을 향해 걸어오고 있는 소녀와 사자를 보여 주고 있다. 소녀와 사자는 오던 길을 잠시 멈추고 동심원 가운데 있는 모자상을 응시하고 있다. 단순히 보는 행위가 아닌 소녀의 소망과 기대가 무엇인지를 보여 주듯 엄마 품에 있는 아이를 보고 있다. 소녀 옆의 사자가 입을 벌리고 포효하고 있다. 사자의 포효는 아이를 품에 안고 있는 엄마에게 자신들이 왔다는 것을 알리는 소리이다. 사자의 쩌렁한 울림과 함께 눈을 떴을 때 나의 기억은 과거의 한 시점으로 돌아가 있었다. 초등학교 고학년으로 기억한다. 나의 어머니는 일을 하는 어머니의 상(狀)으로 나에게 각인되어 있다. 어머니가 직장을 가시면 나는 학교를 마치고 집으로 돌아와서 어린 동생을 돌보고 끼니를 챙겨 주는 누나였던 적이 있었다. 나 역시 돌봄이 필요했던 나이였지만 누군가를 돌봐야 했던 시절을 보냈었다.

나의 어머니는 속정이 더없이 깊고 사람에 대해 애틋했지만, 그런 마음을 말로 표현하는 법이 거의 없었다. 그 흔한 말처럼 생각되는 '사랑해'라는 말도 나와 어머니 사이에서는 익숙하지 않은 낯선 단어이다. 어머니의 체온과 애정 어린 표현에 관한 기억은 희미하지만, 손수 만들어서 준 맛있는 간식과 따뜻한 밥상의 기억이 말보다 더 강렬하게 나의 몸에 젖어 있다. 그것이 어머니의 사랑이었음을 뒤늦게 알게 되었다. 이런 성장 배경이 모자상에 대한 관심으로 이어진 것 같다. 모자상을 고를 때 엄마가 아이를 내려다보는 눈빛이 좋았다. 어쩌면 그런 눈빛을 그리워했는지도 모른다. 모자상의 엄마가 아이에게 "그래, 괜찮아." 라고 말해 주는 것 같았다.

참으로 괜찮지 않은 30대 중반이었을 때 '괜찮아'라는 말은 나에게 생명수 같은 말이었는데 위안이 될 만큼 듣지 못했었다. 모래상자 속의 아이는 엄마의 무릎에 기대어 모든 아픔과 통증을 엄마에게 맡긴 채 하늘을 보고 있다.

[그림 5-3]의 c의 엄마는 자신의 무릎에 머리를 대고 누워 있는 아이의 배를 손으로 어루만져 주며 흥얼흥얼 노래를 불러 주고 있다. "엄마 손은 약손, 스르르 나아라." 두 사람을 지켜보는 소녀의 마음에서도 엄마의 노래가 메아리처럼 울린다. "엄마 손은 약손, 스르르 나아라." 엄마는 아이를 품에 안고 온화한 미소를 지으며 "아가, 이제 괜찮을 거야."라며 아이를 안심시키고 있다. 소녀는 엄마의 존재를 느낀다. 나 역시 엄마의 존재를 느끼고 있었다.

[그림 5-3]을 보던 니시무라는 동심원에 대한 언급을 먼저 했다. "동심원들이 서로 떨어져 있다. 이것은 사회와 분리되어 있는 것을 의미해요." 이런 그의 해석은 [그림 5-1]의 모래상자에서 말했던 '고립'이라는 해석과 유사하다. 그는 "선생님의 어머니와 아버지는 어떤 분인가요?"라며 부모님의 성향을 물었다. 나는 "어머니는 정이 많은 분이지만 감정을 잘 드러내지 않아 무뚝뚝하게 보이기도 하고, 완벽주의자처럼 보이기도 했어요. 젊은 시절부터 일을 하는 분이었다. 아버지는 예술을 좋아하고 흥이 있는 기분파였어요. 바깥 활동을 좋아하셔서 많아 등산, 낚시, 운동, 서예 등의 취미활동을 많이 하셨던 것으로 기억해요. 유년기를 회상해 보면 저는 맞벌이 가정의 아이였어요. 부모님의 성격이나 성향과 환경적 요인을 생각해 보면 저는 부모와의 정서적 상호작용이나 애착관계가 충분하지 않았던 유년기를 보낸 것 같아요."라고 답했다.

니시무라는 [그림 5-3]을 보면서 "모자상 주변으로 에워싼 동심원의 흐름이 우측 하단으로 향하고 있는데, 물이 아래로 흐르고 있는 것은 좋네요."라고 말했다.

동심원의 자연스러운 흐름은 주어지는 삶에 순응하며 살아가고자 하는 나의 인생관과 일치했다. 기분이 꽤나 좋았다. 모래상자를 위에서 내려다보면 소녀와 사자가 가야 하는 길이 정해져 있는 듯 나의 시선은 동심원이 흐르는 방향에 있었다. 하지만 그 길이 어떤 세상으로 어떤 차원으로 연결될지는 알 수 없다. [그림 5-3] 모래작업은 유년기의 나의 정서적 결핍을 직면하게 했고, 그 결핍은 모자상이라는 상징적 대상을 통해 채워졌다.

a

b

c

[그림 5-4]

네 번째 모래작업인 [그림 5-4]에서 선택한 모래는 그 입자가 매우 작고 균일했다. 미세한 알갱이들이 아주 부드럽게 느껴졌다. 손끝에서 느껴지는 모래는 차가웠지만 시원함도 느껴졌다. 이번 모래상자에서 선택한 모래는 힘을 가해도 뭉쳐지지 않아 마치 '통제할 수 없는 상황'에 대한 복선을 보여 주는 것 같았다. 사전을 보면 의지는 '어떤 것을 이루고자 하는 마음'이라는 뜻이다. 한때 무언가를 이루고자 이를 악 물고 무던히 애를 썼던 나의 의지가 오히려 내 마음을 성가시게 했던 적이 있다. 그 성가심에 지쳐 이제는 마음을 내려놓고 싶어서 손으로 쥐어지지 않는 모래에 본능적으로 눈이 간 걸까? 성급한 의미부여를 하고 싶지 않았지만 통제에 대한 이슈로부터 자유롭고 싶었다.

나는 모래를 평원처럼 펼쳐 놓고 피겨들을 가지러 선반 앞으로 갔다. 작지만 정교한 가구들이 눈에 들어왔다. 익숙하고 편안한 정서가 느껴지는 가구들을 보면서 나만을 위한 공간에 놓고 싶은 상징들을 선택했다. 그러다보니 이전 모래상자들에 비해서 피겨들의 가지 수가 늘어났다. 나는 집의 내부 공간부터 꾸미기 시작했다. 먼저 책상을 모래상자 왼쪽에 놓았다. 책상을 시작점으로 다른 피겨들의 위치를 잡아갔다. 책상은 하루 중에 가장 많은 시간을 보내는 자리이다. 가구들 간의 간격은 적정거리를 유지하고 싶었지만 생각대로 되지 않았다. 이미 배치가 끝난 피겨들의 위치를 옮기면 해결될 상황이었고, 분명 공간을 더 넓혀갈 수 있는 상황이었는데 움직일 생각을 하지 않고 왜 그 자리에서 맴돌며 낑낑대고 있었을까? 현실의 답답함이 모래상자에도 보였다.

[그림 5-4]의 b는 모래상자의 왼쪽 아래 장면이다. 소녀는 마음에 드는 소파에 앉아 휴식을 취하고 있다. 바로 옆의 소파는 비어 있다. 빈 의자는 누구든 와서 편히 쉬어갈 수 있는 안식을 상징한다. 나의 직업적 정체성을 생각하면 내담자를 위한 자리의 의미도 포함되어 있었을지도 모르겠다. 또 다른 측면에서는 나의 감정이 투사된 대상은 아닐까? '존재하지만 존재감을 주는 않는 대상'을 나타내거나 혹은 '존재감을 주는 대상을 기다리는' 상황을 보여 준 빈 의자라는 생각이 들었다. 소녀의 오른편에는 사자가 있다. 바닥에 몸을 기대고 쉬고 있는 사자는 소녀를 지키는 '수호

자'이다. 위엄을 갖춘 든든한 대상이 필요했던 나에게 사자는 그런 존재이다.

탁자에는 먹음직스러운 과일들이 담긴 바구니를 놓았다. 풍성함을 '본다.'는 것은 먹지 않아도 배가 부른 것 같은 심리적 배부름을 즐길 수 있는 행위이다. 탁자 위의 과일 바구니는 생존과 나눔의 의미이다. 과일은 음식을 예비해 놓는 일이며 이는 생존과 다름 아니며, 나눔은 수확한 것들을 이웃들에게 대접하는 의미를 담고 있다. 이렇게 만들어진 모래상자의 왼쪽 아래 공간은 온전히 '내가 원하는 방식'으로 '나만을 위한 공간'을 창조했다는 것에 큰 만족감을 주었다. 이어진 작업은 울타리를 세우는 작업이었다. 나만의 공간과 외부와의 적절한 경계가 필요했다. 낮은 울타리는 높지 않아서 외부와 단절된 인상은 주지 않는다. 울타리라는 경계가 있지만 집 안에서 밖을 볼 수 있고, 외부에서도 내부를 볼 수 있다.

[그림 5-4]의 c는 위에서 모래상자를 내려다 본 장면이다. 낮은 울타리는 사람이 양팔을 벌리고 있는 모습과 흡사하다. 따로 문이 없는 점이 안전에 대한 걸림돌로 여겨졌지만 바깥세상에 대한 소통 욕구가 더 강했다. 모래상자의 에너지는 왼쪽 아래에서 시작해서 오른쪽 위로 흐르고 있지만, 오른쪽 위에는 텅 비어 있다. 미래보다는 현재를 중심으로 살고 싶은 나의 인생관과 흡사 닮은 구석이 있다.

[그림 5-4]에서는 내가 '원하는 방식대로, 내가 머물고 싶은 공간'을 만들 수 있었다는 것이 좋았다. 삶에서 통제받고 있는 일부 상황을 극복하고 싶은 나의 기대와 통제할 수 없는 상황에 대한 무력감은 손에 쥐어지지 않았던 모래선택이 말해 주고 있었다. 통제할 수 없는 것에 대한 관여를 내려놓는 연습이 필요했던 나에게는 의미 있는 작업이었다. 니시무라는 비어 있는 소파에 주목했다. 그는 비어 있는 소파를 보면서 "당신은 기혼인데, 지금 이 모래상자의 장면만 보면 남편이 없는 상황처럼 보이는 것 같네요. 이 같은 구조는 결혼을 하지 않은 여성에게서 볼 수 있는 상자예요." 니시무라의 빈 소파에 대한 해석은 기혼이라는 나의 배경이 전제가 된 해석이라는 생각이 들었다. 그리고 앞선 언급한 '존재하지만 존재감을 주지 않는 대상'에 대한 나의 좌절감과 동일한 맥락의 해석으로 생각되었다. 결혼이라는 제도에 용감하게 승차를 했지만 서로에 대한 이해의 부족은 소통의 부재와 공감 결여를 낳았

고 그것은 일상의 고충이었다. 물론 풀어서 봐야 할 봇짐 속의 숙제이기도 했다. 니시무라의 해석은 아버지의 이미지로부터 영향을 받아 형성된 아니무스의 부정적인 측면이 상대방과의 관계 상황을 어렵게 만들고 있는 것은 아닌지 되돌아보게 된다.

a

b

[그림 5-5]

[그림 5-5]는 다섯 번째로 만든 모래상자의 장면으로 나의 내적 갈등이 모래상자에 그대로 시각화되었다. 이번 모래상자는 모래를 하나의 구조물로 형상화하는 작업에 집중했다. 모래는 수분감이 있는 회백색 모래를 사용했다. 모래를 가지고 노는 과정은 특별한 감각을 만끽하는 일이었다. 모래가 주는 감촉은 생명의 힘에 대한

감각을 되찾게 해 주었다. 자연 속에서의 놀이가 어질러짐에 대한 어떠한 두려움도 주지 않듯이 모래놀이를 하는 동안 두려움은 없었다. 몇 번의 손놀림 끝에 모래상자에 협곡들이 만들어졌다. 정면에서 보면, 깊게 패인 골을 중심으로 좌우 협곡들이 마주하고 있다. 위에서 내려다보면 협곡들은 심장모양을 닮기도 했고, 자궁이 연상되는 형태로 보이기도 했다. 몸과 마음에서 무슨 일이 일어나고 있는 것일까?

나는 협곡을 꾸밀 피겨들을 가져왔다. 소녀와 사자, 군인, 경찰, 해적, 바위, 나무로 상자를 꾸미기 시작했다. 등장 피겨들을 놓고 보면 평온한 세상과는 거리가 느껴지는 것들이다. 무작위적인 선택이었지만 갈등과 대립의 예고편 같았다. 먼저 모래상자 위쪽에 방풍림처럼 나무들을 가지런히 심었다. 바위들은 각 협곡의 입구에 놓았다. 소녀와 사자는 가운데 협곡의 정상에 올려놓았고, 군인, 경찰, 해적 들은 소녀와 사자를 마주보게 되는 협곡 아래에 놓았다. 배치를 끝내고 상자를 보게 되었다.

소녀와 사자를 보았다. 끈끈한 유대로 연결되어 있는 두 존재이다. 마치 한 사람인 듯 같이 여정을 함께하고 있다. 둘의 관계는 동반자적 관계이지만 소녀가 사자에게 많이 의지하고 있다. 사자는 소녀에게 지혜와 용기를 불어 넣어 주는 조력자이다.

사자에 등에 올라 탄 소녀의 표정은 기세등등한 모습이다. 그 모습을 보면서 쾌감이 느껴졌다. 협곡 아래의 사람들은 소녀가 있는 고지를 향해 총, 칼을 겨누고 달려들 기세를 취하고 있지만 소녀가 있는 곳이 지형적으로 유리한 곳이라 탈환이 쉽지 않을 것이다. 소녀는 협곡이라는 지형의 이점을 이용해서 되도록 물리적인 충돌 없이 싸움이 해결되기를 바라는 마음이 있다. 이러한 바람은 현실에서 문제를 해결하는 나의 방식과 크게 다르지 않다. 갈등 대상과 직접적으로 부딪혀 가며 논박을 하기보다는 참는 방식으로 회피해 왔었다. [그림 5-5]는 두 세계의 충돌 전 상황을 보여주고 있다.

사자의 등에 올라탄 소녀의 모습은 잔다르크를 떠올리게 했다. 알려진 바대로 잔다르크는 프랑스의 애국소녀로 백년전쟁 당시 16세 나이로 영국군 포위를 뚫고 진두에 서서 오를레앙 성을 탈환한 역사적 인물이다. 사자 등에 탄 소녀의 모습은 잔다르크와 같은 전사의 모습이다. 난관에 봉착했을 때 종종 잔 다르크의 통솔력을 꿈꾸지만 나에게는 엄두가 나지 않는 일이다. 집단에서 분위기를 잘 조성하고 이끌어가는 것처럼 보일 때도 있지만, 실제로 적극적으로 나서야 할 자리나 상황에서는 머뭇하거나 뒤로 빠지는 소극적인 태도가 반사적으로 나온다는 것을 잘 알고 있다. 이런 나의 현실적인 모습을 생각했을 때, 소녀가 가진 통솔권자의 모습은 나에게도 있었으면 하는 모습이었다.

니시무라는 [그림 5-5]의 모래상자를 오랫동안 응시했고, 천천히 말문을 열었다. "이 같은 형상은 드문 장면이에요. 내가 지금까지 임상 경험에서 이 같은 장면을 본 것은 얼마 되지 않아요. 꼭대기에 사자가 버티고 있는 것이 힘이 있네요. 저런 협곡이 있다는 것은 자기만의 기준을 타인에게 적용하려는 성향을 드러내주는 상징이라고 할 수 있어요." 니시무라의 질문이 이어졌다. "저기 왼쪽 아래에 있는 돌멩이는 무엇인가요?" 나는 "그냥 돌멩이입니다."라고 말했다. 니시무라는 나를 보며 "당신은 무엇과 싸우고 있나요?"라고 되물었다. 그의 말을 듣는 순간 '나는 정말 무엇과 싸우고 있는 걸까? 싸움의 대상이 있긴 있는 건가? 싸움의 대상이 나였는지 무엇인지도 모르고 싸우고 있었던 것은 아닐까?' 나는 니시무라에게 "싸우지 않으면 제가 힘드니까요."라고 대답은 했지만, 그의 질문은 투쟁과 회피 사이에서 갈등해 온 나를 다시 보게 했다.

나는 허상과 싸우고 있었던 걸까? 아니면 갈등 상황 그 자체에서 느끼는 심리적 압박감이 불편해서 지레 겁을 먹고 도망 다녔던 것은 아닐까? 무엇을 두려워했을까? [그림 5-5]의 모래상자는 '당신은 무엇과 싸우고 있나요?'라고 했던 니시무라의 질문에 대한 또 다른 질문을 나에게 던질 수밖에 없었던 시간이었다. 협곡의 정상에 서있는 소녀는 적어도 주변 상황을 전체적으로 볼 수 있는 파노라마 시점을 가지고 있다. 그런 시점으로 눈앞의 대립상황을 벗어나서 싸움의 본질을 생각하고 살필 수 있는 계기가 되었다.

a

b

c

[그림 5-6]

[그림 5-5]의 모래상자에서 벌어졌던 전쟁이 힘들었을까? 여섯 번째 [그림 5-6]의 모래작업은 모래상자 형태의 변화를 이끌어냈다. 지금까지 선택했었던 기본상자 형태를 벗어나 팔각형의 색다른 상자를 선택했다. 프레임의 변화가 일어났다. 심리영역에서 프레임은 세상을 지각하는 '창', 흔히 말하는 '관점' '시선'을 의미하는 표현으로 통용된다. 나는 모래상자에서 일어난 변화들에 대한 원인을 찾으려는 관점에서 벗어나, 즉시의 현상을 있는 그대로 경험하고자 하는 현상학적 태도를 가지고 다음 단계로 나아갔다. 팔각형의 모래상자에는 건조하지만 보드라운 촉감의 모래가 반짝이고 있었다. 팔을 벌려 모래를 앞으로 끌어 모으자 맑은 하늘의 빛깔과 같은 청량한 파란색이 드러나면서 자연스럽게 S자형의 경계가 만들어졌고, 모래사장과 바다로 나뉘어졌다. 명확한 경계를 위해 상자 바닥을 빗자루로 쓸었다. 바다색은 더 선명해졌고 보기에도 시원해 보였다. 지친 몸과 마음을 회복하기에 딱 맞는 아늑한 공간이 만들어졌다.

나는 만들어진 공간에 어울리는 피겨들을 가져왔다. 소녀와 사자, 소나무, 바위, 사람, 거북이, 물개, 상어와 고래 등이다. 생물들의 개체 수는 그들이 공생해야 하는 상황에서 생존에 지장이 되지 않을 만큼의 수를 고려했다. 나는 공간을 살펴가며 각각의 상징들이 있었으면 하는 적당한 자리에 나누어 두었다.

[그림 5-6]의 a를 보면 전체적인 장면의 인상은 평화롭고 나른한 느낌을 준다. 한낮의 태양 빛을 즐기는 소녀와 사자들, 시원한 바람이 불어오는 나무 그늘 아래의 사람, 모래사장과 바다 속에는 자기 모습을 드러낸 다양한 생물이 어우러져 있다.

[그림 5-6]의 b를 보면 모든 생물들은 약속한 듯 바다라는 한곳을 바라보고 있다. 눈앞에 펼쳐진 넓은 대양은 이들의 숨통을 트이게 해 준다. 모래사장에는 겉모습이 다른 물개 한 쌍이 다정하게 바다를 보고 있고, 바로 앞에는 거북이와 바다를 응시하고 있는 남자가 있다. 바다거북은 바다를 향해 힘겨운 발걸음을 옮기고 있다. 알을 낳기 위해 거친 바다를 횡단해서 자신의 고향으로 돌아왔다. 모성의 위대함이 느껴졌다. 엄마 거북은 남겨놓은 알들이 무사히 부화되어 약탈자의 눈을 피해 바다로 안전하게 갈 수 있기를 바라고 있다. 먼 바다에는 범고래, 상어, 날치가 헤엄치고 있

다. 강자와 약자의 관계지만 서로 해를 주지 않고 도움을 주고받으며 살고 있다. 고유한 취향과 특성을 가진 사람들이 함께 존재한다는 것이 쉽지만은 않은 일 같다. 내가 관계에서 원하는 것이 공존인지 자발적 고립인지 혼란스러울 뿐이다.

　[그림 5-6]의 c에는 소녀와 함께 다니던 사자 옆에 덩치가 작은 어린 사자가 있다. 나의 내면아이일까? 사자의 새끼일까? 명확하게 해석이 되지 않았지만 둘 다 나의 일부일 수 있다는 생각도 들었다. 또한, 돌봄이 필요한 존재라는 생각이 들었다. 그들의 좌측 뒤 편 나무 아래에도 해변을 보고 있는 여자아이가 있다. 여유로워 보이는 게 내가 누리고 싶은 여유와 휴식이다.

　여섯 번째 모래상자는 고요하고 평화로운 분위기의 해변 풍경으로 완성되었다. 상자를 피겨들로 채워가는 동안 느긋한 여유를 경험했고, 정신적 피곤함을 해소하는 재충전의 시간이 되었다. 니시무라는 "나무 아래에 있는 사람이 여자인가요? 남자인가요?"라고 물었다. 나는 "여자입니다."라고 답했다. 니시무라는 인물의 성별을 열어 놓고 내가 이 인물을 어떤 성으로 보는지 확인하려 했던 것 같다. 나의 추측이지만 니시무라는 나무에 가려져 있어 마치 숨겨 놓은 것처럼 보이는 인물을 나의 여성성으로 해석한 것 같다.

　20~30대 초반 시절 나에게 여성성이란 개념은 나약한 존재를 인정하는 그림자의 부속물에 불과했다. 이는 수동성, 유약함, 순종성 등의 특징으로 묘사되는 사회, 문화적 존재로서의 여성에 대해 가지고 있는 통념과 개인적인 편견이 영향을 미친 것으로 생각한다. 그 때문인지 분홍색은 의존적인 색, 노란색은 촌스럽고 유치하고 미숙한 색으로 여겨 두 색이 들어간 옷을 입는 것을 꺼려했다. 그리고 여성과 관련된 행동, 역할, 특징을 드러내는 것은 나의 취약함을 인정하는 것과 다름없다고 생각했다. 철저하게 부인하고 심리적 저항을 했지만 실상은 의존하고 싶고, 기대고 싶은 나의 내적 소망을 은폐하기 위한 무의식적인 방어기제였다. 불완전한 존재, 여성 이전에 인간으로서 취약할 수 있다는 점에 대한 인정과 수용이 필요했다.

　니시무라는 [그림 5-4] 장면에서 빈 의자에 대한 상징해석과 [그림 5-6]의 나무 뒤의 여자아이를 드러내고 싶어 하지 않는 나의 여성성으로 해석했다. 그는 내가 알

고 있는 현실과 현실 너머의 보이지 않는 나의 자기를 올바로 자각하고 들여다보는
방법을 알려 주고 앞으로 가야 할 통로를 열어 주었다.

a

b

[그림 5-7]

[그림 5-7]은 일곱 번째 모래상자 작업이다. 모래상자는 원형을 선택했다. [그림
5-6]의 팔각형 형태의 상자가 완전한 원의 형태로 확장되었다. 원이 가지는 상징적
의미는 동양과 서양 상관없이 다양하다. 원은 자기의 역동성을 표출하는 의미를 가
진다. 이를테면, 융의 관점에서 원은 개인이 남들과 구별되는 고유한 자기를 찾는

진정한 개성화가 진행되고 있음을 알리는 표식으로 이해되고 있다. 모래를 탐색하는 나의 손동작은 이전 모래작업들에 비해 빠르게 움직였다. 손가락 끝에 뜨거운 사막의 기운이 느껴지는 환상에 잠시 젖었다. 상자에 놓을 피겨로는 소녀와 사자 그리고 지팡이를 가져왔고, 그들은 모래상자 가운데 놓여졌다. 소녀가 지팡이를 내려치자 그들이 서있는 곳에서부터 강렬한 회오리가 일고 있다. 회오리는 안에서 바깥으로 나선형을 그리면서 나오고 있으며, 이는 흡사 만다라를 연상시켰다. 융에 의하면, 나선형은 의식, 진화, 발전, 확장, 개방, 초월로의 접근 등의 의미를 함축하고 있다. 그런 의미에서 일곱 번째 모래상자 작업은 소녀의 고유한 자기의 확장과 세상으로 나가는 통합의 여정을 담고 있다.

태양 아래의 소녀는 아무것도 없는 사막 한 가운데 서있다. 옆에는 사자가 있고 소녀의 손에는 자신의 키를 훌쩍 넘는 마법의 지팡이가 쥐어져 있다. 지팡이 끝에 달린 빨간 구슬 속에는 봉인된 마력의 힘이 가득 차 있지만 소녀는 그 힘을 충분히 통제할 수 있을 것이라는 확신이 있다. 소녀 옆의 사자는 강인함과 투쟁적 정신을 소유한 동물로 원칙과 강력한 남성성을 상징한다. 또한 소녀의 정신적 방향성을 관장하는 정신적 지주이기도 하다. 이는 사자에게 정신적으로 의존하고 싶은 나의 숨겨진 욕구를 드러냄과 동시에 정신적 지주 역할을 해 주는 대상을 원하고 있음을 말해주는 것 같았다. 또한 [그림 5-5]에서 니시무라가 언급했던 자기만의 엄격한 기준을 타인에게 적용하려는 성향이 나의 남성성과 연결될 수 있음을 알게 되었다. 사자와 나의 관계를 통해 나는 내안에 내재되어 있는 남성성과의 올바른 관계 정립을 위해서는 드러난 나의 모습에 대한 인정과 수용이 전제되어야 함을 인식하게 되었다.

[그림 5-7]의 모래상자는 아주 단순하지만 강렬한 힘과 에너지가 느껴졌고, 전체적인 인상은 첫 번째 모래상자 작업처럼 상자의 중심에 생명력이 집약되어 있고, 앞으로 어떤 일이 전개될지 알 수 없는 형국이라는 점에서 닮은 점이 있다. 하지만 직감적으로 다른 수준의 새로운 출발임을 알 수 있었다. 니시무라는 모래상자를 보면서 "무엇이 나올까요? 궁금하네요."라고 했다.

[그림 5-8]

여덟 번째에 작업한 [그림 5-8] 모래상자의 형태는 사각형이며, 모래는 촉촉한 수분감이 있는 모래였다. 나는 한참을 모래를 가지고 놀았다. 건조한 모래에 비해서 수분을 지닌 모래를 선택했을 때 모래 탐색에 더 많은 시간을 할애하는 것 같다. 우연일까? 첫 번째 모래상자 작업과 비슷하다는 생각이 들었다. 모래를 만지고 노는 동안 모래상자의 공간은 [그림 5-8]의 b처럼 위와 아래로 나누어지고 강은 왼쪽에서 오른쪽으로 상자 가운데를 가로질러 흐르고 있다. 나는 강의 흐름을 보면서 삶의 에너지가 흐르기 시작했다는 것을 알 수 있었다. 큰 강에서 나온 강은 지류가 되어 모래상자 위쪽의 땅을 둘로 나누었다. 땅과 강의 확장은 많은 생명의 탄생을 예고했을까? 피겨들은 대부분 모래상자 위쪽 공간에 배치되었다.

[그림 5-8]의 b는 소녀와 사자가 탄 배가 강을 따라 오고 있는 장면이다. 배에 노

는 있지만 직접 젓지 않고 강의 흐름에 맡기고 있다. 뱃머리에 나란히 앉은 소녀와 사자는 문명 발생 이전의 세상을 보고 있다. 건축물로는 성전과 농가가 있다. 성전에는 이곳에 살고 있는 생명들을 지켜 주는 신이 살고 있다. 성전 앞쪽으로 농가는 있지만 일을 하는 사람들은 아직 보이지 않는다. 니시무라는 여덟 번째 모래상자에 대해 "어디로 갈지 궁금하네요?"라는 말로 해석을 대신했다. 나는 그의 해석에 덧붙여 나의 모래상자가 방향성이나 상징을 예단하기 어려운 흐름의 한 순간을 보여 주고 있거나 상징물을 거의 사용하지 않았기 때문에 구체적인 해석이 필요하지 않았을 것이라고 생각했다. 혹은 기존의 상징 해석에서 공간에 대해 설명하고 있듯이 비어있는 모래상자 아래쪽은 '새로운 출현을 위한 비움'의 의미도 가능하다고 보았다.

[그림 5-8]의 c는 성전과 농가 근처에 있는 개 한 쌍과 어미 소와 어린 송아지가 있는 장면이다. 농가는 동물들에게 잠자리와 양식을 제공해 주고 있다. 곳곳에는 돌들도 있다. 돌은 나의 모래상자에서 빠지지 않고 등장하는 상징물 중의 하나이다. 회색빛의 돌들에 눈에 띄는 하얀색의 돌이 하나씩 배치되어 있다. 돌이 지닌 상징적 의미는 맥락에 따라 다양한 의미를 가진다. 연금술에서 돌은 서로 대립하는 것들을 결합시키는 철학자의 돌을 의미한다. 그런 의미에서 본다면 나의 삶에서 대립을 이루고 있는 것은 무엇이며 그것들의 통합 과정이 모래상자에서 어떤 이미지와 상징으로 나타나는지 후반부 작업에서 살펴볼 필요가 있다.

여덟 번째 모래상자의 전체적인 인상은 평화롭고 고요하다. 나무의 녹색과 땅의 색 그리고 바닥을 드러낸 강의 색이 조화롭게 느껴졌다. 나의 경우에는 모래상자의 푸른 면을 곧잘 사용하여 물의 수준으로 접근해왔는데 이는 내면의 깊은 측면으로 들어가고자 하는 나의 무의식적 의도가 과감하게 드러난 것으로 생각되었다. 서쪽에서 동쪽으로 흐르는 강은 에너지의 열림과 막혔던 곳이 풀리고 있다는 것을 알려 주는 신호 같아서 반가웠다.

a

b

c

[그림 5-9]

[그림 5-9]는 아홉 번째 모래상자이다. 선택한 모래상자 형태와 모래는 [그림 5-8]의 모래상자와 동일하다. 강이 흘러가는 방향, 지류에 의해 분할된 땅은 [그림 5-8]과 거의 동일하며 소녀와 사자, 배, 나무, 돌, 가축, 신전, 농가, 농부 등 제법 다양한 상징물이 등장했다. 뚜렷한 변화는 [그림 5-7]에 등장했던 마법 지팡이가 다시 소녀의 손에 쥐어져 있고, 땅이 더 분할된 점이다. 융 심리학에서 숫자 '5'는 한 개인이 현실과 관계를 맺기 위해 바깥을 향한다는 의미를 지니는데, 자신의 비전을 현실 속에 실현하는 것으로 현실에 능동적으로 대처함을 뜻한다. [그림 5-9]에서는 생명력과 역동성이 느껴진다. 마을이 형성되고, 사람들은 땅을 일구거나 밭을 매고, 가축을 돌보는 신성한 노동을 하고 있다.

마을은 강을 중심으로 마주하고 있으며, 마주보고 있는 농가의 빨간색 지붕이 인상적이고 생동감을 더해 주고 있다. 만다라 해석에서 빨간색은 건강한 생존과 위대한 내면의 지혜를 터득하게 되는 변화에 필요한 에너지를 상징하며, 모래상자에서 빨간색은 활동과 따뜻한 열정 같은 정서를 일으키는 색을 의미한다. 모래상자의 성전은 종교적 색채가 부여된 장소라기보다는 영혼의 안식처로서의 의미가 크다. 이러한 해석은 나의 개인적인 표현에 가깝다. 나는 특정 종교를 가지고 있지 않지만 신의 존재를 믿고 싶은 사람이다. 니체(Nietzsche)는 세기말 황폐해져 가는 인간성을 보면서 "신은 죽었다."라는 말을 남겼다. 나는 신의 존재를 살리고 싶었다. 인간으로서 감당할 수 없는 한계에 부딪혔을 때 나는 신을 찾았었다. 그 때문인지 내가 만든 모래상자의 세상만큼은 신의 존재를 부각시키고 싶었고, 신이 세상을 축복해 주었으면 하는 간절함을 담았다.

니시무라는 모래상자를 보면서 "혹시 모래에 물을 부었나요?"라고 물었다. 나는 "물은 사용하지 않았고 형태를 잡을 수 있는 모래를 선택했습니다."라고 했다. 일본어가 능통하지 않았기 때문에 그가 한 질문의 의도에 관련된 세부적인 설명을 듣지 못한 것이 못내 아쉬웠다. 이어서 그는 "이 그림은 의식에 가까운 그림이네요."라는 말을 했다. 의식에 가깝다는 게 무슨 의미일까? 모래상자는 의식에서 떠오른 이미지로 구성된다고 한다. 나의 모래상자의 이미지들이 현실적인 세계를 그대로 보여 주고 있고 그것은 내가 깨어있는 상태라는 것을 의미하는 걸까.

[그림 5-9]의 b 모래상자는 위에서 마을 정경을 내려다 본 것으로, 파란색의 강줄기가 마치 나무처럼 보였다. 인류의 큰 문명은 물을 중심으로 발달했다. 모래상자의 강줄기는 물이 필요한 척박한 곳에 이르러 땅을 비옥하게 만들었다. [그림 5-8]에서 오른쪽 위에 있었던 성전과 농가, 가축들이 [그림 5-9]의 모래상자에서는 왼쪽 위로 이동을 하여 과거를 보여 주는 것 같다. 오른쪽으로 이동하면서 새롭게 생긴 땅에는 농가, 가축, 사람들이 함께 살고 있는 모습이다. 강을 중심으로 마을이 발달했음을 알 수 있다. 상자는 진화와 성장 그리고 조화와 질서를 보여 주고 있다.

모래상자 오른쪽 끝에는 노란색 말이 배를 타고 오는 소녀와 사자를 보고 있다. 융의 동물 상징에서 말은 사람을 태우는 동물이라는 점에서 적절한 통로를 찾는 본능을 의미한다. 다듬어지지 않은 나의 남성성이 여성성과 통합될 수 있는 통로를 찾았음을 알려주는 것 같았다.

　큰 강줄기는 위쪽과 아래쪽으로 나누어진 마을이 공유하는 수로이다. 마을사람들은 강 건너 사람들과 서로 인사를 주고받거나 때로는 수확한 물품을 교환하면서 돈독한 유대관계를 맺고 있다. 이 땅의 사람들은 서로에게 필요한 것들을 나누고 공유하면서 공존하는 것에 대해 가치를 두고 있다. 아홉 번째 모래상자 [그림 5−9]는 '변화' '질서' '성장' '진화' '번성'의 단어가 연상되었다.

a

b

c

[그림 5−10]

[그림 5-10]의 모래상자에서는 붉은색이 감돌아 철분냄새가 코를 자극하는 모래를 선택했다. 촉촉한 수분감과 퀴퀴한 냄새가 시간을 과거로 돌려줄 것 같았다. 모래상자는 원형이었고, 오래 사용을 했는지 상자 테두리의 칠이 군데군데 벗겨져 있었다. 이러한 고태적인 분위기는 모래상자의 시점이 어디로 향하게 될지 알려 주는 복선처럼 느껴졌다. 나는 고대 유적이 있는 나라를 가본 적이 없었지만 모래상자와 모래의 촉감, 모래가 주는 후각적 자극에 의해 고대의 어느 시간으로 이동하고 있었다. 모래의 촉감에 반해 아이처럼 모래를 가지고 놀다보니 원형의 상자에 7개의 원추형의 조형물이 만들어졌다. 바닥에서 수직으로 솟아오른 형태는 무덤처럼 보였고 높낮이의 차이가 조금씩 있다. 나는 무덤에 구멍을 파서 입구를 만들었다. 융은 구멍과 동굴은 따뜻하게 보호해 주는 자궁, 재생의 장소를 상징한다고 했다. 그의 말처럼 나는 동굴이라는 공간을 통해 원초적인 안전함, 따뜻함을 느끼고 싶어 했는지 모른다.

모래조형물을 보면서 가져 온 상징들은 실제로 고대 이집트 문명을 생각나게 하는 것들이다. 주인공인 소녀와 사자, 돌, 독수리, 고양이, 이집트 병사, 야자수, 낙타 등이다. 돌은 각 무덤의 입구 양쪽에 배치했다. 영원성의 의미를 가진 돌이 무덤입구에 있는 것이 자연스러웠다. 소녀는 사자를 데리고 주변을 구경하고 있다. 무덤 주변에는 낙타가 물을 마시고 쉴 수 있는 오아시스와 야자수가 있다. 상자 가운데에 있는 가장 높은 무덤의 입구에는 전통적인 복장을 한 파수꾼을 놓았고, 3개의 무덤 꼭대기에는 고양이, 독수리, 개의 얼굴을 한 수호자들이 있다. 나만의 신화가 만들어졌다. [그림 5-10]의 c를 보면 무덤 꼭대기에 고양이가 있다. 고대문화에서 고양이는 무덤을 지키는 정령 혹은 수호신으로 죽은 자의 육체와 영혼을 지키는 상징물 알려져 있는데, 이집트에서는 고양이 형상의 신을 '바스테트'라 한다. 바스테트는 다산과 풍요를 상징한다. [그림 5-10]의 정면에는 독수리 형상의 신이 무덤위에서 먼 곳을 응시하고 있는 듯 앉아 있다. 신화에서 독수리는 멀리 보는 눈을 가지고 있으며 용기, 불멸, 거룩한 하늘의 보호자의 의미를 지닌다. 이는 인간의 죽은 영혼이 새의 형태로 천국까지 올라갈 때 독수리의 보호를 받으며 지하와 하늘을 여행한

다고 믿는 것에 기인한 것이다. 개 얼굴의 형상인 '아누비스'는 망자의 신으로 불리
는데 죽은 자의 육신을 지키는 신으로 알려져 있다.

우리는 종종 삶에 대한 생각만큼은 아니지만 죽음에 관한 생각들을 한다. 인간이
유한한 존재임을 알기에 현재의 삶에 충실하려고 하며, 의미 있는 삶에 대한 가치를
찾으려고 한다. 현자들은 죽음 자체는 두려운 존재지만 죽음을 생각하는 일은 삶을
보다 풍요롭게 만든다고 했다. 마지막 모래상자 작업을 앞두고 죽음, 부활, 재생에
관련된 상징이 모래상자에 등장한 것이 운명 같은 우연처럼 생각될 만큼 절묘하다
는 생각이 들었다.

이번 모래상자에서 니시무라는 나의 구멍파기 작업에 대해 관심을 보였다. "무덤
에 만들어진 구멍은 초등학교 아동에게 보이는 상징이라고 할 수 있어요. 높은 산
은 남성성을 나타내고, 낮은 산은 여성성을 의미하죠. 물과 연못은 여성성을 상징하
는데, 선생님은 여자로 사는 게 싫지 않나요?" 나는 그의 질문의 맥락을 이해하기 어
려웠다. 여자로 사는 것에 대한 거부감을 가진 적이 없다고 생각했는데…… 혼란스
러웠다. 그는 이어서 "다시 태어나면 남자로 태어나고 싶은가요?" 나는 망설임 없이
"아니요. 여자로 태어나고 싶어요."라고 즉답을 했다.

니시무라는 모래상자를 가득채운 원추형의 조형물을 남성성의 상징으로 해석했
다. 무의식적으로 드러난 남성적 상징물이 여성성에 대한 나의 태도를 반영한 것으
로 본 것은 아닐까? 물론 여성성 자체를 연약한 개념으로 취급했으며, 과도한 감수
성에 저항했고 반면에 능동성, 용기, 객관적 태도, 영적 지혜에 몰두했었다. 또한 삶
의 추동으로 남성성의 에너지를 선호했고, 그것이 나를 지탱해 주는 힘이라고 생각
했었다. 그러다가 40대에 접어들면서 나의 여성성을 봐 주기 시작했고 지금은 조금
씩 받아들이고 인정해 주고 있다. 여전히 자기통합의 길은 멀게 느껴졌지만 나의 영
혼의 깊이를 들여다보고 나를 알아가는 길 위에 있다는 것에 감사했다.

모래상자 해석을 경험한 이후로 나의 여성성은 자기(Self) 안에서 안정적으로 자
리를 잡아가고 있다. 남성성은 여전히 나의 정신적 기반을 튼튼히 해 주고, 외적인
부드러움을 보살필 수 있도록 해 주었다. 열 번째 모래상자는 여성성과 남성성의 상

징들이 신화 안에서 소멸과 부활을 거듭하며 통합되는 과정을 보여 주었다고 생각한다. 모래상자에서 사용된 상징들이 서로 간에 어떤 연관을 가지고 있고, 상호 작용하는지 그리고 나의 내면 정신세계와 어떻게 관계하는지에 대해서 다방면의 해석이 가능하다는 관점을 취하려고 했다.

[그림 5-11]

마지막 모래상자는 니시무라의 모래놀이치료실에서 진행되었다. 그의 모래놀이치료실은 아늑했고, 그가 여러 나라를 여행하면서 수집한 이색적인 상징물들이 수납장을 가득 채우고 있었다. 진열장 옆에는 포근한 햇살이 들어오는 창이 있었고, 창 위에는 날개 짓을 하는 모양의 독수리 피겨가 매달려 있었다. 나는 독수리가 날고 있는 창 아래에 놓여있었던 모래상자로 갔다. 창을 통해 들어오는 햇살이 모래상자에 그대로 내려오는 장면이 너무 마음에 들었다. 상자 안에는 [그림 5-6]에서 사용했던 모래와 동일한 고운 입자의 모래가 있었다. 나는 손바닥으로 모래를 평평하게 고르면서 마음의 안정을 찾아갔다. 바닥을 고르는 작업과 연못을 만드는 작업이 끝난 후 수납장에서 손이 이끄는 대로 선택한 피겨들을 가져왔다. 무성한 수관을 가진 나무, 열매가 달린 나무, 벤치, 여자, 남자, 노인, 아이, 청년, 야구하는 사람. 물고기, 개구리, 오리, 너구리였다.

[그림 5-11]의 모래상자는 열 단계의 여정을 마치고, 마치 현실(의식)세계의 화창

한 어느 날로 돌아온 장면 같았다. 한 눈에 봐도 평화롭고 여유가 느껴지는 일상의 시점이다. 상자 왼쪽 위에는 무성한 수관을 가진 나무가 있고, 수관 꼭대기에는 독수리가 앉아있다. 제3의 눈으로 눈앞에 전개되고 있는 일들을 관조하고 있다. 나무 아래의 벤치에는 한 여자가 책을 읽으며 한 낮의 나른함을 즐기고 있다. 그녀는 사자와 함께 다니던 소녀였다. 나의 여성성이 의식의 차원으로 드러났음을 알 수 있었다. 모래상자 오른쪽 아래인 대칭점에는 잘 익어서 붉은 색이 선명한 열매가 달린 나무가 있고, 결실을 보여 주고 있다. 나무 아래에는 남자가 여자가 있는 곳을 바라보고 있다. 이 장면은 낮과 밤처럼 대척점에 있는 다른 에너지이지만 결국 하나에서 분화된 존재임을 깨닫게 해 주었다.

　모래상자 왼쪽 아래에는 작은 연못이 있고, 연못에는 물에 사는 생명들이 평화로운 시간을 보내고 있다. 물의 영역은 혼란이 없고 고요하고 잘 통제되어 있다. 상자 오른쪽 위의 영역에는 야구를 하고 있는 사람들과 그 모습을 구경하고 있는 사람들로 구성되어 있다. 이 영역에서는 높은 활동성과 충만한 에너지의 흐름이 느껴졌다.

　마지막 모래상자에서 니시무라는 "너구리, 물고기, 개구리, 남자, 오리, 야구하는 사람 모두가 선생님이 데리고 다니던 사자의 인수분해예요."라는 해석을 했다. 열한 번째 모래상자에 등장한 상징들이 본체에서 떨어져 나온 구성요소라는 말에 '크리스털은 깨어졌을 때 자기모습을 드러낸다.'는 말이 생각났다. '사자의 인수분해'라는 니시무라의 해석은 대가다운 직관적 통찰이라는 생각이 들었다. 그는 "선생님, 때로는 여자가 여자다울 필요도 있어요. 당신의 여성성 회복이 필요해요."라는 말로 나의 자기통합에 무엇이 더 보충되어야 하는지를 인식하게 했다.

　[그림 5-11]을 끝으로 모래상자놀이치료 과정은 끝이 났다. 관록 있는 모래놀이치료 임상가와의 만남을 통해 여성성 회복과 함께 자기통합을 이루어가는 경험을 할 수 있었다. 또한 나의 삶에서 묻어 놓고 있었던 미해결 이슈를 소환시켜 재탐색해 볼 수 있었기 때문에 나를 조금 더 이해할 수 있는 기회가 되었다. 다양한 영역에서 일하는 전문가들과 함께 한 모래상자놀이치료 경험은 새로운 관점의 해석과 접근의 다양성을 배우고, 현장에서 이루어졌던 직관적 통찰이 주는 즐거움을 공유

할 수 있었던 시간이었다. 모래상자놀이치료는 나의 무의식과 의식을 시각적인 형태로 접하는 과정이었고, 모래 위에 전개된 나의 정신적 심상을 통해 자기의 진화와 통합이 어떤 상징을 통해 드러나고 읽혀질 수 있는지 알게 해 주었다. 의식의 진화는 개인의 의지도 필요하지만 개성화 과정처럼 발달 안에서 자연스럽게 이루어지기도 한다는 것을 발견하게 되었다. 자기실현이 자기를 찾도록 하는 과정임을 생각할 때, 니시무라, 동료 전문가들과 함께 한 모래상자놀이치료의 해석 경험은 나의 자기통합과 실현을 위한 또 다른 분기점이 되었다.

06

원가족과의 분리,
새로운 가족의 구축

　나는 심리학을 전공했으며, 현재는 아동과 부모를 상담하고 교육하고 있는 30대 중반 여성이다. 5년 전에 결혼을 하여 남편과 두 돌이 지난 아이와 가정을 이루고 있다. 모래상자는 결혼을 약 1년 앞둔 30대 초반에 처음 만들기 시작했으며, 결혼하고 2년 후까지 총 3년 동안 진행되었다. 이 과정에서 니시무라의 상담실에 직접 방문할 기회가 있었으며, 그로부터 총 세 차례의 해석을 받을 수 있었다.

　결혼은 생의 한 시기에서 다음 시기로 이행하는 인생의 중요한 통과 의례 중 하나이다. 이 시기에 만든 나의 모래상자에는 자연스럽게 원가족에게서 벗어나 새로운 가족을 구축해 나가는 여정이 담겼다. 3차례 진행된 니시무라의 해석에서 중요한 흐름을 보여 줄 수 있는 21개의 모래상자를 정리해 보았다.

[그림 6-1]

[그림 6-1]은 나의 첫 모래상자이다. 집단 구성원이 모여 상자를 만든 첫 회기였다. 시작 전 여러 개의 상자와 의자를 옮기고 피겨를 정돈하느라 몸과 마음이 매우 분주했다. 그러다 갑자기 앉아서 모래상자를 만들려고 하니 온전히 나의 감정과 생각에 몰입하기가 어려워 고운 모래를 만지며 한참을 머물러 있었다. 그때 작은 원목침대와 함께 여자 피겨가 눈에 들어왔다. 분홍색 모자와 원피스를 세트로 차려입은 정갈한 단발머리의 여자 인형이었는데, 보자마자 '나'라는 생각이 들었다. 조금 갑갑해 보여 인형의 모자를 벗기고 침대에 눕히면서부터 모래상자 만들기가 시작되었다.

나는 오른쪽 아래에 모자를 벗고 침대에 누워 있으며 그 옆에는 여동생과 강아지가 있다. 아무에게도 방해를 받고 싶지 않아 주위에 견고해 보이는 돌 울타리를 둘렀다. 확실하고 강한 경계를 보여 주고 싶지는 않아 그 위를 꽃과 풀로 장식했다. 울타리 밖, 상자의 왼쪽에는 과일과 보석, 보물 상자가 있고, 딱딱한 바위들이 놓여 있다. 울타리 밖 세상에 행복한 일과 힘든 일이 함께 있다는 것은 알고 있지만, 지금은 그저 나만의 공간에서 내가 좋아하는 여동생, 강아지와 함께 모자를 벗은 채로 쉬고 싶었다.

모래상자를 본 니시무라의 첫 질문은 가족관계와 결혼 여부에 관한 것이었다. 나는 "아빠, 엄마, 여동생과 함께 살고 있어요. 2녀 중 장녀이고요. 상자를 만들 당시에는 곧 결혼을 앞두고 있었어요."라고 답변했다. 그러자 니시무라는 "아직은 남편이 될 사람보다 부모와 가까운 상태인 것 같네요. 부모로부터 벗어나지 못했고, 독립된 한 성인으로의 진정한 데뷔가 필요합니다. 결혼이란 원가족에게서 벗어나 남편에게 가는 것이며, 임시로 지은 텐트가 아닌 진짜 자신의 집으로 가는 것입니다. '원가족으로부터 어떻게 분리해 나갈 것인가?' 이것이 당신의 중요한 주제입니다." 니시무라의 설명은 계속 이어졌다. "일반적으로 어머니의 공간을 의미하는 왼쪽 아래가 분명히 드러나지 않은 상태네요. 상자 중간중간 비어 있는 공간에 아직 채우지 못한 그 무엇이 있을 것입니다." 니시무라는 그것이 아마 '본능'이지는 않을지, 아니면 또 다른 무엇일지에 대해 나에게 물음을 던졌다.

니시무라는 "모자를 썼다는 것은 사회생활을 한다는 상징으로 볼 수 있어요. 당신은 사회 활동을 중심적으로 생각하는 편이네요. 하지만 지금은 자신의 공간에서 모자를 벗은 채로 있어요."라고 말했다.

첫 모래상자에는 개인의 내면 세계의 심적 상태와 자원, 해결해야 할 과제가 총체적으로 드러난다고 한다. 나의 첫 모래상자에는 원가족과의 분리, 숨겨진 본능, 결혼 후 새로운 가족의 구축과 관련된 주제가 담겨 있었고, 이후 3년 동안의 모래상자 놀이에서 이 여정은 계속되었다.

[그림 6-2]

결혼식을 앞두고 [그림 6-2]의 모래상자를 만들었다. 조용한 가운데 고운 모래를 만지고 있으니, 불현듯 이전 할아버지 댁에 다녀오는 길에 들렀던 가톨릭 성지가 떠올랐다. 길이 너무 막혀 평소에 가지 않던 곳으로 돌아가는 길에 우연히 가톨릭 성지를 지나게 되었다. 잠시 쉬면서 졸음을 쫓을 겸 들른 그곳에서 산책로를 따라 걸으며 성모 마리아 상과 예수 상을 보고 있자니 사색에 잠길 수밖에 없었다. 경건하고 고요한 분위기에 압도되어 마치 그곳에 신이 있는 것만 같았다.

그때의 기억을 더듬어 모래상자의 왼쪽에 차를 세워 두고 성모 마리아 상을 지나 성지로 올라가는 장면을 만들었다. 나는 가운데 아래쪽에 있는 성지의 입구에 서 있다. 곧 울타리를 따라 맨 위에 위치한 예배당으로 올라갈 것이다. 곳곳에 예수 상과 성모 마리아 상이 있다. 벤치를 두어 올라가는 길에 휴식을 취하거나 사색을 즐길 수 있도록 했다.

니시무라는 "신에게 남편과 함께 이 길을 들어가도 되는지 물어보는 상자네요. 그리고 가는 길에 비어 있는 벤치에 남편과 어떻게 앉을 것인지 생각해 볼 필요가 있어요."라고 말했다. 그는 이 외에는 어떤 해석도 하지 않았다.

루트 암만(2009)은 결혼은 다음의 시기로 이행하는 중요한 사건이며, 이행이 가져오는 어려운 변화를 이겨 내기 위해서는 전형적인 결별의 의례를 거쳐야 한다고 했다. 이전의 삶의 단면을 벗어나는 결별을 거친 후에야 새로운 역할을 받아들이게 된다는 것이다. 당시 결혼을 한 달 앞두고 느꼈던 새로운 변화에 대한 걱정과 불안이, 이전에 신의 존재를 느꼈던 가톨릭 성지를 떠오르게 했다. 무의식을 의미하는 상자의 왼쪽에는 차 한 대가 덩그러니 멈춰 있다. 새 역할로 이행하기 위해, 결별하기 위해 마주쳐야 하는 이전 삶의 단면은 모래상자의 왼쪽 공간인 무의식의 세계에 있을 것이다. 내면의 무의식에 대한 깊은 탐색이 이루어진 후에야 비로소 벤치에 남편과 제대로 앉을 수 있겠다는 생각이 들었다. 이것은 내가 해야 할 몫이니 니시무라도 그 이상은 어떠한 해석도 하지 않았을 것이다.

[그림 6-3]

결혼을 하고 신혼여행을 다녀온 직후에 [그림 6-3]의 모래상자를 만들었다. 앞의 회기들처럼 특별히 마음에 드는 피겨가 떠오르지 않았다. 그러다가 울타리 피겨가 눈에 띄었고, 그 울타리와 어울리는 잘 가꾸어진 동네를 만들기 시작했다.

이곳은 한적하고 여유로운 동네이다. 모래상자의 오른쪽 위에 한 여자가 남편과 함께 커피를 마시고 있다. 왼쪽 아래에서는 혼자 피아노를 치고 자전거를 타고 있다. 모두 내가 좋아하는 것들이다. 마을에 물이 흐르면 생기가 넘칠 것 같아 처음에 쳐 놓은 울타리 아래를 파내어 개울을 만들었다. 오른쪽 아래가 여전히 모래로 막혀 있지만 더 파낼 자신도 없고 힘도 없어 그대로 두었다. 울타리가 사람들을 개울에 빠지지 않게 도와주는 것 같아 안심이 되었다.

니시무라는 나의 모래상자를 보고 이렇게 말했다. "남편과 함께 있는 모습보다 혼자 있는 장면이 많네요. 이것은 남편과의 관계에서 주도권을 자신이 가지고 있음을 보여 주는 거예요. 울타리가 계속 등장하는 것을 보니 당신은 예의범절과 도덕적인 부분을 매우 중요시하는 사람이네요. 이러한 울타리가 원가족으로부터 오지 않았을지 생각해 보세요. 지금은 울타리 없이 세상과 어우러지는 것이 더 필요해 보입니다. 또한 여전히 비어 있는 공간이 많은데, 그것은 아마 아버지와의 관계를 상징하는 것 같아요. 이후의 모래상자가 궁금해지는데요."

해석을 듣고 나니 모래상자에 지속적으로 등장하고 있는 울타리가 보이기 시작했다. [그림 6-1]의 돌로 만든 울타리, [그림 6-2]에 있는 가톨릭 성지의 울타리, 지금의 나무 울타리, 이후에도 울타리가 여러 차례 등장한다. 니시무라는 실제 울타리는 아니어도 경계를 구분하는 표현이나 피겨 간에 떨어뜨려 놓은 표현들 역시 같은 의미로 볼 수 있다고 설명했다.

나는 어렸을 때부터 '차분하다' '성실하다' '바르다' '모범적이다'라는 평가와 함께 '조용하다' '내성적이다' '속을 드러내지 않는다' '친해지기 어렵다'라는 말을 많이 들었다. 어디에서나 크게 갈등을 일으키지 않고 잘 적응하는 편이지만, 나의 의견이나 감정을 친하지 않은 사람들 앞에 드러내는 것은 늘 불편한 일이다. 이러한 내 안의 선과 벽이 모래상자에서 '울타리'로 표현된 것이다. 새로운 삶으로의 이행을 위해

결별해야 하는 삶의 한 단면이 울타리일까? 이것은 원가족에게 온 것일까? 어찌 되었든 새로운 탄생을 위해서는 내면에 있는 울타리를 허물고 변화해야 한다는 것을 직감적으로 느낄 수 있었다.

[그림 6-4]

우리가 함께 작업을 진행한 모래놀이치료실에는 다양한 모양의 모래상자가 있고, 상자마다 모래의 색과 입자 크기 또한 다르다. 나는 초기에는 하고 싶은 모래상자를 선택하는 것이 어려웠다. 그래서 항상 다른 사람이 선택하고 남은 상자로 모래상자놀이를 진행해 왔다. 이번 회기에는 [그림 6-4]처럼 보라색 모래가 담긴 상자가 남아 있었다. 다른 모래보다 입자가 조금 거칠었고 곳곳이 반짝였다. 강렬하고 화려한 색과 거친 촉감이 마음에 동요를 일으켰는지, 예쁘고 화려한 꽃을 심고 싶었다. 보라색 모래와 어울리는 분홍색, 빨간색 꽃을 선택했으며, 꽃꽂이를 하듯이 모래 가운데에 꽃을 심었다. 다 심고 나니 부족한 느낌이 들어서 꽃잎과 보석, 솔방울을 꽃 주위에 흩뿌려 주었다.

나의 모래상자에 대해 니시무라는 이렇게 말했다. "이 모래상자는 '꽃 정원'이자 '꽃 동산'이며 '매우 여성적인 산'이네요. 이 꽃 속에는 무엇이 숨어 있을까요?" 나는 그저 우아하고 화려한 꽃을 심고 싶어 만들었을 뿐, 다른 이유가 없었기에 답하기가 어려웠다. 니시무라의 설명이 이어졌다. "흩뿌려진 솔방울은 본능적인 부분이 말라 있는 것을 상징하기도 해요. 이를 보완하기 위해 꽃 속에 뱀이 들어 있으면 좋겠네요. 또한 상자의 흐름을 보니 당신이 부모의 둘레에서 벗어나는 것은 쉽지는 않을 것 같아요. 뱀은 원초적인 본능, 껍질을 벗는 변환성과 같은 상징을 지니고 있어요. 화려하게 꾸며져 있는 꽃 속에 매우 동물적이고 본능적인 부분이 숨겨져 있으며, 이 그림자가 드러나고 표현되어야 뱀이 허물을 벗는 듯한 변화가 이루어져 새롭고 건강한 개인이 될 수 있어요." 정말 이 안에 뱀이 들어 있을지, 드러나지 않는 뱀이 나에게는 어떤 의미일지를 고민하며 다음 모래상자로 이동했다.

[그림 6-5]

[그림 6-5]를 만든 회기에서는 고운 갈색 모래가 담긴 동그란 모래상자가 남아 있었다. 동그란 모양을 보니 사람들이 빙 둘러 있는 장면을 만들고 싶었다. 마음에 드는 피겨를 모두 가져와 앉힌 후, 나와 내 동생을 가장 가운데 의자에 놓았다. 사람들을 앉히고 나니 마치 모두가 공연장에 둘러앉아 대단한 무언가가 나타나기를 기다리는 듯했다. 하지만 가운데에 무엇을 놓아야 할지 떠오르지 않아 지난 회기와 비슷하게 화려한 장미꽃을 심었다.

니시무라는 내가 실제로 결혼은 했지만 앞으로 결혼을 '제대로' 하는 것이 필요하다고 했다. 사회적으로 누군가에게 보여 주는 결혼식이 아니라 둘 사이의 진정한 결합, 즉 심리적인 결혼식이 필요하다는 것이다. 멋진 장소에서 제대로 된 결혼식을 다시 한 후 가운데 의자에 나와 남편이 앉는 것, 이것이 내 과제라고 했다.

동생과 나는 서로 모든 것을 이해해 주고 수용해 줄 수 있어 쉽게 웃고 편히 싸울 수 있는 관계이다. 그래서 나는 동생 앞에서는 첫 모래상자인 [그림 6-1]과 같이 아무것도 의식하지 않은 채 모자를 벗고 누워 있을 수 있다. 이번 모래상자에 이러한 동생과의 친밀한 관계의 모습이 그대로 나타났다. 니시무라는 결혼 후 남편과 진정한 심리적 결합을 이룬다면 동생과의 관계처럼 보다 안정적인 관계가 될 수 있다고 말했다.

모래상자에서 많은 사람이 기다리고 있는 것은 전 회기에 니시무라가 언급한 '뱀'일 것이라 생각된다. 뱀으로 상징되는 그 무언가가 바로 융이 말한 그림자이지 않을까. 그림자를 의식화해서 자각하고 통합하여야 비로소 내가 남편과 가운데 의자에 함께 앉을 수 있을 것이다.

니시무라의 첫 번째 해석인, 나의 첫 번째 여행이 마무리되었다.

a

b

[그림 6-6]

첫 번째 해석을 마친 후 6개월이 지났을 무렵, 모래상자를 다시 만들기 시작했다. 결혼하고 약 8개월이 지나 한참 신혼이었던 시기이다. 오랜만에 작업을 하려니 초기에 상자를 만들었을 때처럼 피겨를 고르기가 어려웠다. 고운 모래를 한참 만지고 있자, 하얗고 깨끗한 눈이 떠올랐다. 그래서 눈이 덮인 조용한 마을을 만들기 시작했다. [그림 6-6]은 새벽에 밤새 눈이 내린 마을의 모습이다. 나와 남편이 사는 집이지만 지금 남편은 집 안에 없을 것 같다는 생각이 들었다. 곧 있으면 내가 이 집에서 문을 열고 나와 눈 덮인 풍경을 보고 깜짝 놀랄 것이다. 하지만 아직은 강아지 발자국만 찍혀 있는, 아무도 보지 못한 하얗고 깨끗한 마당이다. 우리 집 오른쪽에는 빈 벤치와 작은 집들이 있고, 왼쪽에는 작은 예배당과 크리스털 비석, 소나무가 있다. 눈이 온 것을 표현하기 위해 하얀 돌들을 집 옆에 깔아 두었다.

니시무라는 이렇게 해석했다. "가운데 공간이 많이 비어 있네요. 빈 공간이 당신의 진짜 모습인데 아직은 나타나지 않은 것 같아요. 마치 봄이 오기를 기다리고 있는 것 같습니다." 이어 니시무라의 질문이 이어졌다. "집의 왼쪽에 있는 크리스털 비석과 같이, 당신은 아직 얼음 속에 들어 있는 상태로, 억누르고 있는 것을 더 드러낼 필요가 있어요. 당신의 부모는 어떤 분들이셨나요? 엄격한 분들이셨나요?"

나의 아버지는 자신의 생각과 취향, 소신, 신념이 확실하고 독립적이며, 자신감이 넘치는 분이시다. 아버지는 나에게 학업이나 진로와 관련해 압박을 주신 적은 없었지만, 내가 사회의 이슈나 문학, 예술에 흥미를 갖고 관심을 보이기를 원하셨다. 본인처럼 스스로 사고하고 표현하는 사람이기를 원하셨다. 드라마나 만화, 최신가요, 연예 프로그램은 유치한 것이라고 여기며 내가 보고 들으면 좋을 책이나 영화, 음악을 추천해 주셨다. 그리고 그것에 대한 나의 감상이 어떨지 궁금해하셨으며, 이런 이야기를 나누는 것에 대해서 굉장히 즐거워하셨다.

하지만 나는 인형을 예쁘게 꾸미고 노는 게 좋으며 그 시절 인기 있는 가수들의 춤을 따라 추는 것이 더 재미있는 평범한 여자 아이였다. 아버지처럼 문학적이고 예술적으로 사고하기에는 너무 어린 나이였으며 그렇게 성장하기까지는 더 많은 시간이 필요했다. 내 취미에 대해 아버지가 직접적으로 비난한 적은 없지만, 내가 인형을 가지고 놀 때보다 책을 읽을 때 나를 더 칭찬해 주었으며, 학교에서 일어난 사소한 일을 말할 때 보다 책의 내용과 감상을 이야기할 때 더 관심을 가지셨다.

그래서 내가 너무 일찍부터 어린아이의 취미와 취향을 울타리 안으로 꾹꾹 밀어 넣고 나이에 맞지 않은 성숙한 어른의 모습을 흉내 내야 된다고 생각했던 것은 아닐까? 지긋지긋한 다큐멘터리 대신 가요 프로그램과 애니메이션을 보는 것이 더 어울리며, 책 이야기가 아닌 친구들에 대한 이야기를 하는 것이 훨씬 행복한 나이였을 텐데 말이다.

[그림 6-7]

[그림 6-7]은 무덤이다. 이날도 어김없이 모래를 많이 만졌는데, 그러다보니 자연스럽게 모래를 가운데에 쌓아 올리게 되었다. 동그랗게 올라간 모양을 보니 마치 무덤 같았다. 흙무덤에 풀을 덮어 풀무덤을 만들었다. 양옆에는 화병에 꽂은 분홍색 꽃과 크리스털로 된 비석을 각각 세웠다. 이 무덤의 주인을 기리기 위해 축복하는 마음을 담아 오른쪽 아래에 붉은 꽃을 바쳤다. 무덤이 조금 불안해 보여 뒤쪽에 나무들을 세웠다.

니시무라는 이렇게 설명했다. "울타리 피겨는 없지만 뒤에 세워진 나무들이 여전히 울타리 역할을 하고 있어요. 가드가 지속적으로 세워져 있다는 것은 예의범절에 엄격할 뿐만 아니라 억압되어 있음을 의미해요."

니시무라는 잠시 생각하더니 설명을 이어 갔다. "선생님이 무덤 속에 들어가 있네요. 이 무덤 안에 있으며 무덤 옆 크리스털 비석에 갇혀 있는 것입니다. 이것은 자신의 모습을 온전히 드러내지 못하고 있음을 의미해요. 무덤에서 나오기 위해서는 자신의 내면에 있는 어린아이 같은 모습을 드러낼 필요가 있어요. 그래도 다행인 것은 무덤 중간에 빨간 꽃이 조금씩 피어 있는 모습이에요. 아래에 바쳐진 꽃은 아마 새로운 생활터전인 결혼 후를 의미하는 것 같아요."

누군가의 무덤인 줄 알았는데 바로 나의 무덤이라니! 새로운 삶을 위해, 무덤에서 나오기 위해 나는 스스로에게 꽃을 바치고 응원하고 있었던 것이다. 니시무라의 말처럼 어린아이 같이 실수도 하고, 서툰 행동도 하고, 별 의미 없는 사소한 이야기를 하며 있는 그대로의 본능을 드러내는 것이 필요하다. 내가 정해 놓은 마음의 경계와 울타리를 허무는 것이 필요하다. 아버지의 영향으로부터 벗어나 무덤에서 나와야 한다. 새로운 탄생을 위한 변환의 과정이다. 하지만 1년 전 만들었던 [그림 6-1]과 같이 여전히 내 상자에는 울타리가 등장하고 있으며, 드러나지 않은 공백도 많다.

[그림 6-8]

이날은 보라색 모래가 담긴 상자가 남아 있었다. [그림 6-8]의 모래상자를 만든 회기에는 보라색 모래가 너무 어둡고 답답하게 느껴졌기에 시원한 물길을 내야겠다는 생각을 하게 되었다. 위와 아래를 대각선으로 가로지르는 물길을 파고 나니 깊은 숲속이 떠올랐다. 물이 흐르니 누군가 살고 있을 것 같았다. 그래서 상자의 오른쪽 위에 돌다리를 놓아 위, 아래를 이었다. 나무를 놓고, 새 세 마리도 놓았다. 마지막으로 이들이 먹을 수 있는 도토리를 여기저기 뿌려 두었다. 다 만들고 나니 고요한 산속에서 물 흐르는 소리와 새가 지저귀며 날갯짓하는 소리가 들리는 것 같아 개운하고 상쾌했다.

니시무라의 해석이 이어졌다. "전 회기의 무덤이 열렸네요. 이전 회기의 모래를 파내어 냇가가 되었어요. 모래를 파고 만지며 자신의 몸과 본능을 의식해 나가기 시작했네요. 무덤 속에서 도토리와 나뭇잎이 나왔는데, 이것은 자신이 점차 성장해 가고 있음을 의미하는 거예요. 나무와 새는 정신 세계를 의미하는데, 지적인 세계가 꽤 풍요로워 보입니다. 앞선 회기에서는 크리스털 비석과 무덤이 나왔는데 이번에는 어딘가에 갇혀 있는 모습과는 다른, 의외의 모래상자네요. 아버지가 엄격하지만 항상 그런 것은 아닌 것 같고 다른 모습도 있는 것 같은데 어떤가요?"

앞에서 언급한 것처럼 아버지가 나에게 주었던 사회, 문학, 예술과 관련된 여러 가지 자극은 내가 성인이 된 이후에 나름 나만의 취향과 감성, 소신을 갖도록 했다. 아버지는 나에게 적극적으로 친밀감을 표현하고 감정을 지지해 주시지는 못했지만, 내가 뭐든지 할 수 있고 헤쳐 나갈 수 있는 능력을 가진 사람이라는 믿음을 주셨다. 물질적인 것 이외의 정신적인 가치에 대한 소중함도 알게 해 주셨다. 평소에는 매우 이성적인 사람이지만 항상 그런 것만은 아니었다. 술을 많이 드셔서 취하게 될 때면 갑작스레 애정을 듬뿍 표현하기도 하셨으며, 편지를 통해 속마음을 표현하실 때도 있었다. 아버지는 나름 자신만의 방식으로 나에게 사랑을 표현하신 것이다.

부모에게서 분리된다는 것이 그 영향력에서 무조건 벗어나는 것을 의미하지는 않을 것이다. 부모가 나에게 준 여러 가지 형태의 긍정적 · 부정적 자산들을 인정하고, 이를 나의 모습에 맞게 소화하고 통합하는 것이다. 이것이 진정한 분리와 탄생일 것이다.

[그림 6-9]

[그림 6-9]의 갈색 모래를 보니 건조하고 갑갑한 사막의 느낌이 떠올랐다. 지난 회기에 보라색 모래를 자꾸 파내어 물을 만들고 싶더니, 이번 회기에서도 마찬가지이다. 또다시 모래를 파내어 가운데에 호수를 만들었고, 이후 물을 먹으러 오는 초식 동물들과 작은 나무들을 놓았다. 가운데 위쪽에 서서히 지고 있는 해를 놓았다.

니시무라는 이렇게 해석했다. "연못과 호수는 모두 여성적 상징이며, 남성적 상징인 강물과는 다릅니다. 가운데 태양은 아버지를 의미해요. 아버지가 당신에게는 태양 같은 존재였던 것 같아요. 또 왼쪽 아래에 아무도 없는 것이 눈에 띄네요. 어머니는 어떤 분이었어요?"

어머니를 생각하니 '온화한' '예쁜' '우아한' '무던한' '이해심이 많은'과 같은 단어가 떠올랐다. 항상 웃는 얼굴이 생각날 만큼 웬만한 일이 아닌 이상 화를 내지 않으셨는데, 실제로 어린 시절 어머니에게 혼난 기억이 전혀 없다. 관용적이고 이해심이 많아 어느 누구와도 우호적으로 지내시는 분이다. 외모 역시 매우 우아하고 예뻤는데, 친구들이 어머니를 보면 항상 젊고 예쁘다며 부러워했었다. 이렇게 나에게 어머니는 항상 온화하며, 예쁘고 착한, 동경의 존재였다.

하지만 나는 성인이 된 후 내 친구가 자신의 어머니와 함께 있는 모습을 보고 우리 모녀의 관계하고는 참 다르다고 느낀 적이 있다. 나는 성인이 된 후에는 그 친구처럼 어머니와 팔짱을 끼거나 손을 잡고 다닌 적이 없다. 서로 엉덩이를 두드리거나 껴안은 적도 없었던 것 같다. 그리고 지금 어머니와 그렇게 신체적인 접촉을 한다고 생각해도 매우 어색하다. 특별히 어머니와의 관계에서 부정적인 사건을 경험한 것은 아니었지만, 내 친구의 모녀관계만큼 내가 어머니와 매우 밀착되거나 친밀한 관계는 아니라는 것이다. 이런 어머니와의 관계가 앞으로 모래상자에 어떻게 드러날지 궁금해졌다.

a

b

[그림 6-10]

　[그림 6-10]은 파티 장면이다. 이날은 노래를 부르고 있는 사람 피겨가 유독 눈에 들어왔다. 이 피겨와 어울리도록 연주하는 피겨를 함께 놓으면서 자연스럽게 연주회 장면을 만들게 되었다. 모래상자 위쪽에 가수와 연주가를 배치하고, 아래쪽에는 연주가 끝난 후에 즐길 음식과 샴페인을 두었다. 특히 상자의 왼쪽 아래에는 멋진 구조물을 놓았다. 흥겨운 연주가 흐르는 화려한 파티장을 만들고 싶었는데, 다 만들고 보니 지나치게 정돈된 것 같아 마음에 들지 않았다.

니시무라는 왼쪽 아래에 드디어 어머니가 등장했다고 하며 무엇을 만들었는지 물었다. 파티장에 멋진 구조물을 놓고 싶어서 [그림 6-10]의 b처럼 철근으로 만든 모형을 놓았는데, 막상 두고 나니 너무 차가워 보여 그 위를 꽃으로 장식했다고 답을 했다. 니시무라는 이렇게 말했다. "철근으로 만든 구조물이라면 너무 차갑네요. 그렇지만 그 위에 빨간색이 등장한 것을 보면 차가운 이미지로부터 조금 회복된 것처럼 보여요. 이곳에 집이 있으면 더 좋았겠어요."

앞선 회기에서 언급했듯이, 온화하고 아름답지만 정서적으로 밀착되지는 않은 어머니의 모습이 꽃으로 장식한 철 구조물로 나타났다. 어머니는 무역회사에서 일을 하셨는데, 나를 낳고 1~2개월 만에 바로 복직해서 내가 다섯 살이 될 때까지 같은 일을 계속하셨다. 그래서 나는 아주 어렸을 때부터 작은어머니와 외할머니의 손에서 자랐으며, 비슷한 시기에 태어난 여러 명의 사촌과 어울려 형제처럼 지냈다.

어린 시절 어머니와 함께 있었던 기억을 떠올려 보면, 밤늦게 저녁을 먹는 어머니 옆에 앉아 이런저런 이야기를 했던 것이 대부분이다. 평일에 많은 시간을 함께하지 못하는 대신 주말마다 여행을 다니며 특별한 시간을 보냈다. 같이 쓰는 일기장을 만들어 일상을 공유하기도 했다. 늦게 퇴근해서 얼굴을 보지 못할 때에는 일기장에 우스꽝스러운 그림이나 애정 어린 글을 남겨 놓으셨다. 그 글들은 지금 봐도 행복할 만큼 사랑이 넘친다. 하지만 글과 그림은 실제로 눈을 마주치며 살을 부딪히는 것과는 당연히 비교할 수가 없나 보다.

내가 거의 30대가 다 되어서야 어릴 때 하지 못했던 소위 '지지고 볶는' 과정을 어머니와의 사이에서 겪었던 것 같다. 어머니도 여러 가지 일을 계기로 내 앞에서 화를 내거나 슬퍼하며 부정적인 정서를 더 분명하게 드러냈고, 어린아이처럼 미숙하면서도 솔직한 모습을 보이기도 했다. 나 역시 어머니의 사소한 말과 행동에 매우 날이 서서 감정적이고 예민한 반응을 했었다. 당연히 우리는 갈등을 겪을 수밖에 없었다. 지금은 어머니가 나에게 예전과 같은 동경의 대상이나 선망의 대상은 아니다. 더 생생하게 내 옆에 있는 사람과 같이 느껴진다.

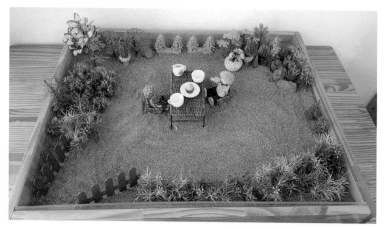

[그림 6-11]

보라색 모래를 보니 이전 회기에 만들었던 숲속의 [그림 6-8]이 떠올랐다. [그림 6-11]에서는 새와 나무가 아닌, 나와 남편이 있는 숲속 정원을 만들었다. 아무도 모르는 정원에서 남편과 함께 맛있는 케이크를 곁들여 차를 마시고 있다. 나무와 풀로 둘러싸여 있어 잘 보이지 않는 곳이지만 누군가 들어올 수는 있도록 왼쪽 아래에 울타리를 열어 두었다.

니시무라의 해석이 시작되었다. "모래상자에 드디어 당신의 세계가 표현되었네요. 부부 중심의 세계로 보이고, 부모로부터 자립해 가고 있음이 느껴집니다. 또 울타리를 열어 놓은 모양이 마치 자궁의 모습을 형상화한 것으로 보여요. 결혼을 한다는 것은 곧 '자궁으로의 회귀'를 의미합니다. 자궁은 인간이 태어난 가장 따뜻한 곳으로, 진정한 결혼을 한다는 것은 이러한 자궁으로 다시 돌아가 새로 태어나는 것입니다. 그 시작을 같이할 남편을 만나게 된 것에 대해 진심으로 축하합니다."

드디어 내 모래상자에 남편이 분명하게 등장하기 시작했다. 앞선 작업을 통해 아버지와 어머니와의 관계 그리고 그들이 내게 준 영향에 대해 탐색하며 무의식에 있던 그림자를 상자에 드러낼 수 있었다. 이제는 그 의식화된 그림자를 통해 남편과 어떻게 관계를 구축해 나갈지에 대한 고민이 필요하다.

[그림 6-12]

[그림 6-12]는 무덤이다. 모래를 모아 둥그렇게 산을 만드니 무덤이 떠올랐다. 누구의 것인지 모를 무덤이지만 무덤의 주인을 축하해 주고 싶었다. 왼쪽 위에 죽음을 기리기 위한 소나무를 세우고 꽃가루를 뿌렸다. 오른쪽 아래에는 나무 비석을 세우고, 그 위에 잠시 날아온 새를 올려 두었다.

니시무라의 해석을 받는 과정에서 내가 이전 모래상자 [그림 6-7]과 비슷하면서도 다른 새로운 무덤을 만들었다는 것을 알게 되었다. 니시무라는 이렇게 말했다. "이전 무덤에 있던 크리스털 비석이 나무 비석으로 바뀌었네요. 크리스털에 갇혀 있던 것이 나온 것으로 볼 수 있으며, 이로 인해 표현이 점점 부드러워졌어요. 또한 이전의 풀무덤과 다르게 흙무덤을 만든 것은, 비현실에서 현실로의 접촉을 의미해요. 무덤 모양이 젖가슴과 같은 모양으로, 보다 여성적이고 애정적인 산으로도 볼 수 있어요. 빨간색 꽃잎은 감정이 되살아나고 있다는 것이니 훨씬 보기 좋아요. 그래도 더 많은 꽃잎으로 무덤이 장식되는 것이 필요합니다. 결혼이라는 것은 관념이 아닌 본능에서 시작해야 하고, 감정을 억누르면 분노가 될 수 있어요. 자신이 갖고 있는 애정적인 것, 본능적인 것, 감정적인 것들을 더 표현하고 나타내는 것이 필요합니다."

남편과의 관계에서 역시 '나의 억압된 본능'의 표현이 중요한 주제로 보인다.

[그림 6-13]

[그림 6-13]은 니시무라의 두 번째 해석이 끝난 후, 그의 상담실에서 만든 것이다. 해석을 마친 후 니시무라에 대한 감사의 마음을 표현하고 싶었다. 마을 사람들이 모두 모여 마을의 가장 큰 나무 앞에 음식을 바치고 인사를 하고 있다. 왼쪽 아래에는 양떼들과 양치기 소녀를, 오른쪽 아래에는 토끼와 소 같은 가축들을 놓았다. 그리고 너무 비어 보이는 것이 싫어 나무에서 떨어진 도토리를 곳곳에 뿌렸다. 나무에 새가 날아와 이 모습을 보고 있다.

나는 니시무라에 대한 감사한 마음을 표현했다고 말했지만, 니시무라는 내가 드디어 나 자신을 위해 기도를 드리기 시작했다고 했다. 또한 왼쪽 아래에 어머니 영역이 분명하게 드러난 점이 좋아 보이며, 오른쪽 아래에는 결혼한 후 새로운 사회적 역할을 갖기 시작한 것이 드러났다고 했다. 자주 비어 있던 아래 영역이 새로 채워지고 있음을 축하해 주었다.

왼쪽 아래 어머니의 영역에 하얗고 부드러운 양떼가 등장했다. 비록 그 옆에 무표정의 양치기 소녀가 함께 있기는 하지만, 꽃으로 장식한 철근 구조 모형에서 이와 같은 형상이 드러난 것은 모성이 회복되어 가고 있는 긍정적인 변화가 아닐까? 이러한 변형과 변화의 과정을 거치며, 나는 융이 말한 개성화 과정을 향하고 있었다.

a

b

[그림 6-14]

두 번째 해석을 마친 후 약 6개월이 지났을 무렵에 다시 모래상자를 만들기 시작했다. [그림 6-14]는 결혼 2년 차였던 시기에 만들었다. 공간이 위와 아래로 명확히 구분되었다. 아래는 베란다, 위는 베란다에서 보이는 바깥 장면이다. 나는 왼쪽 아래 베란다에 앉아 다과를 즐기고 있다. 상자의 오른쪽 아래에는 잘 정돈된 화분들이 놓여 있다. 상자의 왼쪽 위에는 나무 밑에서 뛰어 놀고 있는 아이들을 두었고, 오른쪽 위에는 퇴근하고 집으로 오고 있는 남편을 놓았다. 실제 베란다와 같이 창문을 올려두고 싶었지만, 창문 피겨가 없어서 울타리로 대신했다. 만들고 나니 혼자 앉아 있는 내가 왠지 외로워 보이고 답답해 보인다는 생각이 들었다.

니시무라는 이렇게 해석했다. "당신과 남편의 세계가 위와 아래로 확실히 구분되어 있고, 아래에 있는 당신의 영역에서도 오른쪽과 왼쪽이 구분되어 있어요. 부부 사이에 울타리가 없어져도 될 텐데 여전히 남아 있는 것이 인상적이네요. 또한 남편이 있는 곳이 가을로 보이는데, 실제로 지금 시기가 인생의 가을을 맞이하는 준비를 천천히 해 나가야 할 시기입니다. 당신과 남편의 영역 가운데가 모두 공백이어서 이곳에 무엇이 있을지, 어떻게 하면 서로 구분된 영역들이 연결될 것인지 궁금합니다."

이전 모래상자인 [그림 6-11]에서 남편과 내가 비밀 정원에서 함께 차를 마시는 모습을 만들었고, 이에 대해 좋은 사람을 만났다며 축하를 받은 적이 있었다. 그런데 오랜만에 만든 상자에는 남편과 나 사이에 다시 울타리가 등장했다. 울타리와 칸막이 피겨는 일반적으로 내적 충동에 대한 두려움과 외적 통제의 필요를 느낄 때 사용하는 상징물이다. 이 피겨를 통해 닫히고 막힌 세상이 표현된다. 남편과의 관계에서 나는 무엇을 드러내는 것이 어려운지, 나 스스로를 구분하고 통제하는 것이 정말 나를 보호해 주는 일일지 고민해 보게 된다.

나의 남편은 감정기복이 크지 않고 예민하지 않으며 무던하고 단순한 사람이다. 많은 부분을 나에게 맞춰 주며 배려해 주어서 연애할 때부터 결혼한 후까지 큰 갈등이나 불만 없이 안정적인 관계를 유지해 오고 있다. 그런데 이 그림을 보니 안정적이라고 생각되는 남편과의 관계에서 역시 온전히 나 자신을 드러내고 있지는 않으며 보이지 않는 경계가 있음이 느껴졌다.

[그림 6-15]

[그림 6-15]는 두 여자가 반짝거리는 연못을 보고 있는 장면이다. 이날도 보라색 모래가 담긴 상자를 선택했다. 반짝거리는 조금 거친 모래를 만지다 보니 가운데를 파내어 연못을 만들고 싶어졌고, 피겨 장에 있는 반짝거리는 보석이 눈에 띄어 연못 안에 넣어 두었다. 그리고 이 연못을 바라보는 생각에 잠긴 여자아이 피겨 둘을 두었다. 왼쪽에는 주로 나로 표현해 왔던 모자 쓴 여자아이를 두었으며, 오른쪽에는 우산을 쓰고 곰곰이 생각하고 있는 여자아이를 놓았다. 둘 다 연못을 보고 있어 상자 정면에서는 얼굴이 보이지 않는다. 둘 다 내 모습이지만 내가 무슨 생각을 하고 있을지 잘 모르겠다. 상자가 조금 허전해 보여서 위쪽 가장자리에 소나무와 빨간 꽃을 놓았다.

니시무라는 이렇게 해석했다. "연못은 여성적 상징이고, 이전의 [그림 6-14]에 비어 있던 공백이 이렇게 표현된 것입니다. [그림 6-14]에 있던 화분의 빨간 꽃이 연못으로 옮겨졌는데, 이는 이미 갖고 있지만 아직은 표현되지 않아 개발해야 하는 것입니다. 인생의 가을을 맞이할 준비를 하는 시기에 있어서 이 빨간 보석이 매우 중요합니다. 또 왼쪽은 '가정에서의 자신'이고, 오른쪽은 '사회에서의 자신'입니다."

해석을 듣고 나니 왼쪽의 '가정에서의 나'가 여전히 모자를 쓰고 있다는 점이 눈에 들어왔다. 첫 모래상자인 [그림 6-1]에서 동생과 있을 때는 모자를 벗은 모습을 표현했었는데, 새로운 가정에서는 아직 모자를 쓴 채로 등장하고 있다. 이전 그림인 [그림 6-14]에서 남편과 나 사이에 울타리를 쳤던 것처럼 무언가 본능적인 부분을 드러내지 않고 매우 갖춰진 채로 남편을 대하고 있지는 않은지 생각해 보게 된다.

[그림 6-16]

[그림 6-16]은 연주회 장면이다. 피아노 피겨가 눈에 들어와 피아노를 치는 내 모습을 먼저 만들었으며, 이후 연주회장을 꾸미기 시작했다. 나는 모자를 쓴 채로 상자 가운데에서 피아노를 연주하고 있다. 그 오른쪽에는 동생이 카메라를 들고 사진을 찍어 주고 있다. 오른쪽 위 모서리 부분에는 남편이 꽃다발을 들고 연주가 끝나기를 기다리고 있다. 관중들은 어머니, 아버지, 외할머니, 친구 등 나와 가까운 사람들이다. 상자 위에는 꽃 화분들이 놓여 있다.

니시무라는 이 모래상자의 모든 꽃이 땅에 뿌리를 내리지 않고 화분에 심어져 있음에 주목하며 해석했다. "뿌리가 없다는 것은 지적인 상태인 머리에 가까운 것이고, 모래 · 대지 · 육체 · 동물적인 것과는 반대되는 것을 상징해요. 보다 본능적이고 동물적인 부분이 아직 드러나지 않았네요. 꽃들이 연주를 위해 장식되어 있지만, 사실 더 중요한 것은 주위를 장식하는 것이 아닙니다. 발에 땅을 대고 있는 그대로의 본능적인 모습을 드러내는 것이 중요해요. 또한 여전히 남편과의 공간이 분리되어 있다고 볼 수 있는데, 이러한 배열이 여러 차례 지속되는 것으로 보아 시간이 지나 40대가 되어서야 비로소 남편과 진짜 가족이 되지 않을지 생각됩니다."

당시에는 이야기하지 않았지만, 사실 이것은 내가 어린 시절에 많이 꿈꾸어 왔던 상상 속의 모습과도 같다. 나는 초등학생 때 피아노를 치는 것과 춤추는 것을 매우 좋아해서 이 두 가지를 할 때 엄청나게 몰입하며 행복함을 느끼곤 했다. 피아노 대회에 나가 상을 탔고 학급 장기자랑에서 춤을 춰서 주위에서 인정을 받기도 했다. 이후 오랫동안 나는 현실이 불만족스러울 때마다 관중 앞에서 매우 화려하고 멋진 옷을 입고 연주를 하거나 춤을 춘 후에 환호를 받는 공상을 하곤 했다.

그 오래전의 공상이 모래상자에 나타났다. 피아노를 치고 춤을 춘다는 것은 본능적이고 신체적이며 감정적인 행위라고 볼 수 있다. 그런 점에서 아마 여러 사람 앞에서 나의 욕구와 본능, 바람을 드러내어 수용을 받고 인정을 받고자 하는 무의식이 어렸을 때부터 늘 잠재되어 있었으며 비로소 모래상자에 드러난 것이 아닌가 싶다. 아직은 모자를 갖춰 쓰고 뿌리가 땅에 닿지 않은 화분에 둘러싸인 편치 않은 모습이다. 하지만 내 앞에 가족과 친구들이 관중이 되어 나의 변화와 성장을 기다리며 응원해 주고 있으니 든든하다는 생각이 들었다.

[그림 6-17]

[그림 6-17]은 바다이다. 모래를 많이 파내어 파란 물을 상자 가득 채우고 싶었다. 최대한 깨끗하게 모래를 파내고 나니 넓은 바다에서 놀고 싶어져서 서핑을 하는 장면을 만들었다. 나는 실제로 겁이 많고 운동신경도 좋지 않아 역동적인 운동을 시도해 볼 엄두도 못 내는 편이다. 그래서 항상 운동을 잘하는 이들을 동경하고 부러워했다. 그 마음을 담아 바다에 파도를 타며 서핑을 즐기는 사람들을 두었다. 모래사장 가운데에는 서핑을 하다 넘어진 사람들을 응원해 주는 남자를 세워 두었고, 왼쪽에는 서핑을 구경하며 춤을 추고 놀고 있는 사람들을 놓았다. 오른쪽이 허전해서 불가사리, 정박해 있는 작은 요트, 조개를 두었다.

이 모습을 보고 니시무라는 이렇게 말했다. "당신은 왼쪽에서 춤을 추며 놀고 있는 사람 중 한 명이고, 남편은 가운데 바다를 향해 응원하고 있는 사람으로 보입니다. 두 분이 서로 멀리 있는 것이 보이네요. 부부가 함께 나이 들어 가면서 이처럼 따로 가게 될지, 아니면 같이 갈지는 살면서 어떤 과정으로 관계를 형성해 가느냐에 따라 달라질 수 있어요."

남편은 내가 하는 실수나 미숙한 행동을 부정적으로 보지 않으며, 오히려 어린아이를 대하듯이 장난스럽게 애정적으로 받아 주는 편이다. 또한 어떠한 관념이나 사고, 지식보다는 매우 일상적인 경험, 사회적 관계, 현실적이고 물질적인 것에 더 관심이 있고 이를 중요시한다. 진지한 다큐 프로그램이나 시사 프로그램, 책보다는 가볍고 웃고 즐기는 예능 프로그램이나 영화를 좋아한다. 그래서 남편과의 대화는 거의 서로의 회사에서 있었던 일, 친구와 만났던 일, 우리가 좋아하는 예능 프로그램이 언제 시작하는지 등 매우 일상적이고 가벼운 내용들이다. 남편은 나의 아버지와는 정반대의 모습을 많이 갖고 있는 사람이며, 이 점에 끌려 호감을 느꼈던 것 같다.

그래서 남편과 있을 때 평소보다 서투른 행동도 많고 실수도 많이 하는 매우 성숙하지 못한 사람이 된다. 신혼 초에는 이런 내 모습이 스스로 불편했다. 의도치 않게 원가족에게 물려받은 모자를 쓰고 남편을 대하게 되는 것이다. 울타리가 모두 열리기 위해서는 아직 시간이 필요하다.

[그림 6-18]

[그림 6-18]은 해안절벽이다. 모래놀이치료실의 정팔각형 모양의 상자에는 상자들 중 가장 부드럽고 고운 모래가 담겨 있다. 그래서인지 이 상자를 만들 때에는 유난히 더 오랫동안 모래를 만지게 된다. 모래를 만질 때 촉감이 주는 경험은 그 자체로 치료적 경험이 된다고 하지 않는가. 모래를 만지다 보니 내 안에 있는 울타리가 열리는 것 같았다. 그래서 나는 본능적으로 더 많이 감추는 상자를 만들었다. [그림 6-6]에서는 눈 덮인 하얀 마을을 만들며 아래쪽에 빈 공간을 많이 남겨 두었었는데, [그림 6-18]에서도 역시나 비슷한 모습이 나타났다.

모래를 만지다 보니 바다를 만들고 싶어서 아래쪽을 한참을 파냈다. 그렇게 모래를 파내고 움직이다 보니 촉감이 좋은 내 애착인형이 떠오르기도 하고 어머니가 떠오르기도 했다. 그러다가 갑자기 왈칵 눈물이 쏟아질 것 같아 바위와 돌을 잔뜩 가져와 바다를 막으며 감정을 꾹꾹 밀어넣었다. 내게는 깨끗하고 고요한 바다가 아닌 파도가 높게 치는 매서운 바다처럼 느껴졌고, 바위가 많은 험난한 해안절벽처럼 느껴졌다.

니시무라는 이렇게 해석했다. "사람이 없는 나무의 세계가 되었네요. 식물과 바위로 표현된 세계예요. 현실적인 세계와 가깝기는 하지만 바위는 딱딱한 것이고 나무는 영적인 상징을 담고 있기에 둘 다 본능이 담겨 있지는 않네요. 당신은 이와 같은 감각으로 살고 있어요. 감정적이고 동물적인 부분이 전혀 보이지 않아요."

이날은 여러 가지 감정이 떠오른 날이었는데, 아무것도 드러내고 싶지 않다는 생각이 강하게 들었다. 그래서 마치 강하게 밀고 들어오는 파도를 막아 버리듯이 거친 바위로 울타리를 둘러, 나를 보호했다. 하지만 감추려고 했던 내 모습이 모래상자에 온전히 드러나 버렸다. 그리고 이 폭풍과 같은 감정들은 다음 회기에 새로운 변화를 가져왔다.

a

b

[그림 6-19]

[그림 6-19]는 장례식이다. 이날은 유난히 십자가가 있는 무덤, 천사, 의복을 입은 듯한 사람 모양의 피겨가 눈에 띄어 장례를 치르고 싶었다. 묘에 헌화를 하고자 여자 피겨를 줄지어 세웠다. 위쪽 가운데에는 장례를 지켜보는 천사를 두었고, 양옆에는 이국적인 그림들을 세워 두었다. 장례식장을 꾸미고 나니 신사를 함께 상자에 두고 싶다는 생각이 들어 오른쪽 아래 끝에 정장을 입은 남자를 세워 두었다. 장례식을 지켜보고는 있지만 함께 참여하게 하고 싶지는 않아 멀리 두었는데, 왠지 이 행사를 함께하지 않는 신사의 모습에 마음이 불편했다.

니시무라는 이렇게 해석했다. "선생님 안에 있는 엄격한 존재가 죽었습니다. 내면의 엄격한 아버지 상이 죽어 새로운 모습이 등장할 것 같은 그림이네요. 정장과 양복을 모두 버리고 트레이닝복이나 청바지를 입은 것 같은 상태, 어린아이의 모습 같은 상태가 드러나지 않을지 기대가 됩니다. 죽는 꿈을 꾸는 것은 실제로 죽을 수 있다는 것을 의미하지만, 당신이 살아온 방법을 버리고 새롭게 바뀌는 것을 의미하기도 합니다. 기존의 방식을 바꾸고 죽는다는 것은 오히려 죽지 않고 살아나게 하는 원동력이 될 수 있습니다."

여자 피겨들이 무의식을 상징하는 왼쪽에서 가운데 중심으로 가고 있듯이, 내 안의 엄격한 존재인 그림자가 의식화되어 수면에 드러나고 있다. 모래상자에 피겨를 놓음으로써 부모의 안에 있는 내 모습과 남편에 대한 투사가 눈앞에 어떠한 형상으로 의식화되었다. 그러자 그동안 울타리로 대변되었던 내 안의 엄격한 존재가 사라지고 있다. 그날그날 눈에 들어오는 피겨로 만들고 싶은 장면을 만든 것뿐인데, 모래상자를 만든다는 것은 참 신비하고 경이로운 행위라는 생각이 든다.

[그림 6-20]

[그림 6-20]은 이른 저녁 마당에서 가족이 식사를 하는 장면이다. 오른쪽 아래에는 모자를 벗은 나와 남편, 동생과 동생의 남자친구가 둘러앉아 맛있는 음식을 먹고 있다. 왼쪽 아래에는 부모님과 반려견이 편하게 앉아 우리의 모습을 흐뭇하게 바라보고 있다. 내가 좋아하는 피아노를 상자의 가운데에 놓았는데 피아노의 빈 의자가 허전해 보였다. 그래서 마지막에 앉아서 놀고 있는 아기를 앉혔다.

니시무라는 이렇게 해석했다. "한가운데 있는 무덤이 이제는 피아노가 되었네요. 자신의 심지를 표현하며 자신의 중심으로 살아가는 것이 필요해 보입니다. 피아노 위의 아이처럼 도덕적 원리를 지나치게 의식하지 말고 하고 싶은 대로 살아가는 것이 필요해요. 또한 오른쪽 아래에 있는 이들은 당신이 남편과의 세계, 즉 새롭게 구축된 자신의 세계에서 즐거운 시간을 보내고 있는 모습입니다. 이전과 다르게 경계가 없어졌네요."

부부관계란 함께하면서도 때로는 각자 자기의 인생을 가야 되는 관계가 아닌가 싶다. 이 모래상자처럼 함께 사소한 일상을 나누면서도, 때로는 전 회기처럼 분리된 공간도 필요할 것이다. 또한 이러한 관계를 안정적으로 지속해 나가기 위해서는 내가 어렸을 때부터 오랫동안 억압하고 있는 여러 가지 본능적이고 동물적인 감정을 솔직히 표현하고 드러낼 수 있어야 한다.

내가 좋아하는 피아노와 그 위에 앉은 갓 태어난 아기가 중심이 되었다. 이제 보니 이전 연주회 모래상자인 [그림 6-16]과 비슷한 상자이다. 모자를 쓰며 잘 갖추어져 있던 이전의 내가 여기에서는 벌거벗은 아이가 되었다. 오른쪽 위에 꽃으로 가려져 있던 남편이 이제는 나와 함께 한 공간에서 따뜻한 시간을 보내고 있다. 이전 회기인 [그림 6-19]에서 내면의 엄격한 존재가 죽고 무의식이 의식화되자 새로운 탄생이 이루어진 것이다.

[그림 6-4]에서 꽃 속에 들어 있던 것, [그림 6-5]에서 사람들이 기대하며 애타게 기다리던 것, [그림 6-16]에서 사람들이 응원하던 것은 바로 오랫동안 억압해 왔던 벌거벗은 아기와 같은 날것의 욕구였다. 다른 사람들을 의식한 갖추어진 이성적인 모습이 아닌 온전한 나의 본능이었다.

[그림 6-21]

[그림 6-21]은 니시무라의 마지막 해석인 세 번째 해석을 마친 후 그의 상담실에서 만든 마지막 상자이다. 공원에서 풀로 장식된 터널 앞에 내가 웃으며 서 있고, 남편이 그 모습을 사진 찍어 주고 있다. 사진을 찍은 후 함께 왼쪽에 있는 분홍색 의자에 앉아, 오른쪽 위에서 놀고 있는 아이들을 바라볼 것이다.

니시무라는 이 모래상자를 본 후 "선생님이 터널을 지나 나왔네요."라며 미소를 지었다. 어린아이로 탄생해서 상자의 중심에 서자, 남편이 나의 공간에 함께 들어와 나의 변화를 축하해 주고 맞이해 주었다. 모래상자의 변화를 보니 니시무라가 첫 상자를 본 후 언급했던 원가족으로부터의 분리와 새로운 가족의 결합이라는 목표에 대한 해답이 보이기 시작했으며, 내가 잘 해낼 수 있을 것 같은 자신과 확신이 생기기 시작했다.

3년 동안 나의 모래상자에서 반복되던 울타리, 즉 내면의 엄격한 아버지의 그림자가 걷어지기 시작했다. 어린 시절 어머니와 충분히 형성하지 못했던 정서적 유대감이 모래와의 접촉을 통한 스스로에 대한 위안과 위로를 통해 점차 회복되어 갔다. 그러자 드러내지 못했던 나의 욕구와 감정이 모래상자에 벌거벗은 어린아이의 모습으로 드러나기 시작했다. 결혼생활에 전이되었던 원가족의 영향력을 직면하고 수용하자 남편과의 새로운 관계가 시작되었다. 드러나지 않았던 그림자는 바로 본능이었다. 모두에게 환호를 받는 상상을 하며 피아노 연주와 춤으로 대변되는 억압된 본능을 드러내고 인정받으려 하는 강한 갈망이었을 것이다.

참 신기하게도 해석을 모두 마친 후 그해에 임신을 하고 출산을 하게 되었다. 아이를 키우기 위해서는 나의 동물적인 부분이 드러나는 내면 세계의 변화가 있어야 함을 본능적으로 알고 있었던 것 같다. 결혼을 앞두고 처음으로 모래상자를 만들게 되었고, 혼자가 아닌 여럿이 함께 만드는 새로운 작업을 진행했다. 이러한 방식은 스스로를 잘 드러내지 않는 내게 매우 부담이 되어 초반에는 피겨를 마음대로 놓지 못한 적이 많았다. 놓고 싶은 피겨가 무엇인지 몰라서 혹은 집단 구성원들에게 보여 주고 싶지 않아서 상자를 만드는 데 많은 시간이 걸리기도 했다. 가끔 완성하지 못한 채 마무리하기도 했고, 내 상자를 공유한 후에는 왠지 모르게 얼굴이 화끈거리고 쑥스러웠다.

어느 순간부터는 신기하게도 주위를 신경 쓰지 않고 상자를 만들게 되었고, 마음에 드는 피겨와 원하는 주제가 보다 명확해져 '피겨가 나를 부른다'라는 말이 이해되기 시작했다. 이러한 변화의 첫 번째 이유는 모래상자를 만들어 나간 것, 두 번째 이유는 니시무라의 해석을 통해 통찰을 얻고 통합을 하는 것, 마지막 이유는 누군가와 모래상자를 함께 만든 그 과정 자체이지 않을까 싶다. 함께 모래상자를 만들고 공유한다는 것 자체가 나를 엄격하게 억압하고 있던 울타리를 여러 차례 허물며 스스로를 드러낼 수 있게 해 주는 원동력이 되었다.

니시무라에게 두 번째 해석을 받았던 날 밤에 이가 다 빠지는 꿈을 꾸었다. 니시무라에게 이 꿈을 이야기하자, 아마도 내가 지금까지 들은 내용들을 씹어 먹고 소화하느라 매우 힘들었던 것 같다고 했다. 모래상자를 만들고 해석하며 내 것으로 통합해 나가는 과정은 이처럼 쉽지 않은 일이다. 이 여정을 가는 데 있어 함께한 이들에게 감사의 마음을 전한다.

07

인생의 반환점에서
나와의 대화를 시작하다

나는 50대의 미혼 여성이다. 대학과 대학원에서 심리학을 전공했으며, 아동을 대상으로 하는 놀이심리상담과 심리평가 업무를 20년 이상 해 오고 있다. 1차 집단모래상자놀이 작업을 마치고 나서 아버지께서 작고하셔서 가족으로는 어머니와 두 명의 형제가 있다.

집단모래상자놀이치료는 오랫동안의 직업생활로 인해 에너지가 소진되었다는 느낌을 받고 있던 중 한국모래놀이연구회 회장님의 권유로 시작하게 되었다. 총 3년의 기간 동안 두 차례의 작업이 진행되었고, 그 과정 가운데 니시무라를 만나 그의 해석을 들을 수 있었다. 이를 통해 중년에서 노년의 시기로 향하는 인생의 반환점에 서 있는 나를 새롭게 알아 갈 수 있었다. 이것은 그 당시나 지금이나 얼굴을 화끈거리게 하면서도 나의 가슴을 뛰게 하는 놀라운 경험이었다.

a

b

[그림 7-1]

이제 여러 사람이 각자 자신의 모래상자를 만들고 그들 앞에서 나의 상자를 보여 주어야 하는 상황이 시작된다. 충분히 긴장할 수 있는 상황인데 마음이 차분히 가라 앉아 이상하게 느껴진다. 이것이 모래가 주는 힘일까! [그림 7-1]의 모래상자를 만들기 위해 천천히 피겨들을 살펴보던 중 고풍스러운 시계가 눈길을 끌었고, 가장 먼저 선택해서 가운데 위쪽에 놓았다. 정해진 시간에 나의 많은 생활을 맞추어 가야 하는 것에 대한 반발심이랄까! 그래서인지 모래 안의 세계는 모든 것이 여유롭고 한가롭다. 오랜 역사를 가진 마을이고, '천천히 천천히'가 이 마을의 모토이다. 이 마을에서는 그 무엇도 서두를 필요가 없다. 큰 시계가 있지만 사람들은 시간에 연연하지 않는다. 아이들은 공부에 쫓기지도 않고 친구와 운동을 하면서 여유를 즐기고 있으며, 연인들은 사랑에 취해 남들의 시선을 신경 쓰지 않고 커플댄스를 즐기고 있다.

장식품을 파는 가게와 빵을 파는 가게가 있고, 가게 주인들이 밖에 나와 물건을 안 사도 좋으니 천천히 구경하고 가라고 사람들에게 말하고 있다. 인심 좋은 찻집 할머니는 탁자와 의자를 내놓고 누구나 편하게 앉아 차 한잔하고 가라고 권유하고 있다. 거리의 청소부와 교통경찰은 나름 자신의 임무를 열심히 수행하고 있는 것처럼 보이지만, 그럼에도 모든 것이 여유롭고 한가하다.

첫 번째 모래상자에 대해 니시무라는 이렇게 말했다. "가장 먼저 선택된 시계는

'생명의 리듬'을 상징할 수 있습니다. 따라서 내면의 동물적인 면에서 무엇인가를 원하는 것처럼 보입니다. 그리고 모래상자 왼쪽 아래가 비어 있는 것이 눈에 띄네요. 이는 모래상자를 만든 사람의 가정 배경과 관련된 표현일 수 있습니다. 가정에서 어떤 감정적 경험을 하며 자랐는지 돌아볼 필요가 있습니다. 아마도 가족과 같이 가까운 사람들과 함께 하는 가정적인 부분이 결여되어 있을 수 있어요. 그리고 모래상자의 사람들이 가게를 열고 있는 것에서 일만 생각하고 있는 것으로 느껴집니다. 따라서 장사하는 사람들만이 아닌, 커플과 같은 부분이 필요할 것 같습니다. 커플은 함께 대화하면서 편함을 느끼고 가야 할 길을 찾아 주는 사람들입니다. 그리고 커플 가까이에 있는 경찰은 분위기상 커플 쪽으로 들어가면 안 될 것 같습니다."

어린 시절 나의 부모는 맞벌이를 했기에 나는 혼자 보내는 시간이 많았고, 또한 어머니와의 친밀한 경험에 대한 기억이 많지 않다. 하지만 주말마다 가족 나들이도 많았고, 성인이 되면서부터 쇼핑, 여행 등을 주로 어머니와 함께 하면서 나름 가까운 모녀 사이라고 생각해 왔기에 이 당시 내색은 하지 않았지만 니시무라의 이야기는 가슴을 찌르는 충격으로 다가왔다. 그러나 다시 회상해 보면 어릴 때의 어머니는 직업인으로, 아내로, 세 아이의 어머니로, 큰며느리로 여러 역할을 수행하면서 항상 여유가 없었던 것 같다. 그러면서 어머니는 항상 너무 바쁜 사람으로 나의 뇌리에 새겨졌던 것 같다. 따라서 착한 딸은 어머니를 귀찮게 해서는 안 될 것 같은 느낌 속에서 나의 감정과 고민을 온전히 나 혼자 처리할 수밖에 없었던 것이 아득한 기억 저편에서 떠오른다. 어머니도 나와 같은 마음이었을까?

니시무라는 "상담자는 내담자가 어려운 문제를 갖고 오기에 먼저 자기 자신에 대해 알아야 합니다. 따라서 내 이야기를 공유할 수 있는 능력을 지니고 내 이야기를 내보이는 것이 중요합니다."라고 했다. 모래상자 안의 상인들이 자신을 돌아보면서 겸손하고 겸허하게 장사를 하면 그만큼 번성할 수 있다는 것이다. 지인과 차를 마시며 가볍게 자신의 이야기를 하는 것도 자기 자신을 위한 좋은 상담이 될 수 있다고 했다. 니시무라의 이야기가 마치 나의 결핍된 부분을 핀셋으로 짚어 주는 듯해서 몸이 따끔거리는 느낌을 받았다.

a

b

[그림 7-2]

　성탄절과 연말이 다가오고 있는 시기에 [그림 7-2]를 만들게 되었다. 그래서인지 모래상자 앞에 섰을 때 정리와 대청소가 필요한 느낌이 들었다. 이러한 느낌과 일치하게 공간의 많은 부분을 마치 정리가 완료된 것처럼 아무것도 없는 상태로 만들고 싶었다. 하지만 성탄절 기분을 내고 싶어서 모래상자의 가장자리를 따라 산타와 성탄 장식물, 선물상자들을 놓았다. 트리와 눈사람도 빠지면 안 될 것 같고, 성탄절에는 당연히 선물상자가 있어야 한다. 처음에는 화려한 포장의 선물상자를 가운데에 놓았다. 그러나 시야를 막는 것 같아 왼쪽 아래로 이동시켰다. 따라서 가운데에는 화려한 향수병이 들어 있는 장식장만 남아 있게 되었다. 선물상자는 개봉될 때를 기다리며 약간 열려 있다. 이것이 궁금증을 더하고 더욱 마음을 설레게 한다. TV에서는 성탄절에 걸맞게 마법사가 나오는 영화가 나오고 있고, 이를 편안히 누운 자세로 시청할 수 있는 장의자가 그 앞에 놓여 있다. 세상에서 가장 편한 자세로 눕고 싶다고 느꼈지만, 실제로는 여기에 눕히고 싶은 것을 찾을 수가 없었다.

왼쪽의 냉장고 안에는 케이크가 들어 있다. 왠지 몸에 미안한 느낌이 들면서 몸에 좋은 음식도 필요할 것 같아 냉장고 위에 과일을 올려놓았다. 1년을 마감하는 대청소가 필요하다고 느꼈지만 이를 손수 하는 것은 막막하고 엄두가 나지 않는다. 그래서 왼쪽 위의 여자 마법사가 힘든 청소를 대신해 주고 있다. 마법을 사용할 수 있기에 마법사에게는 전혀 힘든 일이 아니고, 따라서 나는 미안함을 느끼지 않아도 된다. 진심으로 이러한 마법사를 갖고 싶다.

니시무라는 이렇게 말했다. "모래상자에서 왼쪽 아래의 선물상자와 냉장고가 가장 눈에 띕니다. 예쁜 선물상자와 장식은 무엇을 의미하는 걸까요? 여기에서 핵심은 '장식을 한다는 것'입니다. 즉, 장식품으로 살아가자는 마음이 엿보입니다. 남들에게 커리어 우먼으로 보여야 한다는 것입니다. 그러나 장식은 있으면 좋지만 없어도 괜찮습니다." 이 이야기에서 융이 말한 페르소나가 새삼 생각났다.

나의 마음에도 예쁜 상자 안의 선물, 장식장 안에 들어 있는 화려한 향수가 다가온다. '예쁜' '화려한'이라는 수식어는 상담자로서의 나에게는 그다지 어울리지 않는 단어라고 생각해 왔다. 그런데 이제부터는 나를 위한 상자 속 선물이 개봉되고 장식장 문이 활짝 열리게 되는 것일까?

[그림 7-3]

[그림 7-3]에는 식물들이 푸르른 빛을 잃고 마른 솔방울이 뒹구는 가운데 숲속에 성탄절이 왔다. 성탄 트리와 눈사람 장식도 세워져 있고, 아기 동물들이 먹을 수 있는 과일들도 풍성하다. 아기 동물들을 따뜻하게 해 주기 위한 모닥불, 성탄절을 즐기다가 피곤하면 쉴 수 있는 텐트도 오른쪽 위에 마련되어 있다. 성탄절은 역시 어린이들의 축제이다. 그러나 모두를 위해 수고하는 산타를 위해 술 한 병은 드려야 할 것 같아 산타의 손에 와인병을 쥐여 주었다.

니시무라는 솔방울이 있는 부분이 [그림 7-1]의 춤추는 커플이 있던 자리라고 말했다. 솔방울의 원뿔 모양은 나선이나 소용돌이와 동일한 상징적 의미를 가진다고 하는데, 이는 거대한 생성력과 창조력을 뜻하는 것이다.

그리고 니시무라는 "[그림 7-2]의 장식장이 불로 바뀐 것으로 보이는데, 차갑고 단단한 재질이 이렇게 온기가 느껴지는 불로 표현된 것이 마음에 드네요. 술병을 쥔 산타는 아버지일 수 있는데, 아버지가 술을 좋아하시는지 궁금합니다."라고 했다.

이것은 나에게 매우 갑작스러운 질문처럼 느껴졌고, 순간 당황하면서 마치 낯선 문제에 대한 해답을 찾아보듯 나의 아버지에 대해 돌아보게 되었다. 아버지는 술을 즐기기는 하시지만 만취한 모습을 별로 본 적이 없다는 것이 새롭게 생각났다. 포도

주는 일찍부터 생명의 액체이고, 포도주를 마시는 자에게 영험한 힘이나 생명력을 주는 것으로 알려져 왔는데, 돌이켜 보면 이 모래상자에는 인생의 종착점으로 향하는 아버지를 더 오래 붙잡고 싶은 소망이 담겼던 것 같다.

[그림 7-4]

이날은 한 번도 사용한 적이 없는 팔각형의 모래상자가 눈에 들어와 선택하게 되었다. [그림 7-4]는 진귀한 골동품들을 수집해 놓은 방이다. 이집트, 중국, 티베트 등 오랜 역사를 소유한 동서양의 각 지역에서 수집한 물건들이 있다. 모래상자 안에는 존재하지 않지만 이 방의 주인이 평소에는 굳건하게 닫아 놓았던 가림막을 열고 동양의 수집품들을 감상하고 있다. 오랫동안 어둠 속에 있다가 빛 속에 드러난 소유물들이 왠지 낯설게 느껴지고 곰팡내도 나는 것 같다.

오른쪽 아래의 영사기에서는 아시아를 여행하면서 찍은 필름이 상영되고 있다. 거울 두 개가 스크린이며, 나무배를 타고 과일과 같은 물건을 파는 사람들이 영상으로 비춰지고 있다. 그들은 큰 강을 삶의 무대로 삼아 생활하는 사람들이다. 영사기 왼쪽에는 수집품들을 감상하는 데 필요한 편안한 안락의자와 티세트가 마련되어 있다. 곧 편안한 자세로 차를 마시면서, 수집한 나의 보물들을 감상하게 될 것이다.

니시무라는 이렇게 해석했다. "흔하지 않은 모래상자로 보입니다. 골동품은 결국 장식장 안의 물건이기에, 어머니가 만들어 놓은 장식장 안에 갇혀 있는 상태로 보입니다. 즉, 상자 속에 갇혀 있는 로봇과 같아요. 좋은 재능이 어머니가 만들어 놓은 것에 갇혀 있는 상태입니다. 또한 과일을 파는 여성의 모습이 영사기를 통해 비춰지는 것으로 보아 여성스러움이 내면에 감춰져 있고 미처 표현되지 않는 상태인 것 같습니다." 그러나 종교적이며 영적인 것이 모래상자 안에 등장하고 있다고 했다.

새삼 이 모래상자 안에는 살아 있는 것이 전혀 존재하지 않음을 깨닫게 되었다. 그러면서 갑자기 갇혀 있고 정지해 있는 이 모든 것을 깨어나게 하여 살아 있는 존재로 만들어 흥겨운 잔치판을 벌이고 싶은 마음이 들었다. 이를 가능하게 할 수 있는 마법과 같은 힘이 나의 어디에 존재하고 있는지 아직은 잘 모르겠지만, 어서 빨리 만나 보고 싶다.

[그림 7-5]

어두운 빛깔의 모래가 마음에 안정감을 주는 듯하다. [그림 7-5]는 숲속이다. 큰 폭포가 있고, 폭포에서 흘러나온 물로 인해 그 주변에는 수목과 꽃들이 자라나고 있다. 아직은 풍성하지 않지만 어린 식물들도 새롭게 돋아나고 있다. 폭포는 자연에게 생명을 주는 물이다. 물을 표현하기 위해 처음으로 모래를 손으로 파 보았다. 그러나 큰 물길은 자칫 범람할 위험이 있어 아직은 꺼려진다. 따라서 조심스럽게 동물들의 갈증을 채울 수 있을 정도로만 만들어 보았다. 하지만 보이지 않는 부분에 있는 물의 작용으로 인해 언젠가는 푸른 수목으로 숲 전체가 채워질 것이다. 동물들은 폭포로 인해 생긴 작은 호수 주변에 모여 물과 과일을 취하고 있다.

니시무라는 "폭포와 물이 서로 연결되어 있지 않은 단절의 상태이며, 많은 동물이 목을 축이기에 물은 너무나 부족해 보입니다. 그러나 이전의 모래상자와 달리 자연이 나와서 안심이 되고, 초등학교 저학년 정도로 돌아온 마음의 상태 같습니다. 도라 칼프(Dora Kalff)가 말한 동식물 단계로의 퇴행으로 볼 수 있고, 신체 본능·충동·정서적 세계에 속하는 모래상자입니다."라고 했다.

a

b

[그림 7-6]

겨울이 가고 드디어 봄이 오고 있다. [그림 7-6]의 a에서는 겨울과 관련되는 것들이 오른쪽 위에서 시작해 왼쪽을 향해 이동하고 있다. 맨 앞의 투명한 크리스털 사슴의 인도를 따라 산타, 기차를 탄 눈사람, 겨울의 정령들이 순서대로 행진하고 있다. 이들은 새로운 계절인 봄이 도래하면서 퇴장하고 있는 것이다. 왼쪽 가운데의 토끼들은 봄의 전령 같은 것으로, 작은 들꽃으로 단장된 통로를 지나 오른쪽 방향으로 입장하려 하고 있다. 오른쪽의 여성들은 드레스를 차려 입고 꽃다발을 든 채로 봄의 전령들을 맞이하고 있고, 그 뒤의 발레복을 입은 무용수들은 환영의 공연을 펼치고 있다.

니시무라는 "이 모래상자에 뱀이 나오면 좋겠어요."라고 말했다. 너무나 뜻밖의 발언이었다. 또한 융이 '의식성이 지나쳐서 본능적 토대와 너무 떨어져 있게 되면 균형을 잡으려는 시도가 종종 뱀 등의 동물 상징으로 상징화된다.'고 한 것이 떠올랐다. 이어 니시무라는 "여성 무용수는 아름답지만 사실상 투명인간이기에, 인간이 아닌 요정의 세계 같은 느낌이고, 이는 육체를 갖고 있지 않은 상태임을 의미합니다."라고 했다.

나는 빨간색을 그다지 좋아하지 않는데, 이때는 작은 기차의 빨간색이 가장 먼저 눈에 들어와 이 모래상자의 첫 번째 피겨로 선택했다. 무지개 색상을 우리 몸 안에 존재하는 일곱 가지 정신적 에너지의 중심 또는 차크라와 관련되는 것으로 설명할 때, 빨간색은 무지개의 첫 번째 색으로 생식선과 관련된 관능적인 색이고, 열정 · 사랑 · 기쁨 · 잔인성 · 분노 · 강함 · 위험과 같은 강렬한 정서를 연상시키기도 한다. 하지만 빨간색 기차를 내 가까이에 놓기에는 왠지 튀어 보여 위쪽에 놓게 되었는데, 이 또한 니시무라가 말한 육체(감정)를 멀리하는 상태를 보여 주는 듯하다.

오른쪽에서 왼쪽으로 움직이는 것은 종종 정신적인 내면 세계로의 발전을 의미한다(Ammann, 2009). 유사하게 크리스털로 만들어진 물체는 새로운 차원으로의 이행과 내면 세계로의 이행을 의미하기도 한다. 따라서 이 모래상자는 [그림 7-5]와 같이 아직은 퇴행의 상태를 보여 주지만 전진을 위한 준비 단계로도 느껴진다. 춤은 창조의 에너지, 힘과 감정 그리고 활동의 강화를 뜻하기에, 춤을 추는 요정 느낌의 여성은 모자람과 충만함 두 가지 모두를 안고 나에게 다가오는 것 같다.

a

b

[그림 7-7]

[그림 7-7]의 a에서는 왼쪽 위의 모래를 언덕처럼 쌓아 올린 곳에 음침한 분위기의 중세시대 성이 자리 잡고 있다. 이 성은 깊은 산속에 있어서 사람들의 접근이 어렵다. 따라서 이 성은 알려진 것이 거의 없는, 신비에 싸인 성이다. 성 주변의 나무들이 성의 존재를 가려 주고 있고, 나무 꼭대기에 앉아 있는 부엉이는 망을 보며 침입자를 알려 준다. 아래에는 왼쪽에서 오른쪽으로 도로를 따라 여행을 가는 차들이 지나가고 있다. 도로의 위쪽은 마을로, 집과 아이들이 놀 수 있는 놀이터가 있다. 아이들이 놀다가 손을 흔들며 관광객들을 반기고 있다.

니시무라는 이렇게 해석했다. "선로는 어머니의 모습이고, 성은 아버지의 모습인 것 같네요. 선로를 따라 아이들이 가는 느낌입니다. 아이는 어머니가 선로를 따라가라고 하자 이 말을 듣고 잘 지킵니다. 즉, 교육을 잘 받아서 주어진 것을 잘 지킵니다. 그러나 부엉이는 어두운 곳에서 잘 볼 수 있는 새이기에 어머니가 다 볼 수 없는 곳에서 자유행동을 할 수 있습니다. 성이 있는 곳은 아직 밤이지만, 눈을 새롭게 뜨면 새로운 길을 볼 수 있습니다."

성에는 대개 갇혀 있는 사람과 보석이 있으며, 그 보석을 손에 넣고 갇혀 있는 사람을 풀어 주기 위해서는 그 안에 사는 괴물이나 악한을 정복해야만 한다. 보물이나 갇혀 있는 사람은 비밀스러운 지식이나 영적인 달성을 상징한다. 부엉이는 어둠 속에서 생명을 보호해 주고 삶에 있어 필요한 통찰을 제공해 줄 것이다.

니시무라는 나의 주거 상태에 대해 질문했다. 30대에 부모로부터 분가해서 물리적으로는 혼자 독립해서 살고 있다고 대답하자, 니시무라는 부모로부터 신체적으로뿐 아니라 정신적으로도 독립해서 자신의 삶을 살아가는 것이 필요하다고 했다. 더불어 일본과 비교해서도 한국에서는 딸이 부모, 특히 어머니로부터 정신적으로 독립하는 것은 정말 긴 시간과 끊임없는 자기성찰을 필요로 하는 것 같다는 말을 덧붙였다. 50대의 딸이 함께할 시간이 점점 줄어들고 있는 팔순의 노모로부터 과연 완전히 독립할 수 있을까, 아니 진정으로 원하기는 하는 걸까 하고 스스로에게 질문하게 된다. 막상 이것이 이루어야 할 과업이라고 생각하니 두렵기까지 하다.

[그림 7-8]

예전에 관광을 갔던 베트남 하롱베이의 풍경이 떠오르면서 [그림 7-8]을 만들게 되었다. 위쪽에는 보는 사람들의 감탄을 자아내는 기암괴석들이 있다. 매우 오랜 시간 동안 형성되어 온 것이다. 이곳의 사람들은 손수 만든 대나무 배를 사용해서 해상에서 물건을 팔고 이동도 하고 있다. 따라서 대나무 배는 필수적인 생활수단이다. 강인지 호수인지는 분명치 않지만 가운데의 물에는 물고기와 게, 거북이 같은 다양한 수중생물이 풍부하다. 오른쪽 마을에 살고 있는 순박한 아이들은 옷도 제대로 걸치지 않은 채 고기를 잡기도 하며 강 주변에서 놀고 있다. 검은 새들이 물고기를 잡아먹기 위해 모여들었다. 심지어 새들은 배에도 내려앉으나 사람들은 쫓을 생각을 하지 않고 그대로 함께하고 있다.

니시무라는 이 모래상자를 이렇게 해석했다. "[그림 7-7]의 밤이 지나 새벽이 온 것이고, 날이 밝았어요. 호수는 여성적 상징입니다." 흔히 바위는 영속·안정·경직·차가움·딱딱함을 상징하는 것으로 알려져 있는데, 니시무라는 위쪽의 바위는 한국적 문화로 볼 수 있다고 했다. 반면, 왼쪽 아래에는 아무것도 없는 것으로 보이기에 어머니의 부분이 없는 모래상자이지만 그래도 자기 자신이 표현된 상자라고 말했다.

[그림 7-4]에서 스크린 안에 존재하던 영상이 살아 움직이면서 실제로 내 눈앞에 보이고 있다. 바야흐로 갇혀 있고 표현되지 못했던 자기(Self)의 부분에 대한 이해와 앎의 길로 들어서고 있는 것일까 하고 자문해 본다.

a

b

[그림 7-9]

나는 개구리를 싫어한다. 몸서리를 칠 만큼 싫기에 동화 『개구리 왕자』에서 공주가 자신의 신랑이 된 개구리를 결국 벽에 던져 버린 그 심정이 너무나 공감이 된다. 그렇기에 개구리를 모래상자에 놓은 적이 없었는데, 이날은 시작부터 개구리가 꼿꼿이 선 자세로 나를 부르는 것처럼 느껴졌고, 결국 [그림 7-9]의 a의 중심에 가장 먼저 놓게 되었다.

이곳은 주변에 수목이 무성하게 우거져서 밖에 전혀 알려지지 않은 곳이며, 심지어 숲속의 동물들도 접근하기 어려운 큰 호수이다. 많은 수중생물이 이 호수에 살고 있다. 특히 개구리와 거북이가 많고, 이들은 물과 육지를 오가면서 생활한다. 왼쪽 위의 가장 높은 나무 위에는 화려한 색깔의 앵무새 한 마리가 앉아서 주위를 망보고 있다. 나무에 매달린 원숭이와 물고기를 잡아먹으려는 새들이 있지만 어디에도 위험은 존재하지 않고 모든 것이 평화롭게만 느껴진다.

니시무라는 상자가 커졌고 또한 '남성적인 상자'로 볼 수 있다고 했다. 특히 개구리가 그렇다는 것이다. 개구리에서 인간 남성이 되기 위해서는 동화에서 개구리를 집어 던진 공주가 그러했듯이 히스테리를 일으켜야 한다고 말했다. 상징적으로 개구리는 알로 시작해 올챙이가 되고 최종적으로 개구리로 성숙해 나가기에 변형의 힘을 가지고 있다고 일컬어진다(Turner & Unnsteinsdottir, 2012).

거북이는 불사, 다산, 재생을 상징하며, 천지창조의 시작 및 만물의 기반으로서 토대가 되어 등에 세계를 떠받치고 있는 모습으로 종종 나타난다(Cooper, 1994). 이러한 거북이가 중심의 개구리를 향해 모여들고 있다. 본성의 자연스러운 충동을 억압하던 과거의 삶의 태도 대신 새로운 삶의 태도를 받아들이려는 움직임이 시작된 것 같다.

a

b

[그림 7-10]

[그림 7-10]은 극장의 여성 분장실 안의 풍경이다. 시대극에 출연하는 여성 배우들이 고전적인 긴 드레스 의상을 차려 입고 차림새를 점검하면서 각자 거울을 보고 있다. 가운데에는 관람객이 보내 준 화려한 꽃이 꽃병에 꽂혀 있고, 연극의 시작 시간을 알려 주는 큰 시계가 있다. 정시에 연극이 시작되어야 하기에 시간을 잘 볼 수 있는 큰 시계가 반드시 필요하다. 그리고 발레리나 배역의 여성이 준비를 다 마치고 가운데의 일인용 소파에 앉아 여배우처럼 도도한 자세로 휴식을 취하고 있다.

거울을 통해 자신을 비추어 본다는 것은 자신을 되돌아본다는 의미와 이를 통해 자신의 정체성을 찾는다는 것을 의미한다. 바야흐로 거울이라는 상징을 통해 나 자신을 정면으로 비추어 볼 수 있는 용기가 생겨난 것인지 궁금하다.

니시무라는 이 모래상자의 주제를 가운데의 비어 있는 자리, 즉 '기다림'으로 보았다. [그림 7-1]의 빈 공간을 보고는 변화되기 어렵다고 생각했는데 정말 이렇게 전개될 줄 몰랐다는 말을 축하처럼 전달해 주었다. 이 집단모래상자놀이 모임을 주도한 선생님이 모래작업을 할 때 옆에 있으면서 서로 영향을 주고받은 것 같다는 말도 덧붙여 주었다. 더불어 마음이 내키지 않아도 자신의 모래상자를 조금씩 만들어 가는 것이 중요한데, 모래상자에서 보이는 표현은 정말 꿈보다 더 깊은 것이 나오기에 실제로 이루어지는 데에는 시간이 더 오래 걸린다고 했다. 이 말을 되새기면서 다시 보니 [그림 7-1]의 첫 번째 피겨였던 큰 시계가 눈에 띄었다. 첫 번째 모래놀이 여정을 마무리 짓는 이번 모래상자에서도 동일한 시계를 놓았다. 외부의 시간 흐름과는 별개로 내 안의 시계는 현재 몇 시인지, 목적지에 도달하는 데 얼마의 시간이 더 흘러야 할지를 생각하게 한다.

긴 여정의 마침표를 찍듯 니시무라는 부모와의 관계에 대해 자기성찰을 하면서 지인과 이야기하는 것이 도움이 될 수 있다고 말했다. 인생의 반환점에서 가족과의 관계를 재확립해야 하는 시기에 와 있는 것 같다.

[그림 7-11]

[그림 7-10]을 만든 후 1년 7개월이 지났다. 그동안 인생의 중요사라고 말할 수 있는 일들이 있었다. 생각지도 않게 자격증을 따기 위해 관련 과정을 진행하는 중이었고, 특히 한 달 전 전혀 예상치 못하게 가족의 상실을 처음 겪기도 했다. 따라서 몸도 마음도 제대로 추스르지 못한 상태로 모래상자 앞에 섰다. 아무것도 생각나는 것이 없었고, 만들고 싶은 장면 또한 전혀 떠오르지 않았다. [그림 7-11]에는 생각 없이 피겨장을 둘러보다가 눈길이 가는 피겨들을 그냥 가져와서 배치했다. 이때가 가을에서 겨울로 진입하는 시기였기에 눈사람이 들어 있는 투명 크리스털 볼, 투명 크리스털 사슴, 가을의 결실인 호박들을 놓은 것 같다. 하지만 모래상자에 집중할 수 없었고, 2년 전 아버지가 계시던 당시에도 이 방에서 모래상자를 만들었던 기억이 떠오르면서 어찌할 수 없게 눈물이 흘렀다.

니시무라는 "왼쪽 위 아버지의 위치에 놓인 거울이 나를 그대로 비추어 주고 받아들여 준 좋은 아버지 상으로 여겨지네요. 반면, 모래상자에 빈 공간이 많은 것처럼 지금의 심리상태 또한 공백이 많습니다. 마음속 보이지 않던 곳이 모래상자의 빈 공간으로 드러났습니다. 아버지의 갑작스러운 사망 후 마음의 공백이 확 드러난 우울상태로 보입니다."라고 해석해 주었다.

모래상자를 만들 당시의 나의 마음을 그대로 통역해 준 듯한 니시무라의 말에 다시 한번 눈물을 쏟았다. 왼쪽 아래에 놓인 소심하고 겁 많은 성격의 루피가 마치 이

때의 나인 것 같다. 왼쪽 아래에 있는 우물은 지하세계와 접촉하기 때문에 그 물에
는 치유력이 있다고 한다(Cooper, 1994). 이러한 물이 나의 가장 깊숙한 내면까지 흐
르고 구석구석 전달될 수 있기를 바란다.

a

b

[그림 7-12]

[그림 7-12]의 a에서는 오래된 고성을 오른쪽 위에 놓았다. 그곳은 아무도 도달할
수 없고 들어갈 수도 없는 철옹성처럼 느껴진다. 신비감을 넘어 무시무시한 느낌을
주는 곳이다. 성 앞에는 악어 모습의 괴물이 양손에 칼과 철퇴를 들고 침입하려는 자
들을 격퇴한다. 그 어떠한 존재도 성에 들어가는 것을 절대로 허락하지 않는다.

두 마리의 개, 캥거루, 산양 등 네 마리의 동물이 꽃길을 따라 걸어서 고성에 도착
했다. 이들은 성을 지키는 무서운 악어괴물을 두려워하지 않는다. 심지어 흰색의
달마시안 강아지는 앞발을 들고 애교를 부리며 들여보내 줄 것을 호소한다. 이러한
노력이 통해서 나뿐만 아니라 악어괴물까지도 미소를 짓게 만들 것 같다. 왠지 이
네 마리의 동물이 그림 동화에 나오는 브레멘 음악대를 떠오르게 한다([그림 7-12]의
b 참조).

니시무라는 "악어 악당(또는 고질라)이 어머니의 모습 같아 보이는데, 악어(어머
니)가 손에 뭔가를 들고 굳건히 자신의 자리에 서 있는 데 반해 아버지의 자리가 보

이지 않습니다."라고 지적했다. 또한 니시무라는 한국 어머니의 인상적인 이미지가 드러나 있다고 말하면서 한국, 일본, 중국의 어머니를 다음과 같이 비교했다. "한국의 어머니는 엄격함이 전형적인 어머니 상인지 굉장히 엄격합니다. 중국 소설『홍루몽』에서는 힘 있는 사람이 할머니입니다. 일본의 며느리는 식구를 돌보는 존재이지만 지위상 가장 약한 존재입니다. 한국은 아버지가 가정의 중심이지만 사실상 그 아버지를 어머니가 관리하고 조종하는 것 같습니다. 악어처럼 전체를 강하게 장악하는 것은 어머니입니다. 따라서 이 모래상자는 어머니가 전체를 강하게 장악하고 있습니다. 그리고 부부 한쪽이 강해지면 다른 한쪽은 약해지는데, 강함이 수명, 즉 장수에 영향을 줍니다." 니시무라는 부부는 사랑의 관계이며 상호 협력관계여야 함을 강조했다.

장미꽃 장식으로 꾸며진 길을 네 마리의 동물이 함께하고 있다. 그중의 한 마리는 캥거루이다. 캥거루는 작은 아기를 품는 것으로 잘 알려진 동물이다. 특히 유아기에 아기를 보호하고 따뜻하게 해 주며 먹여 주는 어머니에 해당하는 상징 동물이다. 이들은 길의 끝에서 또 하나의 동물인 악어를 만나게 된다. 악어는 육지와 물 두 곳에서 사는 동물로서 인간의 이원성을 뜻하기도 한다(Cooper, 1994). 숫자 '4'는 전체성으로 땅과 연관되어 있고 현실 상황을 가리킨다(Turner, 2009). 따라서 동물들로 상징되는 '감정적이고 본능적인 자질'이 물질적인 현실에 기반을 가지면서 발전하게 된다. 결과적으로 새로운 자질들은 다섯 동물의 숫자 '5'가 의미하는 성격의 전체로 통합될 수 있으리라.

[그림 7-13]

[그림 7-13]은 어린이들의 천국과 같은 곳이다. 어른들이 모두 부재하는 틈을 타 아이들이 하고 싶었던 것을 마음껏 누리고 있다. 몸에 좋지 않다고 금지당했던 달콤한 간식과 인스턴트 음식들을 맘껏 즐기고, 시소에도 위험스럽게 매달려 신나게 놀고 있다. 평소에는 접근도 할 수 없는 어른의 자전거나 오토바이도 이제는 모두 아이들의 놀잇감이 되었다. 집 안에 있는 컴퓨터는 아무도 사용하는 이가 없이 내버려진 상태이다. 오직 신남과 재미만이 있을 뿐이다. 심지어 강아지들도 개집에서 해방되어 접근 금지였던 회전 놀이 기구에 올라타 즐기고 있다. 아래에서는 이러한 광경을 〈피너츠〉의 '스누피', 〈겨울왕국〉의 '올라프', 〈뽀로로와 친구들〉의 '루피' 등 동화나 만화에 등장하는 캐릭터들이 몰려와 신기한 듯 구경하고 있다.

니시무라는 이 모래상자에 대해 "[그림 7-12]의 악어괴물이 지키던 철옹성을 통과하면 그 고성 안에 이런 장면이 있지 않을까요?"라고 했다. 그러면서 오른쪽의 회전목마가 어두운 느낌을 주며, 마치 그 악어(어머니)가 변형되어 저 자리에 있는 모습 같다고 했다.

니시무라가 다시 한국의 어머니에 대해 말했다. "한국의 어머니는 강하기도 하고 화도 잘 내면서도 아이들을 밝게 잘 놀게 하는 것 같은데, '잘 놀게 하는 것'이 아주 중요합니다. 일본에는 화를 잘 내는 엄마를 상징하는 일본 도깨비 가면이 있는데, 그것을 '반야 가면'이라 합니다. 왜 깨달음의 의미인 '반야(般若)'라고 했을까요? '화를 낸다'는 것은 깨닫는 것과도 관련이 있습니다. 깨닫지 못하면 선승(禪僧)이 화를 냅니다. 신앙은 라틴어로 '의심하다'입니다. 너무 지나치게 열심히 탐구하는 것보다는 놀면서 무엇인가 하는 마음으로 모래상자를 만드는 것이 좋습니다. 의도하지 말고 떠오르는 대로 모래상자를 만드세요."

[그림 7-14]

왠지 모르게 바다의 선명한 파란색이 보고 싶었다. 두 손을 이용해서 모래를 파내고 나니 햇볕이 뜨거운 남국의 휴양지 풍경이 자연스레 만들어졌다. [그림 7-14]는 외부에 알려지지 않아 극소수의 아는 사람들만 이용하는 비밀스러운 고급 휴양지이다.

아래에 선베드와 안락의자가 있고, 휴양객들에게 편안한 휴식을 제공하기 위해 그물침대 또한 마련되어 있다. 의자 주변에 초밥, 과일 등의 신선한 음식들이 제공되고 있고, 왼쪽 아래에는 바다에서 잡아 올린 대게와 랍스터가 바비큐로 익어 가고 있다. 손님들이 데리고 온 반려견들도 제한 없이 자유롭게 모래사장에서 한가로움을 즐긴다. 사람의 손길이 닿지 않은 해변이기에 불가사리와 거북이 등의 해양생물이 도처에 있다. 오래전에 난파된 배에 실려 있던 보물 상자, 마법램프도 해변 왼쪽 가운데에 떠내려왔다. 바다의 파도 사이로는 인어공주가 모습을 드러내고 있다.

니시무라는 사람들이 이용하는 휴양지임에도 준비된 의자들이 비어 있음에 주목하며 이렇게 해석했다. "바다와 육지를 왕래하는 거북이는 여성으로 볼 수 있으며, 인어공주 또한 거북이 모양으로 파도에 올라가 있습니다. 인어공주는 바다 속과 바다 위를 자유롭게 다닐 수 있어요. 따라서 이것은 무의식과 의식의 세계를 넘나들 수 있는 상징입니다. 그러나 인어공주는 아름다운 여성의 모습을 하고 있지만 완전한 두 다리를 갖고 있지는 않기에 완전하게 땅의 세계를 밟지는 못합니다." [그림 7-6]의 요정 무용수처럼 여전히 육체의 결핍이 지속되고 있는 것일까 하는 의문이 든다. 하지만 니시무라는 해변의 거북이가 올라가서 의자에 앉을 것 같다고 했다. 거북이는 장수하는 신령스러운 동물로 지혜로움의 상징이고, 육지와 바다를 오가는 특성으로 인해 의식과 무의식의 세계를 연결하는 신 또는 신의 사자로 인식되어 왔다. 니시무라는 "새로운 내면이 시작되는 것일까요?"라고 하며 이 또한 축하할 파티라고 말했다.

바다와 육지의 경계선에는 보물 상자가 떠내려와 있다. 보물찾기는 '세속적인 보물찾기'와 '영적인 보물찾기'의 이중성을 상징한다. 영적인 보물찾기는 인간이 진실한 자기를 탐구하는 것 또는 자아의 발견을 의미한다(Cooper, 1994). 이러한 영적인 보물을 획득하는 데에는 고난과 시련이 불가피하며 인간의 힘만으로는 불충분하다고 하는데, 바로 거북이와 인어공주가 이를 인도해 주는 것 같다.

[그림 7-15]

[그림 7-15]는 깊은 숲속에 존재하는 비밀의 연못 같은 곳이다. 연못의 물은 보통의 평범한 물이 아니고 신성한 힘을 가진 물이다. 그러나 인간은 아무도 이의 존재를 알지 못한다. 오직 숲과 함께하는 동물들만 본능으로 그 존재를 느낄 뿐이다. 어린 동물들이 모여들어 물에 조심스럽게 다가간다. 아래의 새끼 사자 한 마리가 용기를 내어 연못 안에 떠 있는 큰 꽃을 향해 조심스럽게 발을 뻗는다. 미래의 동물의 왕답게 느껴져 내 마음이 흡족하다.

니시무라는 이에 대해 이렇게 해석했다. "물 위에 아직 섬이 없고 그 대신 꽃이 등장했는데, 뿌리는 안 보이네요. 따라서 위에는 힘이 없기 때문에, 땅 속에서 올라오는 뿌리가 근간이 되어 지지해 주는 것이 중요합니다. 또한 동물들이 다 관심을 갖고 몰려드는 꽃의 뿌리, 즉 근간이 어떤 것일지 궁금하네요. 꽃의 기본은 무엇일까요? 생명체의 기본을 발견하는 것이 중요합니다. 밀교(密敎)에서는 욕망이 나쁜 것이 아니라 욕망에 순응해 가는 것이 보살의 경지라고 보고 있습니다."

내 깊은 곳의 욕망을 다시 한번 생각해 보고 갈 필요가 있을 듯하다. 내게도 새끼 사자의 용기가 필요하다.

[그림 7-16]

유희에 대한 욕망 때문인지 [그림 7-16]의 모래상자에서는 롯데월드 같은 대형 놀이시설을 만들게 되었다. 위쪽 가운데의 뒤엉킨 나무덩굴처럼 보이는 곳이 입구이다. 신비한 세계로의 입장을 알려 주는 신호 같은 것이다. 개장 시간이 임박해 있다. 따라서 놀이시설의 캐릭터 인물들이 입장객들을 맞이하기 위해 입구 앞에 정렬해 있다. 개장 시간이 되면 빨간 기차가 사람들을 태우고 철로를 따라 운행하여 입구로 들어갈 것이다. 이 기차에는 한정된 인원만이 탈 수 있다.

입장할 수는 없어도 이 놀이시설의 소문을 들은 다양한 사람과 유명 캐릭터들이 기차 주변에 빙 둘러서서 구경을 하고 있다. 놀이시설 너머에는 꿈속과 같은 환상적인 장면들이 전개될 것이며, 배를 탄 여신과 신비의 동물 등이 입장객을 기다리며 대기하고 있다. 기차를 타고 입구를 통과하면 그 끝에는 하늘을 나는 말인 '페가수스'가 기다리고 있다. 페가수스는 흔히 영웅의 모험에 함께 동행해 주며 조력자의 역할을 한다. 따라서 상상하기 어려운 신비하고 즐거운 경험들이 펼쳐질 수 있기에 이를 고대하며 나의 기분 또한 풍선처럼 부풀어 오르는 것 같다. 그러나 입장하기 전에는 어느 누구도 이 모든 것을 상상조차 할 수 없다. 왠지 내 자신이 창조주처럼 느껴진다.

니시무라는 이 모래상자에 대해 이렇게 해석했다. "[그림 7-12]와 비슷한 느낌이
드네요. 그러나 [그림 7-12]에서 성을 지키던 악어괴물은 사라진 세계입니다. 그런
데 저 입구를 통과해야 하니 입구가 악어의 역할을 하고 있습니다. 들어가고자 하는
곳은 즐거움이 있는 곳인 것 같아서 줄 서서 기다리는 순간에도 즐거운 모래상자로
보이네요. 즐기는 것이 좋아 보입니다." [그림 7-14]의 휴양지에 비어 있던 의자들
이 이제는 즐거움을 한껏 누리려는 손님들로 채워질 수 있을 것 같다.

a

b

[그림 7-17]

[그림 7-17]은 큰불이 나서 자연의 모든 것을 태워 버린 후에 많은 시간이 흐른 곳이다. 모래의 어두운 색감과 꺼끌꺼끌한 촉감이 마치 타 버린 재처럼 느껴진다. 그 즈음에 일어났던 강원도 대형 산불이 떠오르면서 그 이후의 장면을 꾸며 보고 싶었다. 산불 이전과 같은 생태계로 돌아오기 위해서는 아직 많은 시간이 필요할 것이다.

강 윗부분은 산불 피해를 본 지역이다. 큰 나무들은 모두 타서 없어졌고, 겨우 그루터기만 남은 나무, 불의 흔적이 남아 있는 어두운 색의 잎들, 마른 솔방울들이 그곳을 채우고 있다. 대지에서 비롯된 불은 신체의 영역에서 비롯된 정서의 불꽃이다. 불은 정서성, 내면의 열기, 고통, 곤란함을 의미하기도 하지만, 또한 정화와 변환을 의미하기도 한다(Ammann, 2009).

니시무라는 상자의 위쪽에 있는 마른 솔방울에 특히 주목하면서, "마른 것은 죽어 있는 것을 의미합니다. 그러나 상자 아래쪽은 살아 있는 것이 눈에 띄네요."라고 말했다. 이렇게 강의 아랫부분에는 식물들이 새롭게 싹을 틔워 조금씩 성장하면서 푸른빛이 채워지고 있다. 아직 미약하지만 어린 버섯과 작은 들꽃 봉우리들도 간간이 보인다. 그러면서 수중생물들과 새들도 조금씩 돌아오고 있다. 폭포로부터 많은 양의 물이 끊임없이 전달되면서 강은 점점 더 많은 생명체로 채워질 것이다. 상징적으로 연못, 강, 호수 등은 표면 아래에 있는 아직 알려지지 않은 무의식에 대한 개방을 의미한다고 한다. 무의식으로부터의 생명수 유입이 가슴을 또한 시원하게 하고 희망을 안겨 준다. 얼마의 시간이 걸릴지는 모르지만 자연과 나는 분명히 본래의 모습으로 회복될 것이다.

a

b

c

[그림 7-18]

　오랫동안 가 보지 못한 농촌이 지금 실제 어떤 모습일지는 잘 모르지만 전형적인 시골 풍경을 만들고 싶었다. 결실의 계절인 가을이다. [그림 7-18] a의 붉은색으로 물든 큰 단풍나무, 잘 익어 주홍빛으로 변한 감이 주렁주렁 매달린 감나무, 수확되어 쌓인 큰 호박들이 그것을 보여 주고 있다.

　한 해의 힘든 농번기가 다 끝나서 마을은 한가로운 분위기이다. 모두가 여유롭게 집에서 휴식을 취하고 있는 와중에 가축들 또한 한가롭게 마을을 돌아다니고 있다. 그러나 개는 여전히 고양이를 쫓고 있고, 쫓긴 고양이는 볏단 위에 올라가 있다.

그곳은 확실히 안전할 것이다. 이제 그곳에서 고양이는 여유로운 자세로 자신의 앙숙들을 내려다보고 있다([그림 7-18]의 b 참조). 왼쪽 위에는 한 해의 힘든 일을 모두 끝낸 할아버지와 할머니가 자전거를 함께 타고 마실을 가고 있다([그림 7-18]의 c 참조). 그들의 잔잔한 미소가 참으로 아름답게 느껴진다.

[그림 7-17]에서는 불 속에서 변환을 겪는 장면이 나타났다. 그런데 뒤이은 [그림 7-18]에서는 아주 평화롭고 정겨운 시골의 장면을 보게 되었다. 비옥한 대지의 모습이다. 이 모래상자는 매우 한국적인 풍경이기에 '나는 한국 사람이다'라는 존재감과 정체성을 나타내는 모래상자라고 니시무라는 언급했다.

나는 대도시 출신이라 시골의 정경이 친숙하지 않은데, 지금까지 만든 모래상자 중 처음으로 정감 있는 시골 풍경을 만든 것 같다. 존재의 근원인 본래의 고향에 돌아가 한껏 휴식을 취하는 것으로 여겨진다.

a

b

[그림 7-19]

[그림 7-19]는 머나먼 지역에 있는 오아시스이다. 오른쪽 아래에는 카라반 복장을 한 탐험대가 짐을 실은 낙타를 이끌거나 낙타를 타고서 지금 막 도착했다. 이제 텐트를 치고 야영을 준비하면서 식사도 준비하고 있다. 이곳의 신비로운 풍경을 담기 위한 사진기도 설치되어 있다.

아직 이곳에는 알지 못하는 것들이 너무 많다. 오아시스의 왼쪽 위와 오른쪽 위에는 오랜 역사를 지닌 유적들이 즐비하다. 그러나 탐험대는 이곳의 민속과 문화에 대해서 아직 잘 알지 못한다. 탐험대를 대각선 방향에서 마주 보고 있는 왼쪽 위의 사람들은 이곳에 사는 부락민들이다. 지금은 이방인을 살피듯이 오아시스를 사이에 두고 떨어진 거리에서 마주 보고 있지만 탐험대를 맞이하고 있는 것 같고, 탐험대는 이들의 안내가 꼭 필요하다. 아마도 부락민들은 탐험대를 위해 필요한 도움을 제공해 줄 수 있을 것이다. 대각선은 모래상자를 가로지르는 가장 긴 거리이다. 그러기에 모래놀이치료 과정에서 다루어야 할 핵심 문제로서의 정신적 특성을 지니는 경우가 종종 있다. 따라서 이 특성들은 완전한 삶을 살기 위해 의식에 통합될 필요가 있는 새로운 자질일 수 있다.

니시무라는 이렇게 말했다. "사막을 낙타의 행렬과 함께 통과한다는 것은 위험하고 인내심을 필요로 하는 것이지만, 그럼에도 확실히 자신의 길을 알고 가는 것입니다. 종국에 맞닥뜨리게 된 오아시스는 물이 뿜어져 나오는 곳입니다. 그러나 막상 연못에는 아무것도 없어서 쓸쓸합니다. 왼쪽 위의 원주민과 오른쪽 아래의 탐험가들은 관계를 맺는 것이 필요해요. 지금은 오아시스를 사이에 두고 서로 소통하고 있습니다. [그림 7-12]에서 탐험이 시작되어 이번 모래상자에서 만난 것입니다. 아버지가 돌아가신 것이 계기가 되어 자기(Self)의 길을 물어보고 찾아가는 과정이지 않나요? 이는 [그림 7-15]의 중심에 있던 꽃들에서 뿌리가 내려지는 굳건한 상태가 되어 가는 것이고, 에릭슨(E. Erikson) 또한 정체성에 대해 '뿌리를 내리는 상태가 되는 것'이라고 표현했습니다."

니시무라는 전체 여정에 대한 마무리처럼, 이를 위해 지금까지 살아온 자신의 삶을 글로 써서 정리해 보는 것이 필요하다는 조언을 남겼다. 글로 써 보면 얻는 것이 많을 뿐만 아니라 타인에게 바람직하다고 생각했던 것 그리고 나에게 부족한 것이 무엇인지 구분하여 알게 된다는 것이다.

더불어 이번 모래상자에서는 동물이 많아 동물적 감각이 표현되어 있는데, 이에 비해 인간적 감각은 경험과 지식으로 포장된 것이라고 말했다. 내담자를 상담할 때 동물적 감각 단계로 내려가는 것이 때로는 상담자로서 더 유용하다는 것이다. 왠지 칼 로저스(Carl Rogers)가 언급한 '진솔성'이 뇌리에 떠오르며 나는 타인에게, 아니 그보다 나 자신에게 얼마나 솔직한 사람이었는지에 대한 자책이 마음을 메우는 순간이었다.

모래상자를 통한 니시무라와의 대화는 아쉽게도 이것이 마지막이었다. 마지막 모래상자에서 조언해 주신 나의 연대기 정리는 아직 진행 중이다. 이 과정에서 기쁘고 즐거웠던 기억보다는 후회되는 것들, 특히 가까운 이들에게 생각 없이 던졌던 말 속의 독소가 더 많이 마음을 아프게 한다. 하지만 모래상자놀이치료를 통해 비로소 보고 깨닫게 된 가능성과 희망이 이 또한 정화해 주리라 믿는다.

08

만남의 시작

　나만의 끄적거리는 손놀림과 유희 방식을 의식할 때부터 50대 후반인 지금까지 다양한 대상과의 관계와 소통 방식은 지금의 나를 만들어 주었다. 나는 부모님과 오빠, 여동생과 함께 지냈고 둘째이면서 장녀인 늦된 아이로 묵묵하게 성장했다. 20대 후반에 결혼해서 두 명의 딸아이를 키우면서 새삼 어린 시절의 나를 돌아보고, 어머니의 답답하고 애달픈 마음을 조금씩 이해할 수 있게 되었다. 다행히도 아이들이 나와는 다르게 자기의 신념과 주장이 확고해, 내가 우려한 것과는 다르게 아이들을 수월하게 양육할 수 있었다. 대학 졸업 후 6년 동안 미술학원을 운영했는데, 그때 느꼈던 다양한 접근과 시도는 나에게 또 다른 학문을 접하고 싶은 열망을 갖게 했다. 30대 후반에 용기를 내어 시작한 미술치료 공부는 가족 안에서의 소통과 조절에 중요한 기반을 만들어 주었으며, 내가 아내와 엄마의 역할을 더 잘할 수 있도록 용기를 주었다.

　스스로 나의 삶의 목표를 선택하는 대학 시기에 다양한 미술작업을 통한 체험은 나의 세상을 스스로 세우며 넓혀 가는 기회가 되었다. 때로는 무너지기도 하는 간접 경험도 내가 세운 나의 인생 목표에 다가가게 해 주었던 시간들이다. 그 시간들과 함께 성숙되어 가는 과정은 정서적 이완을 가져왔고, 내면과 외면의 소통 시간이 되었으며, 또 다른 나와의 만남이 되기도 했다. 즉, 새로운 환경 적응에 동반자가 되어 주었던 소중한 시간인 것이다. 인생의 중반을 살아가면서 반복되는 삶의 방식들을 벗어나 새로운 소통의 방법을 둘러보고 있을 때쯤 만난 모래상자는 나의 인생에 또 다른 터닝 포인트가 되었다. 그것은 나의 삶에 또 다른 긴장과 흥분을 동시에 주었는데, 나에게는 다양한 체험을 할 수 있도록 도와주는 아주 소중한 장이었다.

　이 시기 모래상자 세계와의 만남은 나에게 비슷한 듯 다른 매체들을 통한 탐색의 시간이었다. 개인적으로 일을 중단하고 정체기를 겪고 있었는데, 모래상자는 나를 재건하기 위한 시도를 가능하게 했으며 치료사로서 내담자에 대한 이해의 범위를 넓힐 수 있는 시간을 만들어 주었다. 지금부터 내가 겪은 나의 새로운 탐색의 시간을 공유하려 한다.

[그림 8-1]

첫 시간에는 모래상자와 모래 색을 선택하는 것부터 긴장하지 않을 수 없었다. 작업의 기초가 되는 모래의 모양과 모래상자의 크기는 나의 작업의 크기를 결정해 주는 역할을 한다고 생각한다. 원형 상자에 담겨 있는 매우 고운 입자의 황토색 모래는 나의 손끝 촉감을 자극했으며, 나로 하여금 반복적으로 같은 모래를 고르게 만들었다. 모래가 주는 촉감은 내가 느끼는 긴장감에서 보이지 않는 뭔가를 잡아내게 했으며, 조금씩 주변을 감지해 가는 과정의 시간을 만들어 주기도 했다.

반복되는 손놀림으로 모래의 방향과 깊이에 몰두할 수 있었다. 나는 내면의 균형과 편안함을 느끼며 모래 위에 놓일 피겨를 탐색하는 여유를 가질 수 있었다. 공간적인 위치로 보면 오른쪽 위에 흔들의자, 탁자, 찻잔 순으로 놓음으로써 상자 안에

'나만의 공간'을 만들었다. 휴식을 위한 공간의 조경은 이 공간을 더 온화하고 따뜻하게 해 주었다. 남은 공백에 대한 고민이 있었다. 무엇을 놓을까 망설이고 있었는데, 결국 반복적으로 잡았던 피겨를 다시 놓음으로써 마무리를 했다. 비워 두는 것에 대해서 스트레스를 갖고 있었던 것 같다.

[그림 8-1]에서는 모래상자와 모래의 색을 선택하는 데 많은 시간을 소비했다. 피겨를 통한 세계도 나에게는 낯선 세계였으며, 어떤 것을 선택할 것인지 어려움을 느끼지 않을 수 없었다. 작업 후 나의 공간이라고 생각했던 오른쪽 공간보다는 나의 공간을 좀 더 안락하게 보충해 준다고 생각하는 부분에 더 많은 시간과 아이디어를 할애했다는 것을 알게 되었다.

니시무라는 '나의 공간'에 대해서 문화적인 차이로 설명을 시작했다. "한국인들의 전체적이며 공통적으로 보이는 모래상자의 특징은 '자기 영역', 즉 '자기를 위한 공간'이 있다는 거예요. 특히 한국 여성들이 일본 여성에 비해서 독립적인 면을 더 잘 보여 주는데, 그 점을 대표하는 상징으로 '하나의 의자'를 말할 수 있어요. 기혼자로서 부부의 공통 공간이 아닌 의자를 하나만 놓았다는 것은 일본 사람으로서는 있을 수 없고 생각조차 할 수 없는 일이에요. 보편적으로 한국 여성은 결혼을 했다고 해도 독립적인 자기를 잘 보여 줍니다. 이 부분에서 한국 여성과 일본 여성의 모래상자 작업은 확연하게 차이가 납니다. 두 나라의 '독립적인 부분'의 차이는 따로 비교해서 발표하고 싶을 정도로 매우 다른 특징을 갖고 있어요. [그림 8-1]은 혼자만의 공간이며, 혼자 외에는 아무도 없는 것으로 보입니다. 당신의 공간은 아랫부분에 비워져 있는 부분, 보이지 않는 그 부분인가요? 다음 회기가 어떻게 전개될지 기대가 됩니다."

모래상자는 내담자의 무의식을 탐색하는 과정에 사용되는 작고 다양한 크기의 상자이며, 정신세계를 다르게 반영하는 공간이라고 생각한다. 전체적인 재생과 재탄생이 잘 보관된 곳인데 일종의 자궁, 즉 모성의 복부라고 할 수 있다(Ammann, 2009). 그중에 원형의 형태는 균형감, 안정감, 중앙으로의 집중을 의미하며, 원형 상자가 주는 완전성은 영혼, 태양과 신의 가장 보편적이고 인간 영혼의 원형상의 상징으로 표현된다고 볼 수 있다. 즉, 원형은 기하학적인 형태가 아니라 인간 안에 살아 있는 숨은 것을 볼 수 있게 하는 하나의 상징이라고 할 수 있다. 또한 손을 통한 모래와의 접촉은 신체와 정신세계를 활성화해서 자신의 재탄생 과정을 경험하도록 한다(김경희 외, 2018). 이런 상징적 의미를 바탕으로 탐구했을 때 원형 상자와 모래 입자는 나의 신체적·정신적 이완과 활성화의 자극제가 되었던 것 같다. 이 자극제는 나의 안락한 공간을 연상하게 했으며, '안락함'을 흔들의자로 대신할 수 있었다.

흔들의자에 대한 개인적인 의미는 '푸근함'과 '휴식'으로 대표할 수 있다. 어린 시절부터 영화나 드라마를 통해 보는 흔들의자는 앞뒤로 조금씩 흔들리는 리듬감으로 나의 상상력을 자극했으며, 막연한 희망의 이야기를 만드는 추억의 재료가 되었다. 이 작업을 통해 어머니께서 70대를 맞이하는 생신에 선물로 흔들의자를 드렸던 기억이 되살아났다. 당시 나는 가정을 꾸리고 아이들을 양육하며 어머니의 마음을 조금씩 이해하기 시작할 때였다. 그래서 어머니가 자신의 휴식을 즐길 수 있는 작은 공간이 되기를 바라는 의미로 준비했던 것 같다.

니시무라가 말한 자기 영역에서의 '혼자만의 의자' 또는 '공간'에 대해서 나의 성장 과정은 어떠했는지 회상해 보았다. 타인과 접촉을 할 때 친구와 팔짱을 낀다거나 손을 잡는 경우에 상대방이 아프거나 불쾌할까 봐 막연한 불안감을 갖기도 했다. 나는 의도적으로 적정 거리를 유지했고, 그래서 공간에 대한 부담감을 갖고 성장한 것 같다. 생각을 정리해 보면, 상대방에 대한 배려와 염려라고 생각했던 부분들이 기질적이거나 성장 과정에서 습득한 개인적 성향과 문화적 영향일 수 있겠다는 판단이 되었다. 나는 나만의 공간에 생명력 또는 에너지가 잠재된 곳, 또는 무의식적으로 머물고 싶은 곳이라는 의미를 주고 싶다.

a

b

c

[그림 8-2]

　두 번째 작업인 [그림 8-2]에서 역시 원형 모래상자와 고운 입자의 황토를 선택했다. 내가 이 모래상자와 모래를 선택한 이유는 나도 모르게 자연스럽게 나를 끌어당기며 안락한 공간으로 안내하는 느낌을 주었기 때문이다. 모래의 감촉은 무의식적으로 리듬감을 갖게 했으며 나는 자연스럽게 S자를 반복하게 되었다. 약간의 기대감을 갖고 어딘가를 향해 전진할 수 있는 기찻길을 연상할 수 있었는데, '희망'이라는 단어가 연상되는 빨간색 기차가 다양한 사람을 만나며 끝없이 칙칙폭폭 소리를 내면서 갈 기세였다. 그 뒤를 따르는 기관차는 묵직하고 느긋한 느낌을 풍기지만, 빨간색 기차와 시공간을 공유하는 듯 적절한 간격을 두고 묵직한 느낌으로 뒤를 따르고 있다. 위쪽의 오른쪽에서부터 왼쪽을 향해 놓여 있는 피겨를 보면 당나귀를 타고 가는 사람, 사막을 지나는 듯한 느낌의 중동 사람들, 카페를 지키며 손님을 기다리는 요리사, 한복을 입고 다듬질을 하는 여자, 상자 안에서 보면 기찻길의 끝으로 보이는 왼쪽 아래에 용 모양의 돛단배가 놓여 있다. 빨간색 기차를 타고 가는 사람은 욕심을 내며 다양한 사람을 만나고 싶어 하는 것 같다. 상자를 위와 아래로 나눈다면 위의 경계선에는 두 명의 병사와 옆에 앉아 있는 불사조가 있으며, 경계선의 아래 오른쪽은 야자수 아래에 엎드려 있는 인디언 등에 아이들이 가득 올라타 즐거워하고 있다. 버섯집 앞에는 난쟁이들이 소곤소곤 이야기를 나누고 있다. [그림 8-2]는 피겨를 선택하는 과정에서 오래된 나의 동심세계의 문을 자연스레 두드리고 열어 주는 역할을 했다. 나는 어린시절에 동경했던 기억 속의 조각들을 꺼내 나열할 수 있었다.

니시무라는 이렇게 질문했다. "기차의 방향은 어디로 향하고 있으며, 빨간색 기차에는 누가 타고 있나요? 그리고 두 종류의 기차의 역할은 무엇인가요? 빨간색 기차는 가뿐하게 앞을 향해 가고 있고, 기관차는 무거운 것을 싣고 빨간색 기차의 뒤를 따르고 있네요. 어느 기차에 당신이 타고 있나요?" 나는 빨간색 기차를 타고 있다고 답변했다.

니시무라의 해석은 이러했다. "빨간색 기차에 당신이 타고 있다면, 기관차는 남편이라고 할 수 있어요. 이 부분은 남편보다 당신이 먼저 나가는 것에 대해 의미를 두고 생각해 볼 필요가 있습니다. 당신이 선두주자로 앞서가는 것으로 볼 수 있거든요. 또한 기차가 앞만 보고 갈 때에는 뒤의 존재(무거운 기관차 또는 남편)를 잘 모를 수도 있다는 점을 알아야 합니다." 이 설명은 나와 남편과의 삶의 패턴을 되돌아볼 수 있는 기회가 되었다. 작업 과정에서는 의미 없이 종류가 다른 기차를 놓고 싶어 배치했지만, 니시무라는 기관차 안의 무게감, 기차가 휘어져서 가고 있는 목적지, 상자의 아랫부분의 공백을 [그림 8-1]과 연결하여 공간 상징적인 편에서 의문을 남겼다. 니시무라의 질문들은 현실 속의 앞서 나가는 나를 말하는 것인지, 내면의 상

징적 남편을 말하는 것인지 많은 의미를 생각하게 한다. 나의 배우자는 정감 있으며 때로는 삶의 무게를 함께 나눌 수 있는 아버지와 같은 사람이다. 언제나 나를 지지해 주고 나의 의견을 존중하는 모습은 때로는 나에게 감동을 주지만, 살아가면서 그런 나의 감정적 반응에 대한 고마움을 표현한 적이 거의 없었다. 결혼생활과 양육의 과정 중에서도 에너지가 많은 나는 매일 서너 편의 꿈을 꾸며 뭔가를 갈구하는 시간들이 있었다. 매번 남편은 나의 이야기를 들어 주며 아이디어를 확장해 주었고, 실천할 수 있는 기회를 마련하기 위해 보이지 않는 노력을 해 주었다. 그의 노력으로 내가 뒤늦게 미술치료 공부를 시작할 수 있는 용기를 얻게 되었다. 이후 양육과 일을 함께 이어 갈 수 있도록 남편은 가사도 분담하는 등 세심한 배려를 해 주었다. 남편은 내가 비록 늦게 치료사의 일을 시작했지만 내가 성찰의 과정에 전념할 수 있도록 많은 힘이 되었다. 오랜 세월 이런 반응들이 마치 당연한 듯 살아온 것 같다. 에너지 넘치는 빨간색 기차를 뒤따르는 기관차는 앞 기차와 적당한 거리를 두어 상황을 살펴보는데, 무슨 생각을 했을지 궁금하다. 니시무라는 상자 왼쪽 아래에 위치한 용머리 돛단배와 아이들에 둘러싸여 있는 인디언 엄마 피겨에 대해 궁금해했다. 나의 직업이 무엇인지 물었고 나는 '미술치료사'로 일한다고 했다. 니시무라는 더 구체적인 업무에 대해 질문을 했다. 나는 시립병원에서 인턴수료 후 치료사로 7년 동안 일하며 다양한 사례의 집단과 개인치료와 평가를 했고, 학생 수련에 관련된 업무와 교육을 담당했다고 답변했다. 니시무라는 도쿄에서 아티스트들을 분석하며 아이들에게 비구조화로 미술 교육을 하는 분을 소개했다. 그는 가업을 이어야 하는 위치인데도 부모의 도움을 받지 않고 자신의 길을 독립적으로 이루어 가는 아티스트라고 소개했다. 이런 성향의 사람을 일본어로 '에라이 에라이(えらーいえらーい)'라고 묘사한다고 했다. [그림 8-2]는 그를 생각나게 하며, 이 모래상자를 통해 나의 이미지에 대해 남편이 뒤를 따라올 정도의 굉장한 독립성이 부각되어 보인다고 했다. 또한 그는 용 모양의 돛단배는 많은 사람을 태울 수 있는, 많은 아이가 엄마한테 올라탈 수 있는 정도의 아주 큰 엄마, 즉 '큰 어머니 상'으로 보았다.

그의 'えらーいえらーい'와 '큰 어머니 상'에 대한 설명은 나의 과거와 현재를 오가

게 하며 여러 기억을 회상하게 했다. 그로 인한 현재의 삶의 방식들이 어떤 영향력을 주고 있는지 조금은 이해할 수 있었고, 내면의 역동성에 대한 의미를 되새겨볼 수도 있었다.

　오른쪽에서 왼쪽 아래를 향해 가는 기차와 기관차는 공간 상징적으로 의식에서 무의식의 세계, 현실에서 내면의 세계, 대지의 영역으로의 여행이 시작되는 상징적 의미를 생각하게 했다. 기차의 빨간색이 상징적으로 주는 의미가 있다. 이 색이 주는 에너지에서 비롯되는 활성화의 움직임으로 공간과 색채가 주는 상징적 의미가 주어진다. 개인적으로는 감정과 신체적 에너지가 상승되거나 순환하는 경험이 많았다. 이 그림은 역동성을 상징하는 기차, 기관차, 돛단배의 형상을 보여 주고 있지만 [그림 8-2]에서의 기찻길을 통한 왼쪽, 오른쪽의 공간 분할은 익숙하지 않은 매체에 대한 내적 심상을 형상화하려는 불안의 시간을 반복되는 손놀림으로 균형을 맞추는 과정에서 발현된 것 같다. 이 모래상자에서 동적인 형상과 정적인 형상에 대해 이야기하면, 기차, 기관차, 당나귀, 용머리 돛단배 등은 동적인 형상들에 속한다. 기차와 기관차를 바라보는 다양한 사람은 지나가는 것을 볼 수도 있지만 탈 수도 있다는 부분에서 의미를 생각하고 싶다. 그림을 만들어 가면서 모래 또는 피겨를 통해 나의 균형을 맞추려는 시도가 많았다는 것을 알 수 있게 되었다.

a

b

c

[그림 8-3]

모래상자는 낯섦에서 시작했지만 점차 조금씩 적응되어 가고 있다. 원형의 상자에서 조심스럽게 변화를 시도하여 팔각형 상자로 변했다. 피겨를 통한 작업 선택이 아닌 스스로 이야기를 구성하여 피겨를 탐색하는 작업 과정으로 변화됨을 알 수 있다. 공간을 위와 아래로 나누었고 아랫부분의 모래를 조금씩 밀어내다 보니 파란색의 바닥이 보였다. 아랫부분이 반으로 나뉘면서 육지와 강의 느낌이 나타나게 되었다. 그림 안에서 절반의 다른 느낌을 보면 볼수록 약간의 답답함과 불안감을 느끼게 되는데, 누군가 여기를 향해 오고 싶다면 어떻게 해야 할지 고민하지 않을 수 없었다. 그림의 구조를 조금 바꾸어 위와 아래의 공간을 이어 줄 길을 만들고 울타리를 세웠다. 자유롭게 왕래할 수 있는 공간이 만들어지면서 나는 야자수 밑 비치 체어에 누워 있을 수 있게 되었는데, 알 수 없는 편안함을 느낄 수 있는 자리를 만들어 피로하면 언제든지 텐트에 들어가 낮잠을 청했다. 또는 지루한 생각이 들 때도 있는데, 그때에는 돛단배와 요트를 준비해 언제든 탈 수 있도록 했다. 나의 휴양지가 되어 버린 공간에 두 개의 가방을 든 남성과 그를 보고 놀라는 여자가 있다. 그녀도 이 공간에 동참하고 싶어 하는 나와 비슷한 사람이기를 바란다. 이 모래상자를 나에게 생동감을 불어넣어 주는 공간으로 대치하고 싶었지만, 활력이 넘치는 동적인 분위기보다는 정적인 느낌이 더 느껴지는 '나의 휴양지'라는 모래상자로 만들었다.

니시무라는 비치 체어에 누워 있는 나의 위치를 먼저 확인하고, 가방을 들고 길을 건너는 남성에 대해 자세하게 질문하면서 해석했다. "이 남성은 좋은 의미의 등장으로, [그림 8-1]의 공백에 도착해서 당신에게 남편, 아버지, 연인 중 하나의 의미를 주는 피겨입니다. 또한 [그림 8-2]의 기관차가 여기에서는 남자로 나타났으며, [그림 8-2]의 기찻길은 레일이 있어야 갈 수 있는 길이고, 이 모래상자에서는 길로 바뀌어 표현되었네요. 기차가 레일에 의해 움직이는 것이라는 의미를 생각해 볼 수 있다면, 길은 스스로의 의지에 의해 걸을 수 있어 좋은 의미라고 할 수 있어요. 이번 모래상자는 기차 레일이 보통의 길로 바뀐 변화가 돋보였습니다."

니시무라의 해석은 계속 이어졌다. "모래상자에서 위와 아래, 왼쪽과 오른쪽으로 구획을 나누는 경우가 많아요. 예를 들면, 홈을 파서 강으로 나누거나 길을 만드는 경우 울타리로 나누는 경우도 있어요. 이 중에서 강처럼 표현되는 것이 울타리를 넘는 것보다 어렵고 격차가 있어요. [그림 8-2]의 작업 중에는 기찻길을 통한 왼쪽, 오른쪽의 분할은 용 돛단배와 인디언 엄마를 올라탄 아이들의 영역으로 나누어 볼 수 있어요. [그림 8-3]에서도 윗부분과 아랫부분 둘로 나누어져 있네요. 이 작업을 하는 시기에 뭔가 어려운 점이 있었나요?" 나는 개인적으로 어려움이 있었던 시기라고 답변했다. 니시무라는 계속 설명을 이어 갔다. "[그림 8-3]의 작업 과정을 통해 당신은 휴식을 얻었을 거예요. 또한 이 작업에서 남자의 등장은 매우 좋은 의미이고, [그림 8-2]에서 뒤의 기관차가 남편인 것 같아요. 그러면서도 선명하지 않았던 부분인 그 '기관차'가 여기에서는 확실하게 나타난 것 같아요. 또 [그림 8-2]에서 설명했던 빨간색 기차가 선두에서 열심히 앞만 보고 달릴 때는 뒤가 보이지도 않고 볼 수도 없어 뒤에 있는 존재를 모른다고 설명했다. 니시무라는 어린 시절 태양을 보면서 가졌던 생각, 아니면 태양을 보면서 기도했던 생각이 그 시기에는 자연스럽게 생각되었는데 지금 80년이라는 세월을 살고 나서 보니 그 뜻을 알겠다는 부연설명을 했다."

요즘 젊은이들은 왜 사는지 모르고, 그냥 그런 상태로 목적도 없이 불분명한 삶을 사는 사람이 많다. 그렇게 삶을 살다가 어느 순간에 뒤를 되돌아보면, "아, 이래서 이때 이랬었구나! 그때는 저랬었구나!"라는 말을 할 수 있는 시점에 다다른다. 니시무라는 나에게 많은 의미의 해석을 주었지만, 아직 나도 잘 이해하지 못하고 여전히 앞만 보며 살아가고 있다는 생각을 했다. 내 삶의 순간들을 통해 깨달음을 얻고 실천하려는 과정들이 많이 부족하다는 것을 알게 되었다. 하지만 긍정적인 의미로 생각하면, 이 시간은 이해되지 않았던 나의 생각과 행동의 불일치들이 어렴풋이 보이는 시간이었다.

공간 상징적으로 왼쪽 아래는 신체와 본능적 영역에서 비롯된 에너지에 의해 이루어진 것들이 흘러 들어옴을 나타낸다(Ammann, 2009, p. 89). 원초적 본능과 관계의 의미로 본다면 [그림 8-1]과 [그림 8-2]에서의 이 같은 위치는 나를 위한 본질적이고 원초적인 에너지를 생성할 수 있는 공간이라고 생각된다. 그러나 그 부분이 비어 있는 것에 대해서는 보이지 않는 나에 대해 귀를 기울여 듣고 보살핌을 통해 잠재되어 있거나 미약한 나의 자원들에 바람을 불어넣는 의미로 생각하고 싶다.

이 모래상자에 나타난 남자는 '빈 공간-기관차-남자' 순으로 변화되었으며, 기관차가 레일이 있어야 갈 수 있는 수단이라면 자발적으로 걸어서 다닐 수 있는 남자는 자립적이고 능동적인 남성성으로 이해하려 한다. 여기서 잠시 여성성과 남성성에 대해 논하자면, 여성에 있어서 보상적인 형상은 남성적 성격이다. 융(Jung)은 이를 아니무스(Animus)로 설명했고, 아니무스는 한 인격으로 나타나지 않으며 오히려 다수로 나타난다고 했다. 아니마가 기분을 산출하는 것처럼 아니무스는 의견을 산출하며, 남성의 의식이 어두운 배경에서 드러나는 것처럼 여성의 의견은 무의식적, 즉 선험적 전제에 기인하고 있다는 것으로 이해하고 있다. 아니무스의 의견은 쉽게 흔들리지 않는 굳은 확신이라는 특징을 나타내는 넘볼 수 없는 정당성을 지닌 듯 보이는 원리들로 이루어진다. 그렇다면 앞의 모래상자에서 보이는 나의 아니무스의 면모는 독립적이고 주도적인 면모에서 비추어진 것이 아닌가 생각된다.

[그림 8-4]

　[그림 8-4]의 모래상자를 선택하는 과정에서 모래상자 안에 나의 존재감(흔적)을 넣고 싶다는 생각이 들었고, 주변을 둘러보는 과정에 어린 시절의 추억이 스쳐 지나 갔다.

　평소 나무 그림 작업은 나에게 중심을 찾아 주는 작업이다. 어린 시절에 모래 장 난을 하며 나뭇가지를 사용해 무의식적으로 나무 그림을 반복적으로 그렸던 기억 을 회상하면서 원형 상자 안에 나무를 세우는 작업을 했다. 모래를 이용한 나무 기 둥의 중심을 잡는 작업은 그리기 매체를 사용할 때와는 다르게 쉽지 않았고, 손놀림 이 반복될수록 작업에 집중되기보다는 형상이 세밀하게 만들어지지 않는 것에 대 한 불안과 초조의 감정 변화가 반복적으로 나타났다. 미술 재료에 익숙한 나는 이런 감정들이 익숙하지 않은 매체에 대한 반응이라 생각했다. 나의 상담 사례에는 매우 예민한 내담자에 대한 이야기가 있다. 그는 익숙하게 쓰던 재료의 브랜드만 달라져 도 작업을 진행하기 어려워했고, 급격한 감정 변화로 안정을 찾는 데 어려움을 겪었 다. 이 작업 과정을 통해서 나는 내담자의 반응에 대해 좀 더 이해하게 되었다. 나무

기둥을 세우는 데 많은 시간을 보냈고, 꽃을 피우는 작업은 기둥을 세울 때와는 다르게 흥겹고 풍성해지는 감정적 변화를 느끼게 해 주었다. 나는 다양한 꽃의 결실을 맺을 수 있었다. 작업 후 만개한 꽃들이 공간의 작은 부분만을 차지하고 있을 것 같다는 아쉬움 때문에 나는 작은 공간을 넘어 존재하는 완성된 나무를 상상해 보았는데, 거대한 나무가 서 있는 것이 상상되었다.

니시무라는 혼자 의자에 누워 있던 여자가 가방을 들고 오는 남자를 만나 아름다운 나무를 만들었다고 감탄했다. 남녀의 결합에서 나올 수 있는 너무 멋진 뭔가를 생각하게 된다고 했으며, 꽃을 충만하게 표현할 수 있었던 것을 작업 공간의 풍만한 피겨의 역할, 즉 '물리적 환경의 제공'이라는 힘을 보여 주는 중요한 예로 보았다.

니시무라는 개인적인 집단 사례 중 '유치원 교사 모래놀이 집단'을 소개하며 여성들의 집단인데도 꽃에 대한 작업이 거의 없어서 의아해했던 기억을 알려 주었다. 또한 집단 구성원 중 한 명만 꽃을 사용했는데 그분이 가르치는 아이들의 분위기가 좋았던 것을 기억했다. 니시무라는 그 사례집단에 이 모래상자를 보여 주고 싶어 했으며, 두 번째 설명으로 3차원을 2차원으로 표현한 사례를 소개했는데 내담자가 마지막 날 자신이 과거에 '함묵증'이었다는 이야기를 했던 것이 놀라웠다고 했다. 그는 함묵증의 증상에 대해서 설명을 했다. "3~4세 정도에 느낄 수 있는 수치감의 상황이나 대인관계에서 근육이 긴장해서 약간 굳어지는 일시적인 증상이 있어요. 이런 증상이 나타나는 이유는 합리적으로 감정 표현을 하지 않고 억제를 하기 때문입니다. 한편으로는 너무 어린 나이에 미리 심리적으로 어른이 되어 보이는 현상인데요. 이를 바탕으로 설명하면 지적 능력이 뛰어나기 때문에 모래상자에서 3차원의 세계를 2차원으로도 만들어서 표현할 수 있고, 그로 인해 당신의 나무 작업도 지적이고 합리적인 면에 근접할 수 있어요."

평소에 그리기 매체를 이용하여 표현하던 것을 모래와 피겨를 사용하여 시도했다고 생각했지만, 니시무라가 설명한 사례들을 통해 새로운 측면에서의 나의 나무를 바라볼 수 있었다. 많은 나무 종류의 피겨가 있었음에도 2차원의 작업을 하면서 익숙한 형상을 만들기 위해 집중하는 시간들이 나의 심상을 표현하는 방식의 안전한 진입 시점이었다고 보인다.

어린 시절의 나는 말이 없고 조용한 아이였지만, 그 시절의 나를 대면해 보면 답답하고 고집스러우며 융통성이 부족한 아둔한 아이로 기억된다. 여러 사람 앞에서는 실수하는 것이 두려워 활동 자체(놀이, 운동 등)를 하지 않았고, 못한다는 것으로 합리화했었다. 이제서야 나에 대한 퍼즐이 맞추어지는 느낌이 들었다.

나무는 여러 가지 상징적인 의미를 가지고 있다. 땅속으로부터 자라 나오는 곳인 뿌리의 의미가 있고, 남성성과 여성성의 결합, 생장력과 생산력, 하늘과 땅, 물의 총체, 돌의 정적인 생명에 반대되는 동적인 생명의 상징 등 많은 내용을 설명할 수 있다. 또한 나무는 내면의 자기를 상징하는 의미로 적용하여 그림 검사법에 많이 활용되는 소재이다. 나에게 나무 그림은 바닥을 두들겨 주고 틀을 세우고 바람을 불어넣는 형태로 익숙하다. 이번 모래상자는 다른 매체를 통해 나의 방식대로 안정적 정착에 진입하는 상징적 의미로 삼고 싶다.

[그림 8-5]

[그림 8-5]는 전체 나무 형태의 완성을 위해 미술매체 접근으로 완성한 작업이다. 개인적으로 완성되지 못한 나무에 대한 심리적 반영으로 모래상자 절반의 크기가 더 필요한 수관을 다른 매체를 활용하여 완성하고 싶어서 추가 작업을 함으로써 모래상자와 나무의 크기의 비율에 대한 설명을 나 자신에게 보여 주는 시간도 되었다.

a   b

[그림 8-6]

[그림 8-6]을 만든 시기에 영화 〈신과 함께〉를 통해 사후세계에 대한 막연한 두려움과 호기심을 모래상자로 표현하고 싶었다. 거칠고 어두운 모래를 선택하여 경험하지 못한 세계의 묵직함과 상상으로만 접근할 수 있는 세계에 대한 막연한 진입을 마련했다. 사후 세계를 아우를 수 있는 큰 인물은 누구일까? 많은 피겨 속에서 나의 심상에 따라 사제 형상을 한 피겨와 페가수스를 선택하여 심판자인 듯 왼쪽 상단에 놓았다. 선과 악의 기준에 부합되지 않는다고 생각되는 수녀와 수도사를 곁에 두며 모래상자 안에 근엄한 분위기를 조성했다. 중앙에 무릎을 꿇고 있는 피겨는 나의 모습이라고 설정했고, 남은 공간은 나의 삶의 주기에서 익숙한 동화 속의 주제들의 피겨와 상징적으로 연상되는 피겨를 채우며 마무리했다. 나의 기억 속의 죽음에 대한 많은 생각은 불, 어두움, 형벌 등의 단어들로 나열되며, 밝은 세계보다는 어두움의 세계로 고정되었다. 어린 시절에는 상상 속 어둠의 세계(사후 세계)에 가지 않으려고 주변에서 요구하는 '도덕적인 생활'에 대한 강박적 사고와 행동의 모습들이 있

었던 것 같다. 작업을 통해 죽음과 사후 세계에 대한 분리와 그동안 막연하게 담고 있던 심상을 모래상자 공간에 담아냈다. 혼돈과 선택의 어려움이 가중되어 어두운 터널을 어렵게 지나오는 시간을 보냈다.

니시무라는 영화에 대한 줄거리를 간략하게 듣고, 나에게 사후 세계에 대한 두려움에 관해 질문했다. 나는 영화를 통해 평소 막연하게 생각했던 죽음 후의 세계를 모래상자를 통해 시각화하여 대면하고 싶은 기회를 갖고 싶다고 했다. 그는 인간의 죽음 후에는 '혼'이 있다고 믿었으며, 그래서 심판받을 일이 없고 그 세계는 지금 우리가 현실에서 확실히 알 수 있는 것이 아니라고 단호하게 말했다. 그는 타고르(Tagore)의 시를 즐겨 읽었는데, 타고르는 죽은 후에 자신이 하나님을 만난다면 "하나님, 감사합니다. 이 세상에서 너무 아름다운 경험을 하고 왔습니다."라고 말할 것이라 했다고 한다. 또한 자신도 나중에 신을 만난다면 "여러 사람의 너무 멋진 모래상자를 보고 행복했습니다."라고 보고하고 싶다고 했다. 현세에서 지옥을 생각하거나 두려워할 것이 아니라 이 세상에 있을 때 '무엇을 보았고, 무엇을 경험했고, 어떻게 살아왔는지'를 생각하며 살아가는 것이 중요하다고 강조했다. 현실세계에서 지옥은 '지독한 고독'일 수도 있다고 했다.

그는 일본에서 22년 전에 일어났던 사건 하나를 예로 들었는데, 어떤 사람이 어느 초등학생의 목을 베어 교문 앞에 걸어 놓은 일이었다. 사람들은 범인이 잡히든 잡히지 않든 그 사람(범인)은 이 세상을 살아갈 때 가장 고독해진다고 했다. 그것은 말로 표현할 수 없는 '진짜 고독'이라고 설명했다.

니시무라는 심리학적 관점에서 삶에 대해 태어나서 죽을 때까지 경험할 수 있는 모든 것은 좋은 것이든 나쁜 것이든 자기 마음의 기초 또는 토대가 되어야 한다고 했다. 그러나 삶에서 피해야 할 항목으로 살인, 학대, 원조교제 등을 꼽았으며, 죽음 후에 죄를 받는다는 것은 '어떻게 살다 왔느냐?' '어떤 마음가짐으로 살아왔느냐?'가 중요하다고 했다. 여기에서의 마음가짐은 다른 사람에게 보이는 행실이 아니라 자기 자신과 일치하는 행실의 의미를 담고 있다고 자신의 개인적인 생각을 강조했다. 이 모래상자를 통해서 니시무라의 삶의 철학을 알 수 있는 귀중한 기회가 되었다.

개인적으로는 모래상자 작업과 그의 설명을 통해 '죽음'은 나에게 영원히 만날 수 없다는 현실감을 주었고, 이 점이 제일 무섭고 슬픈 것이며 또 다른 단어로 '그리움', 즉 '심리적 고독'이라는 것을 깨닫는 시간이었다.

나의 잠재적 의미에서의 사후 세계는 언어적으로는 '심판'이라는 단어를 연상하게 했고, 그로 인해 나는 막연하게 선과 악을 나누며 생활했던 것 같다. 모래상자를 통해 그 세계를 그려 가는 작업은 생각보다 어렵고 혼란스러웠으며, 나의 적은 정보와 삶의 경험들 또는 감성을 통해 작업에 접근하는 과정은 단편적이거나 주관적 상징을 의미하는 자료들로 채워졌다. 니시무라의 말을 통해, 삶을 엮어 가는 과정이 사후 세계에서도 계속되고 있는 것이 아닌가 생각하게 된다.

[그림 8-7]

[그림 8-7]의 작업에서 나는 자연스럽게 직사각형의 모래상자와 모래의 탐색에 집중하며 모래를 흩뿌려 보기도 하고 모래를 한 주먹 쥐어 쪼르르 내려 보내기도 하면서 다양한 놀이 시간을 보냈다. 우연히 파란색의 바닥이 드러나면서 시각적인 자극에 빠져 들어가는 경험을 하게 되었고, 물의 형상이 보이기 시작했다. 푸르고 수

심이 깊은 공간을 만들기 위해 모래를 최대한 상자의 테두리로 밀어 보려 했지만, 전체 공간의 비율을 조절하는 개인적인 특성이 작업에 영향을 미치며 생각과 손놀림이 융합하지 못하는 것을 느끼면서 수영장 만드는 것을 마무리했다. 작업 후 '물의 공간에 무엇을 놓을까?' '물의 공간만 보존할까?'라는 생각이 들었지만 물을 바라볼수록 아무도 방해받지 않는 곳에서 격하게 수영을 한 후 물 위에 편안하게 떠 있는 듯한 여성의 피겨를 놓았다. '떠 있는 사람은 누구일까?'라는 질문을 반복할수록 나의 모습으로 다가가는 나의 질문에 대한 답을 만들어 가고 있었다. '여유와 무념무상을 즐길 수 있는 공간 속에 있는 나'는 작업 공간과 모래상자 안에서 시공간을 초월하여 물 위에 떠 있는 느낌을 받았고, 호흡을 통해 잠시나마 소통했다는 경험을 했다. 한편으로는 '상자 안에 모래가 없었다면 내가 느끼는 부족함에 대한 해소가 이루어지지 않았을까?'라는 생각을 하며, 생활 속에서도 미흡함에 대한 느낌을 생각의 틀에서 거리를 두고 관망하는 시도를 해 보기로 했다.

니시무라는 [그림 8-1]의 나의 공간에서의 작업과 비슷하다고 보았다. 여기가 '수영장'이라면 어느 정도 떠 있을 수는 있지만, '바다'라면 더 편안하게 떠 있을 수 있다고 했다. 좀 더 넓은 차원에서 보면 '여유 있게 한가로움을 즐기면서 있는 것도 좋지 않을까?'라는 의견을 제시했다.

나무 작업을 할 때와 같이 모래를 통해 중심을 찾거나 균형을 맞추어 가는 것은 나의 의도와는 다르게 손놀림이 편안하게 움직여지지 않는다는 느낌을 받는다. 이런 현상은 익숙하지 않은 매체에 대한 반응인지 환경적인 요인에 대한 반응인지 궁금했다. 바다, 강, 호수와 같은 물의 이미지로서 깊이와 넓이는 우리의 근원에 대한 갈망을 연상하게 한다. 이 작업은 작업 후에 더 다양하게 보일 수 있다. 니시무라의 '바다 위에 더 편안하게 떠 있을 수 있다'는 의견에 대해서 나는 안 된다는 부정적인 반응이 나오게 된다. 이것은 내가 통제되고 안전한 공간에 대한 의지가 높기 때문일 수도 있다. '물'은 큰 규모의 공간이지만, 그 공간을 둘러싸고 있는 곳을 바라볼 때마다 나의 심상은 다양하게 바뀌었다. 그래서인지 나의 공간으로까지 느껴지게 되었다.

a

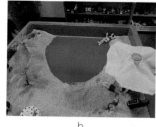

b

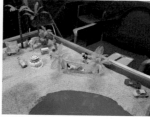

c

d

[그림 8-8]

　[그림 8-8]은 모래상자의 푸른색 바닥이 보일 때까지 모래의 위치와, 높이, 양을 조정했는데, 이러한 작업은 [그림 8-7]의 확장이라는 생각이 들었다. 푸른 공간은 나의 시야를 자극하며 안정적인 공간에 안착한 듯한 평온감을 주었다. 바다와 해변을 연상하며 바닷물과 모래사장의 영역을 분배하는 손놀림에 집중했다. 모래상자 작업을 시작하면서 점차 작업 초기의 이 시간의 평온함과 나에게 의미 있는 시간으로 변화되어 가는 것을 느낄 수 있었다. 왼쪽에 바닷물의 공간을 시작으로 파라솔과 야자수를 배치하면서 모래상자의 이야기 구성을 흥겹게 만들어 가고 싶었다. 오른쪽에는 야외에서 필요한 도구들과 주변의 흥을 돋우려는 파티의 주최자들, 진행자들의 어우러짐에 필요하다고 생각하는 피겨들을 나열했다. 자유롭게 누구나 참여

할 수 있는 공간과 분위기를 연출하기 위해 상징적으로 케이크를 놓고, 좀 더 흥을 돋우고 싶어 술과 피에로를 등장시켰다. 피에로들은 곳곳의 다양한 사람에게 즐거움과 안락함을 선사하려는 역할을 하고 있다. 이곳은 편안하게 누워 친구를 기다리는 사람과, 둘만의 행복한 시간을 보내는 연인을 위한 곳이다. 지금은 내가 파티의 주최자가 된다.

니시무라는 이렇게 해석했다. "옛날에는 일하지 않으면 생계를 이어 갈 수 없으나 현대는 이렇게 여유롭고 한가롭게 지내면서도 살 수 있는 그런 시대가 된 것 같아요. 지금의 시대는 부모님이나 주변의 도움으로 아주 여유 있게 귀족같이 살아가는 사람들이 과거보다 많아지고 있어요. 하지만 이런 경우는 긍정적인 눈으로 볼 때 그럴 수 있고, 반대의 시각에서 보면 '자유'라는 것은 자유로운 만큼의 반대급부가 있어요. 이것이 어려운 점이에요. 꼭 장단점을 고려해야 해요. 우리는 풍요로운 시대를 살아가면서 '진짜 재미있는 것' '진짜 맛있는 것' '편안한 것 같은데 진짜 편한 것'을 모르고 사는 것은 아닌지 생각해야 해요." '이 모래상자와 같은 마음가짐으로 살아가면 편하지 않을까?'라는 말은 나에게 여운을 남겨 주었다. 나는 흥을 돋우기 위해 '피에로'를 등장시켰지만, 피에로의 상징적 의미에 대한 니시무라의 견해를 듣고 싶었다. 니시무라는 피에로에 대해서 있는 그대로 본연의 모습이 아니라고 했다. 오히려 반대로 피에로는 자기가 각성되어 있는 것을 좀 더 재미있게 표현하려는 특성을 가지고 있다고 했다. 니시무라가 설명하는 나는 지적이고 합리적인 편이라면, 피에로는 매우 각성되고 과장되어 무언가를 비꼬는 존재로 나와는 반대의 특성이라고 보았다.

이 모래상자를 통해 나의 현실의 삶 속에서 주변인들을 청해 함께하고 싶어 하는 시간들을 생각해 보았다. 나의 심신의 경험을 공유하거나 대치하고 싶을 때 마련했고 때로는 나를 이해하고 지지해 주는 사람들의 동조하는 분위기로 위로를 받았다. 언쟁과 불편한 비평을 통해서는 깨달음을 얻기도 한다. 이 모든 순간은 나를 관계 속에서 조금씩 성숙하게도 만들었다. 이 그림에서 다섯 명의 피에로의 등장은 각성되고 과장된 나의 내면의 모습일 수도 있다는 생각이 들었다.

a   b

[그림 8-9]

설렘으로 시작했던 모래상자작업이 어느새 마지막 회기를 맞이했다. 그동안 나의 심상을 적절하게 전달할 피겨를 선택하는 데 어려움이 많았다면, 매 회기 작업이 진행되면서 조금씩 피겨들의 종류와 위치에 익숙해지게 되었다. 이것은 적절한 심상과 매치할 수 있는 피겨를 담아 가는 변화의 과정이었다. [그림 8-9]에서는 마지막 작업이라는 의미를 충족하기 위해 피겨를 탐색하는 시간을 길게 가지며 우리나라의 전통 관습과 문화를 느낄 수 있는 피겨들에 시선이 고정되었다. 그것들은 볏짚을 얹은 오두막, 기와를 얹은 우물, 커다란 키, 지게 지기, 절구 찧기, 아기 업기, 맷돌 돌리기, 물 긷기 등이었다. 길을 지나가던 아이들은 가던 길을 멈추었고, 북을 치며 흥을 돋우는 풍물놀이 패와 상모를 돌리며 묘기를 부리고 있었다. 이들은 탈춤을 추는 사람과 어울려 잔치 같은 분위기를 연출했다. 누구나 어울려 함께할 수 있는 소박하고 해학적인 잔치 분위기였다. 사람들은 각자의 위치에서 참여하며 어우러지는 역량을 보여 주었다.

니시무라는 '나는 한국 사람이다. 나는 한국 문화 속에 포함된 사람이다.'라는 것을 확인하고 정체성을 확립하는 작업이라고 했다. 모래상자에 대해 이 집단에 참여하는 집단 구성원이 작업을 통해 '내가 한국인이다.'라는 자신의 존재감을 다시 발견하는 것이 무엇을 의미하는지 질문했다. 니시무라는 이렇게 해석했다. "모래상자 안에서 보이는 것들이 활동적으로 보이고 한국적인 피겨로 세워지고 사용한 부분이 모두

'나는 한국 사람이다.'를 말하고 있는 거예요. 이런 표현들은 '내가 문화 속에 속해 있는 사람이다.'라는 것을 인지하게 해 주는 것으로, 매우 중요합니다. 그것을 '정체성'이라고 부를 수 있습니다." 그는 자신의 스승을 예로 들며 설명하기 시작했다. 그는 구마모토 지역 사람으로 20세 이전까지는 그 지역의 사투리를 사용했고 20세 이후부터는 표준어를 사용하게 되었다고 한다. 그런데 그의 20세 이후에 한 말에서는 고향에서 사용할 때와 같은 힘이 나오지 않았다고 설명했다. 나는 해외에서 13년 정도의 시간을 보내면서 타국에서 생활한 사람들이 비슷한 경험을 하는 것을 보기도 하고 체험하기도 했다. [그림 8-8]에서 피에로에 대한 상징적 특성에 대해서 설명을 들었고, 이번 모래상자의 탈춤을 추는 사람들의 등장은 어떻게 다른지 질문했다.

니시무라는 이렇게 설명했다. "탈춤은 가면을 쓰는 거예요. 가면에 의해서 변신하고 가면 자체로 옷을 갈아입는 겁니다. 즉, 변신을 상징합니다. 반면에 피에로는 각성되고 과장되어 있는 특징이 있어요. 탈춤과 피에로는 분명 그 특성이 달라요. 제 지인을 예로 들어 설명할게요. 제 지인은 피에로와 같은 스타일인데요. 그는 사람들이 있을 때 농담을 잘하며 사람들도 그의 농담을 듣고 모두 웃습니다. 이때 그의 얼굴은 자신과 상관없는 표정으로 되어 있어요. 당신의 [그림 8-8]과 [그림 8-9]는 비슷한 주제를 보여 주고 있지만, 둘은 다른 것을 의미하고 있어요. [그림 8-8]은 '파티'의 모습이지만 거의 누워 있는 분위기로 정적인 것인데, [그림 8-9]는 '마을 잔치'의 모습이며 활기가 넘치는 활동적인 분위기입니다. 둘은 '역동성'의 관점에서 볼 때 차이가 뚜렷하게 있습니다."

나의 민족 정체성에 대한 것을 모래상자를 통해 경험할 수 있었다. 생활 속에서 미흡하게 느껴 왔던 것인데 이 작업을 통해 보이지 않는 힘으로 지탱하며 살아왔다는 것을 확인할 수 있었다. 또한 심상을 형상화하는 작업은 다양한 매체를 통해 표현하고 전달될 수 있었다. 그러나 나의 주 전공인 미술매체를 통한 형상화 작업과 모래상자 작업의 형상과 모형들의 다름을 체험하는 기회가 되었다. 삶 속에서 당연하고 막연하게 생각했던 내용물들을 피겨로 구성할 수 있는 것은 모래상자에서만 얻을 수 있는 매력이라고 생각한다.

a   b

[그림 8-10]

 나고야 작업실은 낯설기도 하지만 익숙한 느낌을 주었다. 나는 낯익은 피겨가 주는 공감이 한몫했다고 생각한다. 분명 문화적인 차이도 여기에 영향을 주었을 것이다. [그림 8-10]의 모래상자 상단에는 풍성한 나무 두 그루가 있으며, 고즈넉하고 정갈한 앞마당에는 항아리가 놓여 있다. 그 옆에는 화단도 꾸며져 있다. 왼쪽 공간에는 허름하지만 푸근함을 풍기는 축사가 있고, 귀엽고 앙증맞은 닭들이 밝은 표정으로 알을 품고 옹기종기 모여 있다. 닭들은 앞에 있는 도토리를 보고 과연 무슨 생각을 할지 궁금해진다. 그 외에도 다양한 존재가 있는데, 산에서 도토리를 주워 온 듯한 복장으로 축사 앞에 서 있는 두 명의 아이, 하트 팻말을 뒤에 숨기고 이벤트를 준비한 듯 서 있는 남자, 남자를 향해 가방을 매고 시계를 보며 걸어가는 여자, 나무 그늘 아래 옆으로 누워 이 풍경을 즐기는 아저씨가 있다. 조금의 설렘과 아기자기한 이야기들이 있을 것 같은 이 공간에 다양한 운송 수단이 세워져 있는 것처럼, 누구나 자유롭게 오갈 수 있는 모두의 공간으로 간직하고 싶다.

 니시무라는 작업에 대한 설명을 들은 후 나의 나고야 방문에 대한 느낌을 물어보았다. 나는 깔끔하고 소박한 도시의 느낌으로 깍듯한 인상을 받았으며 아주 낯설거나 불안한 인상은 느껴지지 않는다고 했다. 어린 시절에 방학마다 강원도의 외가댁에서 지냈었는데 처음 도착한 며칠 동안의 느낌과 비슷했던 것 같다고 설명했다.

 상담자 집단모래상자놀이치료를 통해 나의 고유성과 대면할 수 있었고, 집단 구성원들의 보이지 않는 내적 자원들의 영향력에 힘을 공유할 수 있는 귀중한 시간이었다. 초기 자기의 생각과 감정을 자세하게 표현하고 전달했다고 생각하는 미술 전공자인 나에게 모래상자는 또 다른 학문이었다. 모래상자, 모래, 피겨를 기초로 했으며 나의 방식을 찾아갈 수 있도록 돕는 것이었다.

처음에는 다양한 피겨를 보고 작업을 시작하는 것이 당황스러웠다. 조급한 마음이 앞서기도 했다. 어떤 때는 '혼란'이라는 단어가 머릿속에 떠다니는 현상도 경험했다. 하지만 나의 방식대로 천천히 탐험을 시작했으며, 먼저 주제를 정하고 피겨를 그에 맞추어 보았다. 이러한 방법으로 나를 전달했으며, 중반부터는 피겨를 선택하고 이야기를 만드는 작업을, 후반에는 매체와 작업에 구애 없이 좀 더 자유롭고 편안한 작업을 할 수 있었다. 이런 과정을 통해 다양한 종류의 모래가 나의 감정을 대신하는 기본적인 매체가 되었다. 고유한 나의 세계를 다양한 상황에서 체험하고 대면하는 과정을 겪게 되었는데, 이때 나는 애매모호한 나, 고개를 갸우뚱하게 했던 나와 마주치며 나 자신을 수용할 수 있었다. 그것은 나에게 자유롭고 보호된 공간이었으며, 나의 내담자들에게 충분한 매체 탐색과 경험의 시간을 주었는지 생각하는 시간도 되었다. 인간은 성장하면서 외형적인 것보다 내면적으로 다양한 경험을 하게 되고, 그럼으로써 자기를 돌아보게 된다. 그때 지지받거나 치유되는 과정은 인생을 형성하는 데 중요한 요소(자원)가 된다. 자신의 안에 내재된 자원들은 삶을 살아가면서 창의적 소재가 될 수 있다고 한다. 모래상자의 경험들이 나에게는 앞으로 내 인생을 자율적으로 꾸려 갈 수 있도록 만들어 줄 것으로 생각한다. 인생의 후반부에 들어서면서 정체되어 있던 감정들이 있었는데, 그것을 다시 순환하게 해 주며 변환할 수 있는 창조적인 시간으로 만들어 줄 것이다.

니시무라의 각 사례에 대한 해석은 집단 구성원들이 모래상자를 통해 다양한 세계를 탐험하고 다양한 경험을 공유할 수 있도록 해 주었다. 더 나아가 소중한 공간과 공동체를 만들 수 있게 도와주었다. 또한 개인적으로는 나의 깊은 곳에 가라앉아 있던 흐릿한 형상들의 실체를 대면하게 해 주었는데, 그것은 내가 부정하고 싶은 것들이었다. 나는 이 경험을 '통찰의 시간'이며 나만이 아닌 집단 구성원과 함께할 수 있는 정신적 성장의 시간으로 간직하고 싶다.

　개인적으로 니시무라를 한 번만 만났다는 것이 매우 아쉽다. 한 번의 만남이었지만, 나고야를 다녀온 후 오랜 시간 그와의 여운을 가슴 깊이 담아 보게 된다.

　이 책이 완성되는 순간까지 그 시간들을 공유한 분들과 나와의 스침(인연)이 있었던 분들께 모두 감사를 드린다.

모래놀이치료의 배경
-일본 모래놀이치료와 니시무라-

　우리나라는 1990년대 초 동부시립아동상담소에서 일본상정요법학회 초대 이사장인 가와이 교수를 초청하여 국내 전문가들을 대상으로 최초로 모래놀이치료를 소개했다.

　일본의 모래상정요법은 가와이로부터 시작되었다고 니시무라(2008)의 에세이 『모래상정요법의 기원』에서 설명했다. 가와이는 도라 칼프(Dora Kalff)에게 모래놀이치료를 배우고, 1965년 봄에 귀국하면서 이를 일본에 가지고 와 널리 전파했다. 일본에는 에도 시대 후반부터 명치 시대에 거쳐 유행했던 모래상자가 있었기 때문에, 가와이가 전한 모래상자는 더욱 폭발적으로 퍼지게 되었다고 본다. 도라 칼프도 여러 번 일본을 방문해서 사례를 발표했으므로 참가자들의 관심을 모았고, 모래상정요법이 널리 보급되는 데 도움이 되었다. 그러나 상징을 해석하는 것에 의존하는 도라 칼프의 모래놀이치료는 가와이의 입장과는 달랐다. 가와이는 모래상자의 배후에 있는 심층심리의 흐름에 주목했다. 그러므로 표현된 것에 대한 표면적인 해석은 그다지 중요시하지 않았다. 가와이는 그와 같은 표면적인 관심이 심층으로 향하는 관심을 방해하는 것이라고 생각했다. 그리고 다음에 무엇이 등장하는지가 중요하다고 했는데, 다음에 표현되는 것에 대해 주목하게 되는 것은 당연히 표현된 것의 배후에 있는 가능성이다. 이와 같은 인간의 가능성에 대한 존중이 가와이의 특징이며, 여기서 도라 칼프의 '모래놀이'가 '모래상정요법'으로 발전하게 된 것이라고 말할 수 있다. 도라 칼프는 가와이에게 모래놀이(sandspiel)를 가르쳤지만, 일본의 모래상정요법은 가와이에 의해 실제적인 심리요법으로 발전했다고 말할 수 있다.

니시무라의 회고에 의하면, 가와이와 니시무라는 교토시 카운슬링센터에서 처음 만났다고 한다. 스위스 융연구소에서 모래놀이치료를 공부하고 돌아온 가와이는 귀국한 그해부터 교토시 카운슬링센터에 촉탁이 되었다. 가와이는 교토시 카운슬링센터에 부임하고 얼마 지나지 않아서 니시무라에게 모래놀이를 하고 싶다고 하여 이에 동의하자, 바로 그다음 주에 니시무라와 함께 평안양육원으로 갔다. 그곳에는 이미 모래상정 세트가 있었고 모래상자도 만들어져 있었다. 니시무라는 처음 보는 것이어서 뭐가 뭔지 알 수 없었지만, 가와이가 '이것은 여기가 문제'라고 말했다. 니시무라는 '여기가 문제'라고 하는 코멘트를 가와이에게 그 후로 들어 본 적이 없다고 했다.

모래상정을 한 번 본 후, 니시무라는 피겨를 구입하게 되었다. 모래상정은 그렇게 일본에서 처음으로 시작되었다고 할 수 있다. 많은 사람이 모래상정을 만들려고 왔다. 가와이를 만난 내담자는 몇 가지 질문을 하고는 언제나 감동할 정도로 만족하고 상담소를 떠났다. 니시무라도 코멘트를 하기 시작했으며 그 코멘트에 대해 깊이 연구하게 되었고, 모래상정요법을 설명하고 해석하며 널리 전하게 되었다.

이렇듯 일본에서도 모래상정요법은 많은 사람의 공감을 얻어, 누구라도 쉽게 알 수 있는 심리요법으로서 급속도로 널리 퍼져 나갔다. 일본임상심리학회에서 사례 발표를 할 때에는 학회장을 빈틈없이 채운 청중에 놀랄 정도로 관심을 받게 되었다. 모래상정 실습과 사례연구회가 활발하게 진행되었고, 정신건강의학과와 소아과 병원, 산업 카운셀링 분야, 아동시설, 성프란치스코 아동 기숙사, 고령자 시설, 일반 가정에까지 보급되었다.

이처럼 가와이와 함께 일본 모래상정요법 역사의 양대 기둥이라 할 수 있는 니시무라는 교토대학 대학원을 졸업한 후 아이치교육대학과 스기야마 여학원대학 심리학과 교수로 재직하면서 동해상정요법연구회 회장을 역임했다. 은퇴 후에는 단케 심리상담실을 설립해서 상담활동과 함께 후학 양성에 힘썼고, 이러한 공헌으로 일본상정요법학회 학회상을 수상했다.

니시무라는 꿈 해석에 좀 더 관심을 갖고 있었지만 모래상자에 대한 해석 또한 남달랐다고 할 수 있다. 일본을 방문해서 가와이를 만나고 돌아온 상담자들은 그를 만난 소감에 대해 '대단한 분석가'라는 표현을 했는데, 니시무라 역시 만들어진 모래상자에 대한 과거·현재·미래를 보는 통찰이 뛰어나 모래상자를 만든 이도 해석을 들으며 자신을 새롭게 돌아보는 경우가 많았다.

정신분석을 하는 다른 전문가들의 경우도 동일하겠지만 니시무라는 성경, 불경, 신화 및 전 세계의 역사와 각국의 전래동화와 민담 등 모든 분야에 걸쳐 섭렵하고 있었다. 대학의 방학 기간에는 지인의 산사에 가서 좌선을 하기도 하는 등 불교에 심취하기도 했다. 그런가 하면 오페라에도 일가견이 있어 소리에 대해서도 남다른 분별을 할 수 있었던 것 같다. 타인의 집을 방문했을 때도 그 집의 가구 배치 등 집 전체를 모래상자로 보기도 하고, 사람을 만났을 때나 사례 발표를 할 때, 발표자는 물론 참석자 전원의 표정과 태도, 움직임과 분위기를 해석에 반영했다.

상담과 모래상자의 연관성에 대해서도 매 회기 상담 후반부에 내담자가 모래상자를 만들게 하여, 상담자는 만들어진 모래상자를 보고 상담을 통해 알 수 없었던 의외의 것을 알게 되는 경우가 많다는 것, 내담자는 언어로는 표현할 수 없는 유아적인 내용을 표현할 수 있어 통합을 위한 가능성이 있다는 것, 알아도 전달할 수 없었던 것들을 알게 되어 상담자도 준비와 마음가짐이 달라진다는 것들을 전하기도 했다.

니시무라가 한국과 인연을 맺게 된 것은 1990년 일본의 대학원에서 특수교육을 전공 중이던 엄재희 선생이 니시무라로부터 원형탈모증 초등학생 사례를 맡아 달라는 제의를 받으면서부터이다. 니시무라는 한국의 상담소가 요청한 일본 모래놀이치료실에 대한 정보 제공 및 방문 연결을 도와주었고, 니시무라 또한 한국발달지원학회 초청으로 20여 년 가까이 지속적인 교류가 이어졌다. 니시무라가 개인적으로 가장 인상에 남는 세미나로 꼽은 것은 한국발달지원학회 회장의 아이디어로 수십 개의 모래상자를 준비하여 현장에서 참석자 전원이 모래상자를 만들고 완성 후에 그 자리에서 니시무라의 해석을 받은 것이었다. 모래상자를 만들고 해석을 받은 참석자들 모두 적극적인 관심을 보여 주었고 만족해했다. 또한 소집단의 10회기 모래상자 제작 체험과 교육분석적 코멘트 경험을 했다. 참가자가 미리 자신의 모래상자 10회기를 만들어 소집단 참가자 전원에게 제시하고 니시무라의 코멘트를 받았다. 참가자의 내면을 모래상자를 통해 여러 사람에게 보여 주게 되는 일이었지만, 소집단 안에서 자기 자신과 직면하는 경험이 개인분석 이상으로 마음의 내적인 기초를 확인할 수 있는 효과가 있는 것 같다고 후일 니시무라는 회고했다. 이를 계기로, 일본의 대학원에서도 참가자 전원의 동의를 얻어 소집단 분석을 시도해 볼 수 있었고, 또 중일문화센터 강좌에서도 이 방법을 사용했다고 한다.

병환 직전까지 몇 년간은 매년 봄 니시무라의 나고야 단케심리상담실을 한국모래놀이연구회의 회원들이 방문하여 자신의 모래상자에 대한 해석을 받고 또 그 자리에서 직접 모래상자를 만들기도 했다.

이처럼 니시무라는 오랫동안 한국과 교류를 하면서 한국의 모래상자를 일본에 소개했고, 한국과 일본 모래상자의 차이점을 비교 분석하기도 했다.

나고야 단케심리상담실에서의 집단모래상자놀이 해석에 참여했던 한국모래놀이연구회 회원들은 30~60대라는 다양한 발달단계에서 결혼, 논문, 가족, 직업 등의 다양한 인생과제와 관련된 많은 고민과 생의 피로를 경험하면서 나를 알고 해법을 찾고 싶은 마음이 간절한 상태였다. 이러한 시점에서 상담자를 위한 집단모래상자놀이 해석과정 참여를 결정하게 되었고, 니시무라와의 만남과 그의 해석을 받게 되는 귀한 인연으로 이어졌다. 이를 통해 나를 찾아가는 여행을 하면서 모래상자 안에서 안정을 추구하고 행복감을 느낄 수 있었다. 또한 회원들은 집단 구성원들과 함께 상자를 만들고 서로를 지원하는 과정과 그 결과물로서의 모래상자를 통해 다양한 세계를 탐험하고 다양한 경험을 공유할 수 있는 또 다른 소중한 공간과 공동체를 만들 수 있었다.

후기

　모래놀이치료를 만남으로 인해 우리의 삶이 바뀌었고, 그 영향과 감동을 알리기 위해서 이 책을 쓰게 되었다. 니시무라와의 만남을 통해서 모래놀이치료를 제대로 만날 수 있었고, 그로부터 우리 자신의 내면에 있는 것들을 읽어 낼 수 있었다. 우리는 과거 어린 시절까지 돌아가야 했고 생각하기 싫었던 과거와의 만남을 직면하는 것이 힘들었지만, 자신의 진실에 더욱 가까이 갈 수 있었기 때문에 멈출 수가 없었다. 모래 위에 둔 피겨에 따라서 나의 기억들, 계획들이 하나씩 해석되었고, 우리는 마음을 들킨 것 같아 불편하기도 했지만 그 해석의 매력에 빠져들었다. 그것은 온전히 우리의 삶에 긍정적으로 작용하기 시작했다.

　어느덧 오랜 세월을 살아왔고 지금도 정신없는 삶의 연속이 진행되고 있기도 하다. 그런 가운데 나의 삶을 바라볼 수 있는 기회는 그리 많지 않은 것 같다. 아마도 많은 사람이 현실에 쫓겨 자신의 과거와 현재를 돌아보지 못하고 달리고 있다. 우리는 좋은 기회로 모래와 피겨를 통해서 우리 자신을 바라볼 수 있는 시간들을 갖게 되었다. 니시무라를 만나 해석을 들을 수 있었던 것은 너무나 좋은 기회였고 행운이었다.

　우리 저자들은 모두 여성이다. 여성으로 살면서 이 사회에서 겪어야 할 일들이 있었다. 그것들은 온전히 모래상자에서 여실히 드러났다. 여러 번의 작업을 통해서 변화되는 것들도 확인할 수 있었다. 나의 삶을 바라보는 것을 넘어 점점 발전된 모습으로 만들어 갈 수 있다는 긍정적인 신호도 보였다. 니시무라와 함께 그런 점들을 더 만들어 갈 수 있었으면 좋았을 텐데, 이제는 그를 더 이상 볼 수 없게 되었다. 집단모래상자놀이 해석 당시 80세를 넘긴 그가 자신의 상담실로 초대해 아버지 또는 할아버지와 같은 마음으로 점심밥을 직접 지어 주면서 모래상자를 해석해 주던 그때가 그립다. 다시 그때로 돌아가고 싶다.

우리는 우리가 겪었던 긍정적인 효과를 더 많은 사람에게 알려 주고 싶었다. 그래서 이 책에는 우리가 겪었던 일들을 사실대로 기록했다. 특히 니시무라와의 만남과 그의 해석에 대해서 가감 없이 기록하고자 노력했다. 우리와 동일한 경험을 하고 싶은 사람들이 늘어나 자신의 삶에 좋은 영향을 끼쳤으면 좋겠다. 이 책을 읽는 모든 독자가 행복한 삶으로 나아갈 수 있기를 바라는 마음으로 이 책을 썼다.

참고문헌

김경희, 김수경, 김재옥, 송순, 오지아, 윤행란, 이미나, 이복순, 정경숙, 조미영, 주현주 (2018). 모래상자치료입문. 서울: 박영Story.

말씀보존학회(2015). (한글 킹제임스) 성경 스코필드한영주석(4판).

문채련, 이현주, 이영아(2017). 모래상자와 연금술사: 모래놀이치료 사례 속 그림 이야기. 경기: 한국학술정보.

가와이 하야오(1983). 모래상자놀이(箱庭療法入門). (심재경 역). 서울: 양영각. (원저는 1968년 에 출판).

Abt, T. (2008). 융 심리학적 그림해석. (이유경 역). 서울: 분석심리학연구소. (원저는 2005년 에 출판).

Ackroyd, E. (1997). (심층심리학적) 꿈 상징 사전. (김병준 역). 서울: 한국심리치료연구소. (원 저는 1993년에 출판).

Ammann, R. (2009). 융 심리학적 모래놀이치료: 인격 발달의 창조적 방법. (이유경 역). 서울: 분 석심리학연구소. (원저는 2001년에 출판).

Cooper, J. C., (1994). (그림으로 보는) 세계문화상징사전. (이윤기 역). 서울: 까치. (원저는 1978년에 출판).

Kalff, D. M. (2012). 도라 칼프의 모래놀이 융 심리학적 치유법. (이보섭 역). 서울: 학지사. (원저 는 2000년에 출판).

Schaefer, C. E. (2011). 성인을 위한 놀이치료. (백지연 역). 서울: 북스힐. (원저는 2003년에 출판).

Turner, B. & Unnsteinsdottir, K. (2012). *Sandplay and storytelling: The impact of imaginative thinking on children's learning and development*. Cloverdale, CA: Temenos Press.

Turner, B. A. (2009). **모래놀이치료 핸드북**. (김태련, 강우선, 김도연, 김은정, 김현정, 박랑규, 방희정, 신문자, 신민섭, 이계원, 이규미, 이정숙, 이종숙, 장은진, 조성원, 조숙자 공역). 서울: 학지사. (원저는 2005년에 출판).

von Franz, M.-L. (2013). 융 심리학과 고양이: 여성적인 것의 구원에 관한 이야기. (심상영 역). 서울: 한국심층심리연구소. (원저는 1999년에 출판).

저자 소개

박랑규(Park Ranggyu)

이화여자대학교 대학원 심리학과 박사

전 한양대학교 대학원 아동심리치료학과 겸임교수

　　아이코리아 아동발달교육연구원 원장

강우선(Kang Woosun)

이화여자대학교 대학원 심리학과 박사

현 덕성여자대학교 심리학과, 아주대학교 교육대

　　학원 겸임교수

　　이루다아동발달연구소 부소장

엄재희(Um Jaehee)

일본 아이치교육대학 대학원 석사

전 엄재희특수교육연구소 소장

장은경(Jang Eunkyung)

원광대학교 보건환경대학원 예술치료학과 석사

전 아이코리아 아동발달교육연구원 미술치료사

　　서울시립은평병원 미술치료사

이난주(Lee Nanju)

서울여자대학교 특수치료전문대학원 예술치료학

　　과 박사

현 순천향대학교 건강과학대학원 심리치료학과

　　외래교수

임지연(Lim Jiyeon)

홍익대학교 대학원 교육학과 상담심리전공 박사

현 순천향대학교 건강과학대학원 심리치료학과

　　외래교수

　　더위드 심리상담센터 센터장

신혜민(Shin Hyemin)

한양대학교 대학원 아동심리치료학과 석사

전 아이코리아 아동발달교육연구원 놀이치료사

　　희망ABA 행동치료사

이솔(Lee Sol)

이화여자대학교 대학원 심리학과 석사 수료

현 아이코리아 아동발달교육연구원 전임연구원

상담자의 집단모래상자놀이치료
실제와 사례
Group Sandtray Play Therapy for Counselors
Practice & Cases

2023년 4월 20일 1판 1쇄 인쇄
2023년 4월 25일 1판 1쇄 발행

지은이 • 박랑규 · 강우선 · 엄재희 · 장은경
　　　　　이난주 · 임지연 · 신혜민 · 이솔
펴낸이 • 김진환
펴낸곳 • ㈜ **학지사**

　　　　　04031 서울특별시 마포구 양화로 15길 20 마인드월드빌딩
대표전화 • 02-330-5114　　팩스 • 02-324-2345
등록번호 • 제313-2006-000265호

홈페이지 • http://www.hakjisa.co.kr
페이스북 • https://www.facebook.com/hakjisabook

ISBN 978-89-997-2901-0　93180

정가 20,000원

출판미디어기업 **학지사**

간호보건의학출판 **학지사메디컬** www.hakjisamd.co.kr
심리검사연구소 **인싸이트** www.inpsyt.co.kr
학술논문서비스 **뉴논문** www.newnonmun.com
교육연수원 **카운피아** www.counpia.com